SOCIAL RESPONSIBILITY, CSR, ISO 26000

中国有色金属工业企业社会责任探索与实践

中国有色金属工业协会　编

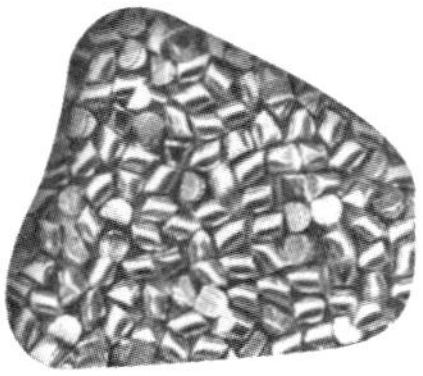

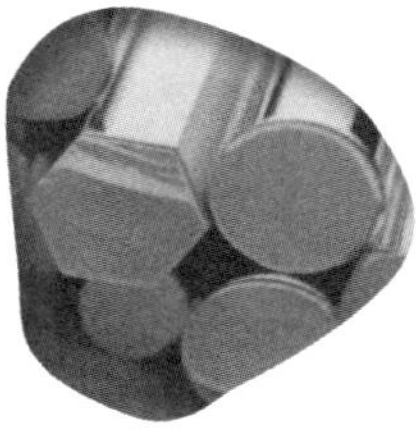

知识产权出版社
全国百佳图书出版单位

图书在版编目（CIP）数据

中国有色金属工业企业社会责任探索与实践/中国有色金属工业协会编.—北京：知识产权出版社，2015.7

ISBN 978-7-5130-3588-0

Ⅰ.①中… Ⅱ.①中… Ⅲ.①有色金属企业—企业责任—社会责任—研究—中国 Ⅳ.①F426.32

中国版本图书馆CIP数据核字（2015）第127698号

责任编辑：刘　爽　　**责任校对**：孙婷婷

封面设计：杨晓霞　　**责任出版**：刘译文

中国有色金属工业企业社会责任探索与实践

中国有色金属工业协会　编

出版发行：知识产权出版社有限责任公司　　**网　　址**：www.ipph.cn

社　　址：北京市海淀区马甸南村1号　　**邮　　编**：100088

责编电话：010-82000860转8125　　**责编邮箱**：39919393@qq.com

发行电话：010-82000860转8101/8102　　**发行传真**：010-82000893/82005070/82000270

印　　刷：北京科信印刷有限公司　　**经　　销**：各大网上书店、新华书店及相关专业书店

开　　本：787mm×1092mm　1/16　　**印　　张**：26

版　　次：2015年7月第1版　　**印　　次**：2015年7月第1次印刷

字　　数：427千字　　**定　　价**：68.00元

ISBN 978-7-5130-3588-0

《中国有色金属工业企业社会责任探索与实践》
编委会

序

改革开放以来，我国有色金属工业迅速发展，2013 年十种主要有色金属总产量达 4029 万吨，位居世界第一，已经连续 11 年成为有色金属生产和消费第一大国。全国有色金属行业企业达三万多家，从业人员达 360 万人，化学元素周期表上的 64 种有色金属我国都可以生产，是世界上生产有色金属品种最多的国家。我国有色金属工业，是在“一穷二白”的基础上起步的。60 多年来，在资源匮乏的艰苦年代，在三线建设的火热岁月，在服务国防的战略工程，形成了“志在四方，服务大局，艰苦奋斗，淡泊名利，追求卓越，勇攀高峰”的有色精神。由于有色金属企业普遍条件艰苦、资源能源消耗大，做好社会责任工作就显得尤为重要。

企业承担社会责任，是实现人与社会、人与自然全面协调可持续发展的必然要求，是现代社会对企业的普遍期望，也是企业实现更高质量发展的客观需要。近年来，企业社会责任逐渐被国际社会普遍认同，并形成一种全球性发展趋势。我们有色金属企业在承担社会责任方面积极响应、踊跃参与，取得了显著成效。他们在保护生态环境、大力发展绿色经济方面进行了积极探索与实践；在安全生产、提高就业水平、改善职工待遇、支持社会公益事业等方面负起了应有的责任。企业承担社会责任，不能只当成阶段性任务来抓，而应该以更加长远的发展眼光和包容的博大胸怀，把承担社会责任作为长期目标，追求经济效益和社会效益的统一，实现有色金属行业可持续发展。

2010 年国际标准化组织（ISO）发布 ISO 26000《社会责任指南》以后，有色金属行业干部职工立即开展研究、学习，对照国际标准检查企业履行社会责任情况，认真寻找差距、制定规划、建立制度，积极进行社会责任实践活动，几年来取得了良好的效果。本书收集的由基层单位编写的 86 个社会责任优秀案例仅仅是全部社会责任实践案例的一部分，其中两个案例荣获联合国全球契约组织优秀案例，也有获得国务院国资委评选的优秀案例。

党的十八大以来，党中央提出建设社会主义生态文明的战略部署，把维护社会公平正义作为深化改革的出发点和落脚点，在化解产能过剩矛盾方面采取了一系列重大举措，这些都为我国有色金属工业全面履行社会责任提出了更高的要求。希望广大有色金属企业进一步提高社会责任工作水平，真正做到将社会责任融入企业管理，确保有色金属企业绿色发展、和谐发展、可持续发展，为实现中华民族的伟大复兴、建设具有中国特色社会主义强国的“中国梦”贡献力量。

国务院参事，中国有色金属工业协会会长、党委书记

陈全训

前　言

随着经济全球化的快速发展和人类社会不断进步，企业履行社会责任已被视为可持续发展的重要基础和有效途径。企业社会责任理念在全球范围迅速普及，世界各国在社会责任领域的对话与合作更加广泛和深入。我国在经历了改革开放30多年的快速发展和市场经济体制改革后，更加重视企业与社会、环境和谐发展，并以可持续发展为核心，全面推进企业社会责任管理与实践。

中国有色金属工业企业在国内生产和国际化经营方面，围绕企业社会责任管理与实践开展了有益的探索，涌现出许多优秀案例。在完成国家科技支撑计划“有色金属行业企业社会责任管理技术研究”课题的研究中，对行业企业社会责任工作进行调研，看到了有色金属企业在履行企业社会责任方面的诸多案例，为使我们承担的课题内容更加全面地反映有色金属行业社会责任实践的成果，达到与业内及其他行业沟通交流的作用，课题组围绕ISO 26000《社会责任指南》的七个核心议题，征集了部分集团公司及其部分企业在组织治理、和谐劳动关系、劳工实践、环境、公平运营、消费者、社区参与和发展等方面共86个社会责任实践优秀案例，供有色金属行业致力于社会责任工作研究与实践的企业和有关研究人员参考。

北方工业大学经济管理学院张铁山教授、魏秀丽副教授带领团队的研究人员发挥专业研究机构的特长，对案例的组成、分类、修改、定稿做了大量指导性的工作，使案例更具专业性、通俗性、可读性。

中国环境科学院夏青副院长、中国标准化研究院王立志博士对本书进行了全面审核并提出非常重要的建设性的意见和建议。

案例征集过程中得到中国铝业公司研究室杨燕青主任、赵秀富副主任，中国五矿集团公司办公厅王悦昉经理，中国有色矿业集团有限公司战略研究室聂丽蓓副主任、姚传江处长，金川集团股份有限公司企业文化部谢冬梅，铜陵有色金属集团股份有限公司董秘室吴和平主任，北京矿冶研究总院曹海峰及中国恩菲工程技术有限公司张广立主任等专家的鼎力协助。近50余家有色金属企业提供了优秀案例。

承蒙以上为本书撰写给予大力支持的单位和付出辛勤劳动的专家学者的厚爱，本书得以出版，在此一并表示诚挚的谢意。

由于篇幅有限，我们对一些案例进行了部分修改，不妥之处，敬请谅解。

有色金属企业社会责任研究课题组

目　录

第一章　组织治理

第二章　和谐劳动关系

第三章　员工管理实践

第四章　环境　生态　生物多样性

第八章　综合类案例

第一章

组织治理

国际标准化组织于2010年11月发布了ISO 26000：2010《社会责任指南》（简称ISO 26000），该标准适用于所有以不同形式存在的组织，包括除各类企业之外的非营利部门的组织以及非政府组织（NGO）等。

组织治理作为社会责任核心主题之一，是组织实践社会责任的最关键因素。它能使组织为其决策和活动的影响承担责任，并且拥有对社会责任七项基本原则（担责、透明度、道德行为、尊重利益相关方、尊重法制、尊重国际行为规范和尊重人权）付诸实践的组织治理系统。有效的组织治理是履行社会责任的重要保障。

01 案例
中国铝业公司

用国际标准指导社会责任管理与实践*

中国铝业公司（简称中铝公司）是中央直接管理的53家国有重要骨干企业之一，主要从事矿产资源开发、有色金属冶炼加工、相关贸易及工程技术服务等，所属66家实体企业分布在全国25个省（自治区、直辖市）。公司业务遍及全球五大洲，在13个国家和地区设立了20个海外子公司或代表处。截至2013年12月31日，公司资产总额4663亿元，员工总数18.84万人；是世界三大铝业公司之一，也是中国最大的有色金属矿业公司。2013年，中铝公司实现销售收入2794亿元，连续六年跻身世界500强企业行列。

一、背景

国际金融危机发生以来，全球经济格局发生了深刻的变化，各种保护主义尤其是贸易保护主义抬头，贸易摩擦加剧，国际竞争变得更加复杂和激烈，更多因素开始影响竞争的格局。过去的国际竞争是产品竞争、技术竞争和人才竞争，但ISO 26000《社会责任指南》发布后，人权、劳工实践、环保、文化等因素也成为国际竞争的筹码。ISO 26000的推出，意味着全面责任竞争的时代已悄然来临。

* 本案例获“中国管理科学十年成果一等奖”

二、主要做法与成效

面对国际金融危机的冲击，中铝公司对标国际国内先进企业，开展了做强做优、以建设最具成长性的世界一流矿业公司为目标的战略转型。社会责任管理在这场转型中被导入公司战略、纳入公司管理，作为一项重要工作推进和落实。几年来，中铝公司在社会责任管理方面做了大量卓有成效的工作，ISO 26000 推出后，公司积极辨识挑战机遇，与国际标准接轨，采用 ISO 26000 指导社会责任工作，完成了一系列社会责任管理和实践的研究和创新，逐渐形成央企竞争的新优势。

（一）导入发展战略

2010 年 11 月 1 日，《社会责任指南》（ISO 26000）正式发布，中铝公司经过深入研究，认为对标国际标准有助于公司适应国际竞争新形势，也是公司提升管理水平、创建世界一流矿业公司的有力抓手，从当年 12 月起，公司决定在全国率先采用 ISO 26000 指导社会责任实管理与实践，并在其后两年中，逐步将社会责任管理从编制社会责任报告的单一项目，上升为公司 14 项专项管理工作之一。

中铝公司在“十二五发展规划”和“做强做优实施方案”中，明确提出了未来发展的五大战略，其中就有以模范履行社会责任、争当优秀企业公民为核心的“和谐发展战略”，目标是通过建立企业社会责任战略，健全治理、融合、绩效、沟通机制，模范履行社会责任，实现经济与社会、环境的和谐发展，把公司建设为受人尊敬的责任中铝、诚信中铝、生态中铝、平安中铝、和谐中铝。

2012 年，中铝公司制定了社会责任中长期规划，目标是 2014 年社会责任工作进入中央企业一流行列，2015 年后进入世界一流企业行列。为保障社会责任中长期规划的实现，公司每年都制订社会责任年度计划，以年度计划的完成来确保中长期规划目标的实现。

（二）建立组织体系

中铝公司在集团公司层面设置社会责任工作委员会，由熊维平总经理亲自担任委员会主任；社会责任工作委员会下设社会责任工作办公室，办公室设在研究室，同时明确，研究室作为公司社会责任工作归口管理部门。板块公司和实体企业都设立了社会责任工作领导小组，下设社会责任工作办公室，由专门的部门负责社会责任各项工作的实践及管理，并明确社会责任工作联络员。至2013年年底，公司社会责任工作队伍总人数超过1170人，其中专兼职联络员70多人。在试点企业中国铝业广西分公司还设立了社会责任科，专职从事社会责任工作；中国铝业广西分公司社会责任科采用运营转型的思路、方法和工具，实行项目法推进，分公司领导全部作为项目负责人领导社会责任项目的实施。

为了培养社会责任工作专门人才，建设高素质的社会责任管理与实践的推进团队，中铝公司采取“请进来、走出去”的多种方式加强社会责任培训。仅以2013年为例，公司进行了大规模的千人视频培训，请国内外社会责任专家在五个试点企业进行了点对点、面对面的现场培训，选派24人参加了由国务院国资委、商务部、环境保护部、联合国全球契约组织、中国社会科学院社会责任研究中心、中国工业经济信息联合会、WTO经济导刊等机构举办的社会责任公益培训，并选派一人参加出国培训。

（三）纳入日常管理

1. 梳理业务

中铝公司按照ISO 26000辨识社会责任管理内容，分七大议题梳理总部各部门职能，明确相应的社会责任管理职能和职责，界定社会责任工作办公室与业务部门社会责任管理权限，将社会责任理念嵌入到日常管理的各个环节，融入到企业运营的各个职能体系，做到全员参与、全过程覆盖、全方位融合，实现社会责任管理的系统化、流程化、规范化、标准化、制度化。

2. 再造流程

中铝公司再造责任管理流程，为社会责任管理提供组织和制度保障。按照ISO 26000的七个议题，重新修订部门职能职责，嵌入社会责任管理内容；梳理公司已有制度，编制《中国铝业公司社会责任制度汇编》，收录95个社会责任相关制度和管理办法，整理完善公司社会责任管理制度；起草制定《中国铝业公司社会责任管理办法》（试行），下发公司各单位、各部门实施；建立社会责任管理模块，按照ISO 26000的七个议题进行内容分类和职责划分，建立包括战略目标、指导原则、责任治理体系、行为标准和操作流程在内的社会责任管理模块内容，努力探求将社会责任管理融入公司日常运营的有效途径，使社会责任工作成为公司 CRS 模块的组成部分，形成与公司发展战略相适应的、较为完整的社会责任管理体系。公司于 2013 年编制完成了《中国铝业公司社会责任报告编制指南（1.0）》和《中国铝业公司社会责任管理与实践指南（1.0）》，设立了社会责任报告的编制指标体系和社会责任工作的管理与实践指标体系，用以指导全公司开展社会责任工作。

3. 强化管理

中铝公司把社会责任工作确定为一把手工程，熊维平总经理亲自担任社会责任工作委员会主任，提出“责任、行业特色、民族文化和国际化”的社会责任核心理念四大元素，撰写《用国际标准打造责任中铝》，亲任“ISO 26000 在中国的应用”课题组组长，亲自授课培训社会责任实践骨干；公司还把社会责任工作写进了 2011 年、2012 年、2013 年总经理工作报告中，与其他工作同规划、同部署、同推进；为促进社会责任管理工作，每三年召开一次社会责任工作大会，表彰社会责任工作先进集体和先进个人，每年评选社会责任实践十大优秀案例，总结推广公司社会责任实践成果。

4. 编制责任报告

中国铝业公司社会责任报告编制工作始于 2005 年，成为中国最早一批编制社会责任报告的企业。从 2011 年开始，中铝公司就按照 ISO 26000 的框架，编制了中国第一份集团公司 ISO 26000 社会责任中文报告和英文报告、中国第一份上市公司 ISO 26000 社会责任报告，同时还制作了中国第一份 ISO 26000 社会责任视频报告。中铝公司在社会责任报告编制方面的有益探索得到社会责任机构和专家的广泛支持，中铝公司获得“金蜜蜂·社会责任优秀报告‘创新报告奖’”，并连续三年获得“金蜜蜂·社会责任优秀报告·‘领袖型企业奖’”，2013 年还获得“金蜜蜂·社会责任优秀报告‘长青奖’”。

5. 开展课题研究

ISO 26000 正式发布后，中铝公司对国际标准在中国企业的应用进行深入研究。2011 年 11 月，公司启动了社会责任领域第一个软科学课题“ISO 26000 在中国企业的应用研究”，并于2012年7月3日结题进行了研究成果发布。这一研究成果填补了社会责任领域ISO 26000应用研究的空白，并为其他组织提供了参考。2012年，这项研究成果被确定为国务院国资委社会科学五个优秀课题之一，2013年上升为国家优秀软科学课题；2013年，“ISO 26000在中国企业的应用研究”荣获中国管理科学十年成果论文一等奖。目前，该课题研究成果已编印成书，成为20多家中央企业按照国际标准推进社会责任工作的参考用书和培训教材，同时还被中国社会科学院、《WTO经济导刊》等社会责任先锋机构和多所高校选用。

（四）指导责任实践

1. 启动社会责任试点

按照ISO 26000的要求，中铝公司坚持试点先行，经社会责任委员会审定，于2012年启动中国铝业广西分公司和中铝国贸两个企业的社会责任实践试点工作。针对试点企业的经营特色，从ISO 26000七大议题中选取相应议题作为试点单位的实践主题，编制社会责任实践试点工作要点和试点工作方案，分阶段对试点企业进行调研、培训、监督和指导。

2013年，中铝公司在继续推进已有两个试点单位工作的同时，还将试点单位扩展到五个，增加了中铝国际工程股份有限公司、云铜集团和中铝公司所属第六冶金建设公司，实践主题覆盖社会责任的全部七个议题，为其他所属企业树立样板，以点带面，引导、提高全公司社会责任实践整体水平。

2013年12月，中铝公司在广西分公司召开了社会责任试点工作推进会，五家试点企业的代表到现场观摩学习，著名咨询机构责扬天下的专家进行了指导和评估。专家组用15个字概括了广西分公司社会责任试点工作的特点：立意高，体系全，工作实，方法好，参与广。参加观摩学习的代表和专家有这样一个共同的感受：广西分公司社会责任试点工作最大的特色，是把社会责任工作完全融入了生产流程之中和日常工作之中，比如生态矿业建设，在矿石开采前就做好了生物多样性保护的规划，采集待开采矿山的植物标本，移植珍稀植物；采矿过程中最大限度地利用矿石节约资源，矿石回收的粒度细到了0.3mm，比世界纪录还要细小25%；矿石采完后马上进行工程复垦和生物复垦，然后还地给农民；之后，又在复垦地上发展生态产业，带领矿区农民脱贫致富，把矿区建成生态城市，全过程都在履行社会责任。2013 年 6 月，中国铝业广西分公司获得“金蜜蜂”社会责任和谐贡献奖。

2. 评选优秀案例

为总结推广公司社会责任实践成果，树立典型，促进社会责任实践工作的深入开展，中铝公司每年从所属企业征集社会责任实践案例，并根据 ISO 26000 的七大议题，分类评选“中国铝业公司社会责任实践十大优秀案例”，使获奖单位在社会责任实践中发挥模范表率作用，带领其他实体企业贯彻落实公司社会责任发展规划，立足本企业自身实际，深入开展社会责任实践活动，做出特色，做出成效。第六冶金建设公司“把农民工当兄弟，与分包方共发展”案例分别被联合国全球契约组织授予“2012 员工权益保护最佳实践案例”。广西分公司“生态矿业开发模式”荣获 2013 年中国国际矿业大会“最佳社会责任奖”，中铝山东企业“防范岗位风险，夯实强基工程”入选 2013 全球契约中国最佳实践；中铝公司在秘鲁的社会责任案例被中国扶贫基金会选入《中外企业履行国际社会责任优秀案例集》。

（五）融入企业文化

基于对社会责任的认识和理解，结合行业特色和公司企业文化理念体系，中铝公司提炼出“点石成金，造福人类”的社会责任观。“点石”，就是道德地、透明地使用资源；“成金”，就是绿色、高效、低碳、负责任地运用资源、创造财富、提升价值；造福人类就是用全球资源服务全球经济。“点石成金，造福人类”的社会责任理念，已成为中铝公司干部员工炼矿成金、变石为宝、造福人类子孙万代的自觉意愿和庄严承诺。这一社会责任核心理念在公司举办的“我最喜爱的企业文化理念”评选中，以最高得票入选公司企业文化手册，并成为企业品牌宣传语；同社会责任核心理念一起入选中铝公司企业文化手册的，还有“回报股东、成就员工、惠泽客户、造福社会、珍爱环境”的企业使命，“责任中铝、诚信中铝、生态中铝、平安中铝、和谐中铝”的“五个中铝”品牌形象设计等。

中铝公司用 ISO 26000 指导社会责任管理与实践、接轨一流标准打造世界一流企业的探索。2012 年，中铝公司社会责任工作迈入全国领先行列，荣获“金蜜蜂·企业社会责任‘中国榜领袖型企业奖’”；2013 年，中铝公司社会责任发展指数排名全国第 12，居有色金属行业第一位；在 2013 年中国国际矿业大会上，中铝公司获得了“最佳社会责任奖”；在中央企业社会责任工作视频会上，国务院国资委对中铝公司探索运用 ISO 26000 并在五个下属企业开展试点工作，给予了充分肯定和高度赞扬。

02 案例

中国有色矿业集团有限公司

企业社会责任报告编制实践

一、背景

中国有色矿业集团有限公司（简称：中国有色集团）位列2013年“世界500强”第482位。公司成立于1983年，是国务院国有资产监督管理委员会管理的大型中央企业，主业为有色金属矿产资源开发、建筑工程、相关贸易及服务，是我国有色金属工业“走出去”的排头兵。集团已经形成有色金属矿产资源开发、建筑工程、相关贸易及服务三大主营业务，拥有包括技术研发、勘查设计、工程承包、采选冶炼、加工制造、装备制造、贸易服务在内的完备有色金属矿产资源开发与利用产业链。

二、中国有色集团公司国际化经营的重要举措

作为中国有色金属行业“走出去”的排头兵，中国有色集团秉持“释放资源价值，共筑社会和谐”的社会责任核心价值观，始终致力于以负责任的理念和方式开展国际化运营，与项目所在地居民、环境和谐共处，积极履行社会责任。我们将社会责任报告的编制过程当作对公司社会责任实践的系统梳理和总结，并以报告的编制为契机进一步构建、宣贯、提升公司社会责任理念。通过报告的编制，促进中国有色集团社会责任水平

整体提升，逐步形成“全过程融合、全体员工参与、利益相关方充分沟通”的社会责任工作体制。一份优秀的社会责任报告，在跨国经营活动中，能够起到沟通、披露信息，诚信透明经营情况的目地。得到所在国家政府、有关管理部门、社区公众的理解和支持，为促进当地经济发展作出贡献。同时，保障公司的利益实现“双赢”的目标，意义十分重大。

三、中国有色集团编制社会责任报告的具体做法和实践

社会责任报告的编制经历了前期准备（工作小组成立、同行社会责任实践及社会责任报告对比分析、社会责任报告标准研究）、工作启动（报告编制启动大会、企业社会责任全员培训、开展报告主题征集活动）、资料收集（出资企业和总部职能部门社会责任调研与访谈）、议题确立（利益相关方沟通、工作小组讨论、征集全体员工意见）、撰写与审核（工作小组撰写报告、讨论修改、相关部门审核报告、公司领导审定报告）、报告的发布与沟通（内外部报告发布仪式、集团内外部发放及设定调查问卷、报告使用规范以及指引）等，共计 18 个环节。

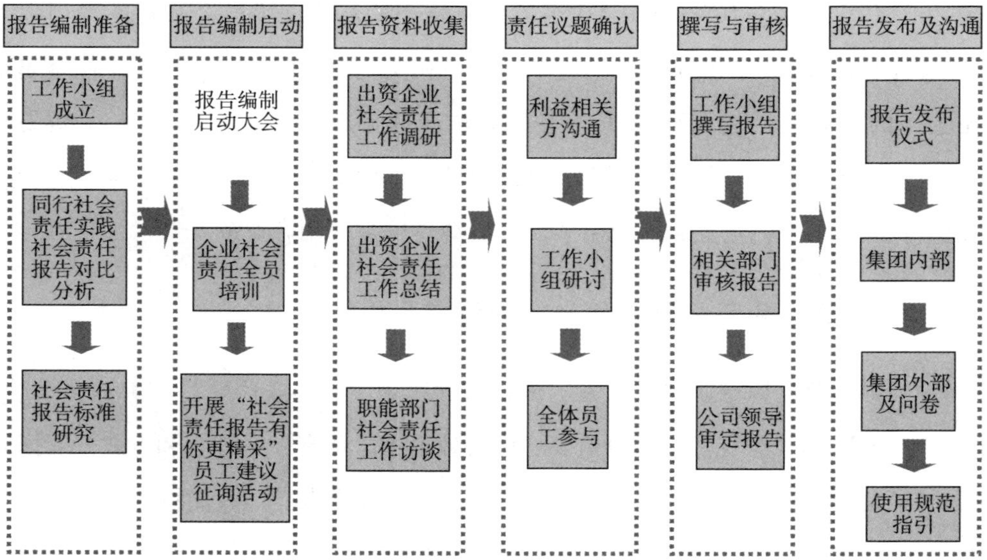

其中，重点环节具体实施过程如下。

1. 报告编制准备

（1）工作小组成立：工作小组由集团内部各部门、各出资企业和集团外部的责扬天下报告编写小组组成。集团内部，由战略研究室牵头，总部各部门、各出资企业确立社会责任负责部门和社会责任联系人，整体进行社会责任培训。拟定当年社会责任报告工作计划、完成步骤以及时间节点。

（2）同行社会责任实践及社会责任报告对比分析：对比“五矿”“中铝”的社会责任报告，分析报告参照标准、议题选择和编写特点，吸取报告编制的先进之处。

（3）社会责任报告标准研究：系统研究全球报告倡议组织（GRI）《可持续发展报告指南》（G3.1版）及《GRI矿业补充指南》《中国企业社会责任报告编写指南》（CASS-CSR2.0）、国际化标准组织《社会责任指南》（ISO 26000）和中国工业经济联合会《中国工业企业及工业协会社会责任指南》等国际、国内企业社会责任标准，确保报告与国际、行业标准接轨。

2. 报告编制启动

（1）集团公司领导班子成员、各部门、出资企业负责人和社会责任工作人员参加了启动会，党委书记作了重要的动员讲话、提出了具体的要求；京（境）外公司通过视频参加了启动会。

（2）企业社会责任全员培训。参加国资委举办的“中央企业社会责任报告培训班”，了解了国资委对社会责任报告发布要求、央企社会责任报告发布情况、社会责任发展趋势和报告编制的优秀实践；中国有色集团邀请社会责任专家，针对企业社会责任本质、发展趋势、社会责任管理和社会责任报告编制等相关内容进行培训，普及企业社会责任知识，提升全体员工对社会责任的认识。

（3）主题征集。在编制过程中，发起“企业社会责任的履行，有你有我”主题活动；向广大员工征集社会责任报告的主题、案例和图片。社会责任报告中呈现的每一项社会责任实践都离不开员工的参与和付出。通过征集集团公司全体员工的意见和智慧，最终敲定“释放资源价值，共筑社会和谐”作为集团公司的社会责任观，传递出了公司的价值和追求可持续发展的美好愿景。

3. 资料收集

（1）制定调研访谈问卷，有针对性地进行出资企业、总部部门访谈。2011 ~2013 年三年时间里，在社会责任报告编制过程中，我们走访了逾 30 家出资企业，调研总部所有部门，获得了大量的第一手资料。在赞比亚，我们访谈五家在赞企业、中赞友谊医院、中国驻赞大使馆和当地政府，访谈人员 30 余位，并对社区居民进行随机访谈；在缅甸，我们访谈了公司高层领导、各部门负责人以及当地居民区、寺庙、学校的 40 余位人士，全面清晰地掌握在赞及在缅企业的全景和细节，突出企业的特色，使报告的撰写颇具新意。

（2）三轮收集文字、图片资料并进行研究。编制集团社会责任报告时，我们前后三轮征集出资企业、总部各部门的文字资料和图片，尽可能获得最为翔实的信息，不遗漏公司在社会责任履责方面的每一个亮点和创新之处。

4. 责任议题确立

利益相关方沟通：公司重视建立和完善公开、透明的内外沟通机制。通过召开外部专家研讨会、内部研讨会，组织实地调研，开通社会责任子网站，开设社会责任邮箱等多种方式，与项目所在地政府、社区、员工、业务合作伙伴直接交流，与利益相关者开展多层次、多角度交流，深入了解利益相关方的关注点和利益诉求；向利益相关方寄送社会责任报告，制作并发放报告满意度调查问卷，掌握利益相关方对报告的评价和希望改进之处，并尽可能地在报告中予以回应，持续改进报告质量。

5. 报告撰写与审核

报告编制工作小组经过反复讨论提炼，总结出上一年度公司在社会责任工作方面的亮点，确立了坚定的国际化运营、奋进的创新发展、可靠的质量安全、严格的环境保护、尽心的关爱员工、真诚的社区参与等六个方面责任议题，建立起“释放资源价值，共筑社会和谐”的社会责任观与责任议题之间的有机联系，向社会披露了中国有色集团作为全球化运营的公司，协同发展资源开发、建筑工程、贸易及相关服务三大主营业务，与利益相关方沟通合作，推动经济发展，共筑社会和谐，努力创造最优综合价值的社会责任实践。

报告经征求总部各部门、集团公司领导班子成员意见并修改后最终定稿，采用环保纸印刷成册。

6. 报告发布及沟通

细致的准备和精益求精的工作态度使中国有色集团的社会责任报告获得广泛好评，报告围绕“释放资源价值 · 共筑社会和谐”的社会责任观，从可持续的资源开发、过得硬的科技创新、有保障的质量安全、全方位的环境保护、受尊重的员工队伍、可信赖的企业公民等六个方面全面披露公司履行社会责任的实践和绩效信息。报告以全球化的视野、丰富的实践案例，展示出中国有色集团以负责任的生产运营方式，积极履行经济、环境和社会责任，为中国和项目所在国国家经济社会持续健康发展作出的贡献。

2011 年，公司所属的中色股份和东方钽业两家上市公司发布了社会责任报告；2011 年和 2012 年，参加了中国工业经济联合会在人民大会堂举办的社会责任报告发布会，发布了中国有色集团 2011 年、2012 年社会责任报告，并作为八家代表企业之一交流发言。2012 年底发布了集团的首份国别报告《中国有色集团赞比亚 2011 社会责任报告》；目前缅甸社会责任报告也编制完毕，将在 2013 年下半年择机发布。

四、成效

迄今为止，中国有色集团共发布了六份社会责任报告。其中两份为集团公司的社会责任报告，两份为运营项目所在国国别报告，两份为所属企业社会责任报告。

我们将社会责任报告上报国务院国资委、商务部等部委，印发至集团全部的所属企业，并且寄送给各利益相关方，均取得了很好的反响和评价。2011 年，中国有色集团优秀社会责任实践案例入选国务院国资委评选的“2011 中央企业优秀社会责任实践”；2012 年，中国有色集团在社会责任管理获得“金蜜蜂 · 企业社会责任中国榜‘领袖型企业奖’”；在社会责任报告方面获得“金蜜蜂 · 2012 优秀企业社会责任报告‘领袖型企业’”称号，囊括当年“金蜜蜂”全部两项最高奖。通过社会责任报告的发布，加深了各利益相关方和社会公众对我们的理解，也加强了与其他企业的相互交流和学习，下一步还将继续完善社会责任报告编制流程，将集团履责实践更系统、更全面地呈现给各利益相关方。

运用联合国全球契约组织等平台发挥影响力，争取社会责任话语权，提升竞争软实力

一、背景

在经济全球化背景下，软实力逐渐成为国家竞争和企业竞争的制高点之一。企业社会责任作为一种不可或缺的软实力，正成为跨国公司继价格竞争、质量竞争之后，新一轮国际竞争的重要手段。如何提高中国企业在国际舞台的话语权和影响力，进而不断提高竞争力，一直是中国政府和企业关心的话题。国务院国资委要求中央企业积极参与国际交流，大胆发出声音，争取话语权。中国五矿积极响应国资委号召，通过参与联合国全球契约组织等平台的一系列活动，积极融入到探讨、解决可持续发展难题的全球最高级别的对话机制之中，并争取话语权和主动权，争取可持续发展的良好国际环境，取得了良好的效果。

二、参加联合国全球契约组织领导人峰会：独领风骚

联合国全球契约组织是全球社会责任领域的最高平台，其倡导的人权、劳工、环保、反腐败等方面的十项原则成为责任企业恪守的准则。联合国全球契约组织领导人峰

会由联合国主办，是全球企业社会责任领域最高层次的盛会。2010 年 6 月 23 日，该组织在美国纽约迎来了十周岁生日庆典和三年一次的领导人峰会，联合国秘书长潘基文亲自主持庆典和峰会。来自世界各地商界、政府、非政府组织、投资机构、学术界及联合国组织的 1200 多位领导人参加了此次盛会。

应联合国秘书长潘基文邀请，中国五矿集团公司总裁周中枢作为唯一的中国企业家，在峰会上介绍中国五矿可持续发展的理念和实践。

对于有过 60 年跨国经营经验的中国五矿而言，宽阔的国际视野无疑让其走在了履行社会责任理念和行动的前列。周中枢的联合国之行，则为“责任沟通创造价值”提供了最好的注脚。

周中枢论述了中国五矿在经济发展、环境保护、扶贫等方面承担社会责任的主要做法，尤其是在澳大利亚、秘鲁、老挝等地做优秀国际企业公民的经验。但更引起与会领导人热情关注和高度共鸣的，是中国五矿长期以来所形成的“珍惜有限，创造无限”的可持续发展理念，秉持的“诚信、责任、创新、和谐”价值观，以及将和谐思想与企业的管理相融合、积极承担利益相关方责任、与合作伙伴实现双赢和多赢、在“走出去”战略中实现与东道国共同发展等理念和做法。周中枢还提出了“可持续发展是人类社会共同应对资源稀缺、气候变化、环境污染等重大问题的必然选择”等观点。这些先进的理念和实践，受到了大会的积极评价和高度赞赏。

而作为与会 1000 家企业中仅有的三家代表之一，周中枢在会议期间与潘基文秘书长举行的双边会谈更令人印象深刻。潘基文赞赏中国五矿的可持续发展理念和做法，尤其肯定中国五矿在第三世界国家投资兴业并注重可持续发展，对促进当地经济增长与社会和谐作出的积极贡献，希望中国五矿在国际运营中能不断帮助发展中国家促进经济社会的发展。他还称赞中国五矿在关注气候变化、环境先锋团队等领域所做的工作。

潘基文对中国五矿可持续发展绩效的认可不仅溢于言表，在其他方面也充分体现。在与周中枢合影后，他欣然为《中国五矿 2009 可持续发展报告》（英文版）签字，在封面用中文写上了“周中枢总裁先生”“潘基文联合国秘书长”等字样。据联合国秘书长办公厅工作人员介绍，潘基文给一些企业题过字，但写上企业领导人名字的事情，这还是头一回，而且用的还是中文！在庆祝全球契约组织成立十周年大型庆典晚宴上，潘基文秘书长又邀请周中枢在秘书长自己与秘书长夫人之间的位置就座。他对中国五矿的重视程度，在此略见一斑。

在这样的平台上亮相对于中国五矿而言，效果显而易见。随处可见的五矿视频滚动播放、醒目的独立展台、联合国文件中显著的五矿 LOGO，让很多与会的企业家和政界人士都专程上前与周中枢寒暄。更多人记住的，是一家来自中国、名字叫作“中国五矿”的公司。

全球有 8000 多家企业和机构加入联合国全球契约组织，中国目前在该组织也有 230 多家成员，其中不乏优秀的企业，中国五矿的可持续发展理念和做法得到了联合国全球契约组织和国际社会的高度肯定。

三、深度参与联合国全球契约环境先锋企业团队：作用独特

由于良好的社会责任业绩，中国五矿于 2009 年 10 月应邀加入联合国全球契约环境先锋企业团队（UNGC Environmental Stewardship Project）。全球仅有 20 家先锋企业受邀参加该团队，旨在组建一个精简的真正的环境领军企业团队，在应对气候变化等重大环保领域进行探讨和研究，并协力开发出最先进的研究成果。中国五矿作为专家工作组的成员参加了该团队的研究活动，与全球专家一起讨论环境问题，对成果的颁布作出了突出贡献，受到了该组织的高度评价。

2010 年 4 月，中国五矿派代表参加了在日内瓦联合国总部举行的全球契约环境先锋企业团队交流会。作为会议选定的两家代表企业之一，中国五矿在会上对工作成果的改进、今后的推广以及与企业本身的密切结合运用等问题阐述了许多独到的观点和建议，受到了全球契约总干事乔治·科尔及与会代表的一致好评。研究成果已在 2010 年 6 月联合国全球契约领导人峰会上颁布。这对于协助中国五矿在应对气候变化等重大领域的工作中抢占先机，助力中国五矿巩固良好国际形象等方面起到了积极的作用。

2010 年 5 月，中国五矿签署联合国“关注气候倡议”（Caring for Climate Initiative），加入了这一全球最大规模应对气候变化的商业运动。目前全球有 65 个国家的 370 多家

企业签署了这一倡议。全球契约组织对中国五矿签署“关注气候倡议”所体现出的远见和领导力深表赞赏，并期待与中国五矿进一步合作。

四、应邀加入联合国全球契约 LEAD 项目：更上层楼

2010 年 11 月，应联合国全球契约组织邀请，中国五矿加入了联合国“全球契约领导”项目（UN Global Compact LEAD），成为这一仅有 55 家成员的全球企业社会责任新领导平台的重要一员。联合国设立“全球契约领导”项目，旨在为全球契约组织 8000 多家成员企业中最优秀的企业提供服务，支持这些企业在可持续发展方面更上一层楼。基于中国五矿优异的可持续发展绩效，以及对联合国全球契约组织的坚定承诺，尤其在 2010 年联合国全球契约领导人峰会的出色表现以及在“环境先锋团队”和“关注气候”等项目中所作的工作，全球契约组织认为中国五矿将为这一领导平台作出新的贡献。

联合国秘书长潘基文于 2011 年 1 月 28 日在瑞士达沃斯世界经济论坛年会期间正式启动了“全球契约领导”项目，他强调，当企业把可持续发展事务更深入地融入到他们的运营和战略中时，就有能力改变世界。加入“全球契约领导”项目，将有利于中国五矿继续充分运用联合国平台，在国际舞台上树立企业社会责任典范，从而更好地创造有利于发展的外部环境，增强核心竞争力，促进可持续发展。

五、参加联合国全球契约组织年度会议：收效显著

2011 年 5 月 16 ~ 20 日，联合国全球契约组织年度会议在丹麦哥本哈根举行，这是该组织每年举行一次的最大规模的工作会议，规模和级别仅次于 2010 年 6 月在纽约联合国总部举行的联合国全球契约领导人峰会，来自全球 76 个国家和地区以及有关国际组织的 520 多名各界代表参加了会议。中国五矿受邀参会并作为中国企业唯一的代表在全会发表演讲，介绍了公司如何将可持续发展理念和方法融入企业战略和经营，内容主要涉及近年来战略转型的显著业绩、可持续发展核心理念和钻石模型以及社会责任管理的基本做法。另外，在此间举行的联合国关注气候倡议第三次工作会议上，中国五矿代表也应邀发言，就环境保护和能源效率问题，介绍了中国五矿的政策和措施。

中国五矿代表的发言，内容生动，论述到位，受到了大会的热烈欢迎和积极反响。科尔总干事表示中国五矿的事例具有典型性、启发性和借鉴意义；全球契约 LEAD 项目负责人 Ole Hansen 说中国五矿的发言切中会议目标；英国、丹麦、比利时、韩国、新加坡等国家和地区的代表纷纷表示祝贺并说明印象深刻，还有不少代表索要公司的资料。一同参会的联合国全球契约中国网络中心主任陈英表示，中国五矿在社会责任方面已走在中央企业前面，是中国企业的榜样。

参加本次联合国全球契约组织年度会议，应邀在大会演讲并参与相关话题的讨论，中国五矿一方面从联合国等国际组织和全球领先企业学习借鉴了可持续发展方面最前沿的理论、理念和实践，另一方面也有效地展现了中国五矿可持续发展绩效、宣传了中国五矿的责任理念和品牌，收到了非常良好的效果。

六、主持国际矿业与金属理事会年度会议：影响深远

国际矿业与金属理事会（ICMM）是一家由全球金属矿业领域 20 家领先企业的 CEO 领导、应对本行业可持续发展关键事务和新问题的行业团体。理事会致力于在国际上及不同商品领域领导推广良好做法和提升行业表现，为业界和其他主要利益相关方提供了一个基于可靠的科学和可持续发展原则的平台，大家共同分享经验，应对挑战，并制定解决方案。理事会的理念、原则和愿景是矿业和金属行业可持续发展遵循的准则，被世人广泛认可和尊重。

ICMM 每年会在全球的会员国家举办一次论坛，一起探讨如何合理，有效的开发全球资源和维护社区建设。2011 年 7 月，ICMM 第一次把会议地点放在中国北京，因为中国五矿的下属公司 MMG 是此协会的成员之一，所以有幸成为此次会议的主办方，来自全球矿业公司的领导们首次齐聚北京。

在本次会议上，中国五矿深入系统介绍了在金属矿产领域履行社会责任、坚持可持续发展的理念和绩效、传递了中国五矿追求可持续发展的信心和声音，让大家对中国五矿的可持续发展工作有了深刻的认识，得到了业界认识的广泛好评，收效十分明显，影响非常深远。

长期以来，中国五矿致力于将社会责任培育成为可持续发展新的动力和竞争力。通过主动加入联合国全球契约组织到受邀成为全球仅有 20 家企业的全球契约环境先锋团队成员，再到应邀出席全球契约领导人峰会并受邀成为全球只有 55 家企业的全球契约 LEAD 项目成员，中国五矿在联合国及有关国际组织中的参与度和影响力不断提升，这对协助中国五矿在国际社会责任活动中抢占先机、强化社会责任典范形象、更好地助力中国五矿增强核心竞争力等方面起到了不可替代的作用。联合国全球契约组织是一个交流、学习和合作的平台。通过这个交流的平台，中国五矿争取到了国际舞台的发言权，掌握了一定的话语权，向国际社会展示了自己的理念和做法，这有利于加深沟通和理解，有利于消除误解和偏见，为我们的发展创造良好的外部环境；通过这个合作的平台，中国五矿逐步熟悉国际社会相关事务的运作通则和发展趋势，逐步参与到游戏规则的制定并为我所用；通过这个学习的平台，中国五矿与国际社会互通有无，取长补短，不断进步，逐步成为中国乃至世界范围内履行社会责任的领先企业。中国五矿未来发展不可或缺的软实力正得到稳步提升。

04 案例
中国五矿集团公司

以报告促管理　提高集团公司可持续发展能力

一、背景

中国五矿集团公司（简称中国五矿）成立于1950年，在计划经济时代，曾长期发挥国家金属矿产品进出口主渠道的作用。改革开放后，随着外贸体制改革的逐步深入，外贸经营主体逐步多元化，中国五矿直接面向市场竞争。为适应新形势、新变化，中国五矿积极推进市场转型和战略转型，已经发展成为中国最大的从事基础金属及大宗原材料开采、冶炼、生产与流通的跨国金属矿产企业集团。2013年，中国五矿实现销售收入3269亿元人民币，利润总额73.80亿元人民币，在美国《财富》杂志2013年世界五百强排名中位列第192位，自2006年以来连续7年蝉联国务院国资委年度经营业绩考核A级。

中国五矿集团公司秉持“珍惜有限、创造无限”的可持续发展理念，积极推进社会责任工作，成果丰硕。公司设立了企业社会责任管理委员会，统筹负责公司社会责任工作的领导和决策。委员会下设社会责任工作办公室，设在办公厅，公司各职能部门和业务中心建立企业社会责任工作小组，落实委员会的决策并进行社会责任管理。我们制订《中国五矿集团公司社会责任工作三年规划》，系统推进社会责任管理和实践，并制订《中国五矿集团公司社会责任管理办法》，将社会责任工作纳入统一的工作体系。公司积极推进社会责任优秀案例评选，创新开展“情景式”社会责任培训，深度参与联合国可持续发展事务，持续探索将社会责任理念融入公司治理的有效途径。中国五矿自2007年连续发布可持续发展报告，并于2010年发布可持续发展澳洲国别报告。报告多次获联合国全球契约典范报告奖等奖项。公司通过编制和发布报告，与利益相关方进行了有效的沟通，并以报告促进社会责任管理，不断提升公司可持续发展能力。

二、报告的特点

中国五矿集团公司2012年可持续发展报告是连续编制的第六份可持续发展报告。报告体现了以下几个特点。

1. 内容和形式创新

报告基于“十二五”和谐发展战略和中央企业社会责任管理提升的相关要求，围绕“建设美丽五矿”的目标，以利益相关方是公司可持续发展最重要资源为视角，向全社会系统传达了中国五矿“珍惜有限、创造无限”的可持续发展理念，生动呈现了集团公司打造价值五矿、平安五矿、绿色五矿、幸福五矿、诚信五矿、和谐五矿的行动和绩效，积极回应了利益相关方关注的热点问题。在延续2011年报告基本框架基础上，报告新增加“伙伴合作”章节，集中展现集团公司创造诚信五矿的绩效。报告体现了中国五矿汇聚全球人才，积极推进文化融合、关注海外社区发展，推动运营所在地发展的国际化运营特色。在形式上：报告使用通俗易读的语言和图形，清晰地呈现出中国五矿与利益相关方可持续发展的意愿和绩效，亲和力强，表现力生动。

2. 逻辑清晰

报告整体构建了“理念－行动－绩效”的逻辑结构，并在行动篇的每一部分以“我们的理念－利益相关方的期望与要求－我们的措施－我们的进展”作为逻辑主线。其中理念是指中国五矿针对具体议题的态度；我们的措施是针对具体议题采取的措施。我们的进展是公司针对具体议题所取得的绩效。报告以清晰的逻辑体系呈现给读者，重点突出，易于阅读。

3. 绩效指标更加完整

报告对标 GRI（3.1）版，中国社会科学院《中国企业社会责任报告编写指南（CASS－CSR2.0）》，参考国际标准化组织 ISO 26000《社会责任指南》，扩大了指标覆盖率，责任管理核心指标覆盖率为 100%、市场绩效指标覆盖率为 82%、社会绩效指标覆盖率为 81%、环境绩效指标覆盖率为 80%。披露了生产企业死亡事故起数和人数，承包商队伍生产安全事故起数和人数，员工流失率等指标，平衡性进一步增强。此外，报告多次对核心绩效指标进行纵向比较并与同行业横向对比，增强了报告的可比性。

4. 国际化程度与公信力强

报告以全球报告倡议组织（GRI）《可持续发展报告指南 G3.1 版》为基础，参考国际标准化组织 ISO 26000《社会责任指南》《联合国全球契约 COP 报告指南》、中国社会科学院《中国企业社会责任报告编写指南（CASS－CSR2.0）》，通过了劳氏质量认证有限公司的第三方独立审核。

三、以报告促管理，成效显著

2012 年是中国企业社会责任管理元年，中国企业社会责任进入管理发展的新阶段。中国五矿以可持续发展报告作为公司推进社会责任管理的重要工具，以报告促管理，以报告推动社会责任实践和公司可持续发展，日益收到显著成效。

中国五矿将可持续发展报告的编制看作是一个促进企业持续良性循环、不断改进完善，进而提高可持续发展能力的动态过程。2012 年年底，公司召开报告编制启动大会，对员工进行培训，并将报告指标清单下发给各部门。各部门通过收集、处理和评价在经济社会和环境的数据和目标，不断探索与改进，查找自身在社会责任管理工作中的不足，提升了社会责任管理水平。

在由编制报告所启动的社会责任管理提升过程中，公司涌现出一批理念先进、实践创新、较好回应利益相关方期望与要求的优秀实践案例，为公司履责行动树立典范，成为以点带面全面提升履责能力的榜样和标杆。

报告的编制、发布和传播在公司全体员工中形成了“一个五矿、一个社会责任”

的统一认识。公司各单位以统一的社会责任推进模式和要求，完善社会责任组织体系和制度体系，加强社会责任能力建设和利益相关方管理，形成了良好的履责氛围，提升了履责能力。

公司通过向内部员工（包括新员工入职培训）提供可持续发展报告，深入系统地介绍公司可持续发展的理念、战略、体系、行为与绩效，全面展示中国五矿经济、社会、安全与环境等领域的业绩，及时提供与员工权益密切相关的知识与信息，增强了员工对公司的自豪感、认同感与归属感，有利于增强企业凝聚力，并把可持续发展理念内化为广大员工的信念、素质和行动，形成企业上下共同追求的价值观，形成企业文化的有机组成部分，最终形成广大员工的自觉行为，从而共同推进和实现公司可持续发展战略。

可持续发展报告完全根基于公司的经营管理和社会履责实践，是踏踏实实“做”出来的，是对公司可持续发展理念、体系、行为与绩效的客观反映，并通过独立第三方审验以确保报告内容的全面、客观与公正。新版报告在上述几个方面获得了较高的社会评价。中国五矿将继续以可持续发展报告为抓手，以“有效地”责任管理为公司及社会创造价值，携手利益相关方“打造责任五矿，共铸美好未来”。

05 案例 中国五矿集团公司

规划先行 促进融合　全面推进社会责任管理

一、背景

中国五矿秉持“珍惜有限 创造无限”的可持续发展理念，积极探索社会责任管理的模式和方法，目前已初步形成了一套具有企业特色的社会责任管理体系。随着社会责任工作的深入开展，中国五矿适时推动社会责任工作规划的制定。社会责任规划是指导公司更好地履行社会责任、提升企业竞争力和实现可持续发展的行动纲领，有助于丰富公司“世界一流金属矿产企业集团”目标的社会责任内涵，助力公司的可持续发展。

二、社会责任管理现状

自2007年以来，中国五矿已连续六年编制可持续发展报告，报告的内容和形式不断创新，国际化程度与公信力逐步提升，多次荣获联合国全球契约典范报告奖。中国五矿创新形式发布澳洲可持续发展报告并召开利益相关方沟通会，作为中国企业首次运用国际通行方式在现场与发达国家利益相关方交流和沟通。不断完善社会责任组织体系和制度体系。成立了由总裁任主席，分管副总裁任副主席，各部门和单位主要负责人任委员的企业社会责任管理委员会。制订了《企业社会责任管理办法》《可持续发展报告编制与使用实施细则》。

积极运用联合国全球契约组织等平台，加强国际交流，取得了良好效果。加入联合国“全球契约领导”项目（UN Global Compact LEAD）。在全集团范围内开展优秀社会责任实践案例征集评选活动，推广企业社会责任模范实践。举办“情景式”社会责任培训，协助国务院国资委将培训方式应用到“中央企业管理提升”社会责任培训中，增强了社会责任培训的趣味性。

三、社会责任规划制订过程

为推动公司社会责任工作实现规范化、制度化、系统化、常态化，深入实施和谐发展战略，推进社会责任管理，加快转变发展方式，实现公司与社会、环境的和谐发展，并进一步明确公司全面履行社会责任的核心理念、关键领域、主要内容、重要行动和绩效目标，由中国五矿集团公司办公厅牵头，组织各职能部门和业务单位，在广泛征求各利益相关方意见的基础上共同制订《中国五矿集团公司社会责任工作三年规划》。社会责任规划，作为社会责任管理工作的顶层设计，从发展战略的高度，以宏观和微观结合的思维，对社会责任工作的开展进行了目标明确、系统性强的部署，是社会责任工作按计划、有步骤、深入开展的重要指引。

规划的制订工作得到了领导层的高度重视和关心指导。在规划制订过程中，精心筹划，对相关单位与部门进行访谈，访谈部门与单位 12 个，内容涉及社会责任管理的各个主要方面。周密组织，开展问卷调查，回收问卷 2179 份（其中京内 1811 份，京外 368 份）。通过调研完成了对集团公司履行社会责任工作的现状分析，为有针对性地制定社会责任规划提供了依据。规划编写经历了反复的商讨和斟酌，目前已经修改八稿，每周召开规划编写研讨会 2 ~ 3 次。通过现状分析与编写研讨，系统梳理了社会责任管理工作。对社会责任工作的推进模式进行完善，形成价值创造型的推进模式；对规划涉及社会责任工作内容的可行性进行充分论证，以确保规划能够实施和落地。

对标先进同行是规划编制的方法之一，通过对标找到在履行社会责任方面可提升与改进之处，通过与国内外业界先进企业进行社会责任对标，完成了国内优秀企业社会责任推进模式研究、国际先进矿业企业社会责任对标。指标体系是社会责任规划的重要内容之一，系统梳理了集团公司社会责任指标体系，归纳总结了社会责任管理工作涉及的重要指标。

四、社会责任规划主要内容

1. 中国五矿社会责任定义

秉持“珍惜有限 创造无限”的核心理念，珍惜有限的自然资源、人力资源和社会资源，以透明和道德的方式有效管理决策和运营对经济、社会和环境的影响，实现经济、社会和环境综合价值最大化，促进自身和利益相关方的可持续发展。

2. 中国五矿社会责任推进模式

中国五矿结合所处的行业属性、企业特点，坚持以价值创造作为经营发展的首要目标，将价值创造能力作为业务组合构建与业务策略制定的主要依据，围绕“珍惜有限 创造无限”的核心理念，以实现经济、社会和环境综合价值最大化为目标，以价值创造工作要求和工作路径为支撑，构建了“价值创造型”社会责任推进模式。

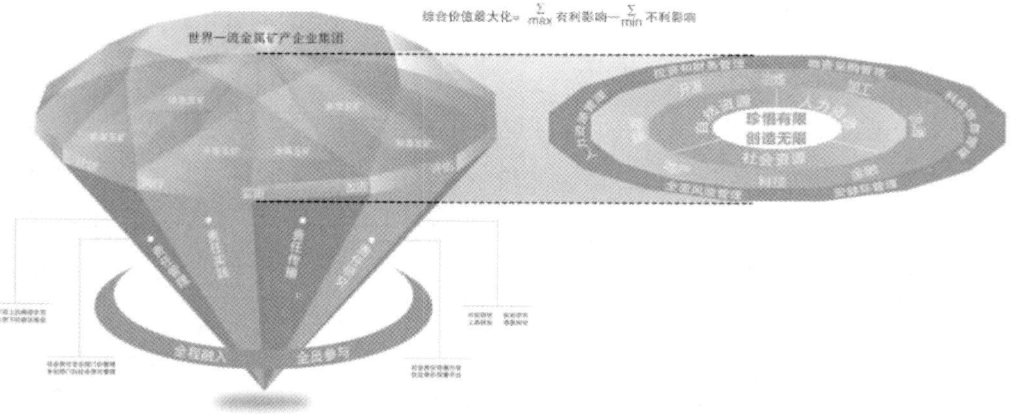

中国五矿“价值创造型”社会责任推进模式包括社会责任的工作路径、运行机制、核心目标和价值创造公式。

开展社会责任的工作路径是责任管理、责任实践、责任传播和责任研究。社会责任工作的内部运行机制是以“珍惜有限 创造无限”为核心，珍惜自然资源、人力资源和社会资源等，开展负责任的业务流程和职能管理实践活动。社会责任推进模式的核心目标是服务公司发展战略，助力实现“建设成为世界一流金属矿产企业集团”的战略愿景。“价值创造型”社会责任推进模式，提供了公司推动社会责任全面融入战略、管理和运营的总体行动路径和方案，具有理念指导、模型引导和工具使用三方面的功能。

3. 中国五矿社会责任重点工作

围绕价值创造型社会责任推进模式，着重从责任管理、责任实践、责任传播、责任研究四方面开展社会责任工作。社会责任重点工作是社会责任规划的核心内容。

（1）责任管理：围绕社会责任管理提升，丰富和深化公司使命、价值观和可持续发展战略，建立健全社会责任组织体系、制度体系，加强社会责任能力建设、利益相关方管理、社会责任绩效管理、公益管理、社会责任危机管理和信息管理等，形成体现可持续发展理念和要求的社会责任管理体系。

（2）责任实践：通过典型示范和前沿推进，挖掘推广优秀社会责任实践，并借鉴国际先进的社会责任管理议题，提升公司社会责任实践水平。

随着中国五矿社会责任工作的深入推进，在未来将推荐逐步开展责任投资计划、碳资产管理等具有前瞻性的实践项目，持续提升公司可持续发展能力。

（3）责任传播：借助公司自有媒体资源、社会责任专业平台、主流媒体和主流NGO，打造中国五矿社会责任传播平台，与重要利益相关方建立畅通的沟通渠道，系统开展责任传播工作。对内提升社会责任认识，塑造责任文化；对外向利益相关方传播责任理念、实践和绩效，提升企业运营透明度，塑造公司负责任的企业形象。

（4）责任研究：分析集团公司社会责任工作现状，研究社会责任标准及领先企业的先进履责实践，研发社会责任管理工具，提升社会责任管理水平。包括对标研究、工具开发、标准研究、课题研究四个方面。为持续改进社会责任工作提供方向性指导和专业支持，增强公司经济、社会和环境综合价值创造能力和可持续发展能力。

五、社会责任规划实施目标

通过规划的实施，统一员工社会责任认识，统一社会责任工作路径，统一社会责任工作要求，统一公司社会责任形象。从规划制定到规划实施，中国五矿力争深入系统地推进社会责任工作，将社会责任理念和要求全面融入公司日常运营和管理体系，增强履行社会责任的意愿、能力和绩效，形成具有中国五矿特色的履责模式和路径，树立负责任、受尊敬的企业形象，推动公司实现与利益相关方的共同可持续发展。

06 案例
西南铝业（集团）有限责任公司

积极开展廉洁风险防控　扎实推进惩防体系建设

一、背景

西南铝业（集团）有限责任公司（简称西南铝）是隶属于中国铝业公司的特大型铝加工及军工配套企业，主要生产军、民用铝及铝合金板、带、箔、管、棒、型材及锻件，有航空航天、交通运输、包装、电子家电、印刷、建筑装饰用铝材等六大系列支柱产品，年产量达 30 万吨。

2008 年，中央在提出央企建立惩防体系建设五年规划之后，又要求强化廉洁风险防控，规范权力运行。中国铝业公司首先在公司总部搭建起一套廉洁风险防控体系，对公司总部、板块公司及实体企业都作出具体部署和要求，并在西南铝开展廉洁风险防控体系试点建设。

二、问题

如何把惩防体系建设融入生产经营管理体系中，实现从被动应对向主动预防、从事后纠偏向过程监控转变，不断提高惩防体系建设的系统性、针对性和实效性，成为西南铝加强内部风险控制、提高企业软实力的一个重要问题。

三、解决方案

西南铝通过中铝公司廉洁风险防控的试点工作，结合生产经营管理情况和工作流程，在自查基础上找准企业生产经营管理工作流程中的重点领域和关键环节，从风险识别、风险评价、风险应对三大步骤分步实施，最终构建一套适合自身实际的风险明确、监控有力、预警及时、处置得当的廉洁风险防控机制。

1. 完善风险管理组织机构

设立风险管理专职人员四名，各职能管理部门均设立 1 ~ 3 名风险管理兼职人员，负责日常风险管理工作。

2. 营造风险管理文化氛围

制订了年度风险管理培训计划，计划内容包括培训形式、培训内容、培训时间、培训对象等。开展了多种多样风险管理文化宣贯活动，通过公司内部网络、电视台、报纸等渠道，使公司全体干部员工进一步了解风险管理。

3. 强化风险管理绩效考核

将风险管理的相关内容纳入经济责任考核，如应收账款、赊销和合同管理等，加强了公司风险控制。

4. 落实重大风险管理策略

针对查找出的廉洁风险缺陷，主要从制度完善、加强日常监督、进行定期数据分析等方面进行整改，分别采取一系列应对措施，梳理业务中存在的潜在风险点，使自查控制措施更有效、更到位。

（1）通过建立健全《合同管理办法》《赊销客户信用等级管理办法》《应收账款管理办法》等制度，有效地降低了销售货款回收风险。

（2）改变铝锭基价的订价策略，执行合同下单锁定，按上海期货交易现货加权平均价，实现铝锭基价购销匹配，有效地控制了铝锭基价“失血”风险。在此基础上，合理判断国内、国外铝锭价差，2011 年 1 ~ 11 月，实际铝锭基价盈利 5574 万元。

（3）通过采用远期结汇、锁定汇率等控制措施，减少汇兑损失 1130 万元。

（4）通过锁定利率、提前周转借款、采取信用证议付，降低融资成本700万元。

四、成效

截至2011年年底，通过中铝公司在西南铝开展的廉洁风险防控试点工作，西南铝查找出廉洁风险点138个，其中评价出五个“高风险点”、55个“中风险点”、78个“低风险点”，形成了西南铝的廉洁风险库、案例库、廉洁风险防控评价结果、廉洁风险评价标准、廉洁风险缺陷汇总表及八个关键领域廉洁风险应对控制矩阵、两个关键领域廉洁风险防控检查清单，初步形成了西南铝廉洁风险防控框架。

首先，为管理层提供了明确、清晰的廉洁风险防控核心要点，为纪检监察部门在监督检查过程中，明确了重点关注及与关键决策点相关的廉洁风险点及控制措施执行情况等重点工作。

其次，有效辅助了管理层决策，为不断提高纪检监察部门监督检查工作的力度和效果，特别是在效能监察工作的标准化、具备可推广性和复制性方面，以及在廉洁风险防控体系中调查、深入发掘问题和可疑迹象方面提供了一套有效工具，从而为推进公司党风廉政建设工作，完善惩防体系建设打下坚实基础。

五、展望

在今后的工作中，西南铝将积极探索廉洁风险防控与日常经营管理、全面风险管理体系运行及维护工作的有效融合，将廉洁风险防控工作纳入日常工作，持续推进和运行廉洁风险防控机制；完善企业的管理闭环，从而实现改善、提升传统防控模式，变事后发现、事后整改，为事前发现、提前预防、事中参与处理的模式，辅助企业逐步实现风险防控向前端和中端转移，侧重前端防控，先知先觉，提前发现可疑迹象的目标；开展廉洁风险防控体系运行效果评价，不断加以完善，提高防范效果。最终实现治理腐败、防范风险和强化管理的有机统一，营造出“不想腐败、不能腐败、不敢腐败”的良好氛围。

07 案例
中铝山东企业

强基工程　预防和控制腐败风险*

一、背景

中铝山东企业是国家“一五”时期156个重点项目之一，1954年7月1日建成投产，是新中国第一个氧化铝生产基地，被誉为“中国铝工业的摇篮”，也是国家首批40家企业技术中心之一。经过近60年的发展，公司现已成为以氧化铝、化学品氧化铝、电解铝及再生铝合金生产为主体，集采矿、建材、氯碱化工、铝加工、科研设计、机械制造、建筑安装、热电供应以及内外贸易于一体的现代化铝工业联合企业，拥有员工1.4万人，是中国铝业公司的“化学品氧化铝研发、生产和营销基地”。

二、问题

随着市场经济的发展，腐败行为越来越多的发生在一些掌握着人、才、物处置权的重点岗位和关键环节。重点领域和关键环节滋生腐败的原因很多：一是制度设计上的缺陷；二是制度监管上的缺位；三是制度落实上乏力；四是思想政治工作跟不上形势的发

* 本案例被联合国全球契约组织授予“2013中国最佳实践奖”

展需要。由于存在以上诸多问题，在重点岗位或关键环节会演变为行为规则不明或责任不清，导致行为的随意性和缺乏可制约性。主要表现为下面几种易发生腐败行为的风险：一是思想道德风险；二是岗位职责风险；三是制度机制风险；四是业务流程风险；五是内、外部环境风险。

三、解决方案

企业经营管理的关键环节，往往也是腐败现象易发多发的重点部位。针对企业运行中的风险和突出问题，及时诊断风险、化解风险，防止国有资产流失，既是企业管理的重要课题，也是企业反腐倡廉建设的重要工作。在风险防控体系建设中，既要防范“事”的风险，也要防范“人”的风险。这要求：一要坚持预警防范和经营管理相结合，将廉洁风险防控工作纳入企业生产、经营、管理的各个环节，形成预警防范和企业经营管理的良性互动。二要坚持超前防范与严肃执纪相结合，变事后发现、事后整改，为事前发现、提前预防，事中参与、及时处理的工作模式。三要坚持制度防腐和科技防腐相结合。健全完善重点岗位和关键环节规章制度，有效规范权力行使；积极采取科技手段，推进风险防控信息化、网络化和智能化建设，提高风险防控工作的科技含量。

具体而言，中铝山东企业主要采取了以下措施。

1. 查找风险点

公司围绕监督、制约和规范权力运行，从岗位职责和人、财、物管理的业务流程入手，采取自己查、相互找，群众提、领导审等方法，逐项排查本单位岗位的风险点，经分析汇总和领导审核后，在一定范围内公开公示。

2. 评定风险等级

公司在查找风险点的基础上，根据各岗位风险点的具体情况、发生概率和危害程度，评定风险等级。岗位廉洁风险分为 A、B 两级：A 级风险为发生概率较高，或者一旦发生，可能对本单位、本部门、本岗位造成较大经济损失或较大负面影响；B 级风险为发生概率较小，或者一旦发生，可能造成一定经济损失或负面影响。A、B 级均由各单位管理，其中 A 级由公司纪委重点监控。

3. 落实防范措施

第一，加强人员的专项教育。公司综合考虑“人性弱点”“特殊身份”、国企的“人际环境”等因素，重点对A级风险点的负责人和员工进行廉洁风险专题教育；要求有关部门和单位，注意选拔高素质的员工充实到A、B级重点岗位中去；条件成熟的单位，实行A、B级重点岗位员工定期轮岗制度。

第二，建立《岗位廉洁档案》。将A、B级重点岗位的重大交易和业务流程记录在案，主要包括业务量、技术指标、业务来源、下级流程确认、操作人、责任人等要素，并将工作或交易过程公开公示，既接受上级监督、同事监督、下一级业务流程监督，又保存历史的可追溯性，实现全过程控制。

第三，强化岗位监督。加强对A、B级重点岗位制度执行情况的监督检查，建立抽检制度，提高制度的执行力；运用电子系统对关键环节实施监控，公开重要的交易等涉廉行为，实现阳光操作。

第四，营造岗位廉洁文化。坚持在日常工作中教化员工，用具体、形象、生动的方式，培养A、B级重点岗位员工尊敬廉洁人物、推崇廉洁行为的情感，树立追求诚实、守信、清廉的美德，形成崇廉尚洁的浓厚氛围。

第五，及时预警处置。推行腐败迹象管理，采取调研、谈心疏导、召开民主生活会、座谈会等方式，对重点部门、重点岗位和关键环节从业人员在履行职责、思想情绪、日常行为等方面存在的异常情况，认真进行分析研究，及时发现不良倾向和腐败问题，并综合运用教育提醒、警示诫勉、限期整改、组织处理、纪律处分等方式及时进行处置。

第六，注重交流共享。纪委定期组织“提升强基工程质量，做实岗位风险防控”的座谈会、经验交流会、现场观摩会，充分发挥指导示范、典型引路的作用，提升公司廉洁风险防控整体水平。

四、成效

公司2011年对86个A、B级风险防控岗位实施了廉洁风险防控，到2012年年底未收到一份举报信或一个举报电话。

公司通过深入实施强基工程，优化了重点岗位和关键环节的内控制度与工作流程，形成了较为系统的廉洁风险防控体系，提高了全员廉洁风险防控意识，营造了风清气正、廉洁高效、干事创业的良好环境，有力推动了企业的生产经营和改革发展。

一是促进了企业的降本增效工作。公司通过规范流程、落实制度、细节堵漏、规避风险，维护了企业利益。例如，担负重油进厂质量把关的氧化铝厂原料站工作人员，严格执行业务监督流程，注重环节控制。经化验分析，供货商到货的五个油罐车，灰分与水分不合格，使公司避免损失180余万元。

二是提高了重点岗位的精细化管理水平。公司通过落实廉洁风险防控措施，推进了重点岗位和关键环节的精细化管理。例如，运输部实现了对车辆运行状态和油耗的实时监控，杜绝了公车接私活、盗卖燃油等违规违法行为，不但提高了工作效率，而且年均降低油耗40多万元，有效维护了企业利益。

三是提升了员工廉洁从业的自觉性。公司A、B级重点岗位的员工，手中都掌握着一定的权力。通过排查风险，让广大员工明确了哪些是“高压线”；通过风险管理，树立了“风险无处不在，防范贵在公开”的意识，自觉做到警钟长鸣，防患于未然。

五、展望

未来，中铝山东企业将继续深入推进强基工程，为企业持续健康发展保驾护航，具体着重做好以下方面工作。

一是认真分析廉洁风险发生、演变的表现形式和内在规律，对不同岗位分别作出不同的预警措施，采取自查自纠、教育提醒、廉洁谈话等方式，及时预警提示和纠正，避免轻微问题发展成违纪违法行为。

二是牢固树立“防范风险也是创效益”的理念。风险防控，关系企业效益和形象。千里之堤，毁于蚁穴。让广大干部员工充分体会到，抓好业务是成绩，风险防范保廉洁也是成绩，从而将廉洁风险防控自觉落实到日常工作中。

三是建立动态管理机制，根据形势发展、职能转变和预防腐败的新要求，及时调整风险点和风险防控措施，形成廉洁风险防控长效机制；建立问责奖惩机制，对不按规定落实防范措施造成重大损失和影响的，按照有关规定，追究相关人员的责任。

四是把强基工程融入生产经营流程，廉洁风险防控是纪检监察工作融入生产经营流程的重要环节。在建立惩防体系及全面风险管理思想的指导下，逐步推行廉洁风险防控体系建设；从强化业务过程控制入手，针对企业廉洁风险点，落实有效的防范措施，提高业务流程自身的廉洁风险免疫能力，减少或杜绝廉洁风险，将治理腐败、防范风险和强化管理有机结合，从而营造出崇廉尚洁的良好氛围。

08 案例
中国铝业公司

盘活废旧资产　创造更多价值

一、背景

中国铝业公司（以下简称公司）是中央管理的国有重要骨干企业。公司主要从事矿产资源开发、有色金属冶炼加工、相关贸易及工程技术服务等，截至2011年是全球第二大氧化铝供应商、第三大电解铝供应商和第五大铝加工材供应商，铜业综合实力位居全国第一。公司设有铝业、铜业、稀有稀土、工程技术、矿产资源、海外投资、国际贸易、能源和金融等业务板块。现有员工24万人，所属企业65家，业务遍布全球20多个国家和地区，连续四年跻身世界500强企业行列。

二、问题

中铝公司所属实体企业遍布全国各地，实体企业每年从事生产经营活动产生的废旧物资资产庞大，处理不及时或不当，会造成巨大的资金沉淀和资源浪费，特别是一些金属废料价值高，需要把握市场行情机会，择机处理变现，才会产生相应的资产价值，尽可能地减少资产损失和资源浪费。

中铝公司经过调查和研究认识到，只有不断加强废旧物资处理的管理、依靠制度进行管控，重点针对不同类别的废旧物资的处理，建立健全管控制度，实现废旧物资处理的管理制度化、操作规范化、监督程序化、价值最大化，并不断完善招标、比价工作程序，狠抓废旧物资处理效能监察和专项监察，切实加强处理过程中的监督检查，才能真正“变废为宝”，实现废物利用和盘活存量资产，为企业和社会创造更多的价值。

三、解决方案

2011 年，中铝公司纪检监察部按照公司关于统一立项开展废旧物资管理效能监察工作的部署，认真组织各企业深入开展了废旧物资管理效能监察工作。各企业按照纪检监察部统一部署，围绕废旧物资管理制度建设情况开展充分性监察，抓住废旧物资管理重点环节进行业务行为符合性监察，围绕废旧物资的实际处置结果进行有效性监察，围绕废旧物资管理流程的设计进行适宜性监察，扎实有效开展废旧物资管理效能监察活动。

一是加强组织领导，各企业成立了由纪委书记或分管废旧物资的副总经理担任效能监察工作组组长的领导小组，项目负责人由纪委副书记（纪检监察部部长）或废旧物资主管部门负责人担任，工作组成员涵盖了废旧物资管理各相关职能部门，力求实现统一管理、规范管理。制定了《废旧物资及报废设备回收管理暂行规定》，实现废旧物资的集中统一管理。

二是各企业根据实际情况，以完善废旧物资处理的管理制度和业务流程为目标，制定了切实可行的效能监察实施方案，做到了措施得力、分工明确、责任落实到位。连城分公司在效能监察过程中发现废旧物资的运输手续不完备，对原有制度进行了修订，增加了由废旧物资产生单位填写废料拉货确认单环节。中州分公司通过完善废旧物资以旧换新的操作流程，确保废旧备品备件的及时回收。

三是各企业按照既定实施方案，围绕废旧物资的回收、鉴定、销售、出入库等环节扎实开展效能监察，做到程序规范、监控到位。洛阳铜业重点对优化后的废旧物资管理流程的有效性进行了监察，包括对各种废铜类金属化验分析后再进行分类处置、对新建立的废旧物资销售全部采用招标方式、对修订的废旧物资回收办法的有效性进行监察。

青海分公司重点对废旧物资的回收再利用与对外销售哪种方式更有利于企业效益最大化开展了效能监察，对生产报废的备品备件及设备进行了回收修复利用。兰州分公司对废旧物资重返生产流程的鉴定、评估、生产环节进行了重点监察，部分废旧物资通过重返生产流程降低生产成本。贵州分公司、山西华圣、西北铝加工等企业针对部分废旧物资二次加工变现的特性，对废旧物资加工再出售的管理流程及加工再出售产生的效益进行了监察，确保可回收的废旧物资全部收回。

四、成效

经统计，2011 年中铝公司各企业发现废旧物资管理中存在问题 64 项，提出监察建议 75 条，围绕废旧物资管理新建、修订、细化相关制度、标准、计划 178 项，通过加强管理，各企业 2011 年 1 ~9 月废旧物资销售额提高至 61443. 9 万元，与 2008 年、2009 年两年总额相比增加 28403. 8 万元，增长 86%，与 2010 年同期相比增加 22665. 8 万元，增长 58. 5%。通过修旧利废节约采购资金 6244. 3 万元，通过回收再利用降低生产成本 1789. 50 万元，通过加工再出售废旧物资产生经济效益 945. 04 万元。

2011 年，中铝公司各企业通过加强废旧物资处理的管理，成效十分明显，经济效益十分可观。其中，青海分公司对槽盖板、槽控机、发动机等备品备件及设备进行回收修复再利用，节约资金 870 余万元；兰州分公司修旧利废降低生产成本 506 万元；洛阳铜业通过对加强废旧物资管理的多项措施进行监察，确保各项制度有效执行，2011 年 1 ~9 月销售废旧物资 1. 89 亿元，有效盘活了存量资产；贵州分公司、山西华圣、西北铝加工等企业通过废旧物资加工再出售，产生经济效益 945. 04 万元。

公司通过连续两年开展废旧物资管理效能监察，完善了废旧物资的处置过程，取得了良好的社会效益。一是绝大部分企业废旧物资采取了招投标、拍卖等公开竞价方式，形成了公开、公平、公正处理废旧物资的销售机制，与客户建立了良好业务关系，在社会上赢得了良好的信誉。二是通过开展废旧物资效能监察，不断完善废旧物资回收再利用体系，科学有效地引导各企业建立了“先利用、再报废”的管理方式，激发了企业技术创新的内在潜力和生产热情，大力促进了降本增效、开源节流，提升了企业的核心竞争力和整体效益。三是加强废旧物资处理，有效盘活存量资产，不仅加快了生产经营资金流动，减少了废物排放，还优化了生产现场环境，改善了企业面貌，体现了企业强烈的社会责任意识，在社会上树立了建设资源节约、环境友好企业的良好形象。

五、展望

2012 年，公司纪检监察部将一如既往地加强废旧物资处理的效能监察工作，促进各企业及时处理各种废旧物资，“变废为宝”，为各企业实现处理变现废旧物资价值的最大化服好务，为中铝公司实施结构调整、战略转型和深入开展降本增效工作，加快转变经济发展方式，积极打造资源节约型、环境友好型企业做出积极贡献。

09 案例
中国铝业股份有限公司

能效管理　助推管理升级

一、背景

中国铝业股份有限公司（以下简称“中国铝业”）是目前中国铝行业唯一集煤炭、铁矿石资源勘探开采和铝土矿、氧化铝、原铝、铝加工生产、销售、技术研发于一体的大型铝生产经营企业，是中国最大的氧化铝、原铝和铝加工生产商，是全球第二大氧化铝生产商、第三大原铝生产商。作为中国铝业公司的第一大业务板块，中国铝业贯落实科学发展观，加快实施结构调整，全面提升企业管理水平。2012 年，中国铝业启动能效管理，以精益化生产降低生产成本，助推公司管理升级。

二、问题

能源是人类生存和发展的重要物质基础，关乎国计民生和国家安全。推动能源生产和利用方式变革，调整优化能源结构，构建安全、稳定、经济、清洁的现代能源产业体系，对于保障我国经济社会可持续发展具有重要战略意义。

中国铝业拥有 32 家实体企业，每年从事生产经营活动消耗能源巨大。2011 年年底，实体企业能源成本占总成本比重平均超过 40%，个别企业比重甚至超过 50%。由能源使用衍生出的资金占用、库存安全、环境压力等社会责任问题已经不容忽视，迫切需要提高能源效率管理水平来降低生产成本。

三、解决方案

1. 建立健全能源效率管理机制

（1）建立起贯穿总部和实体企业的能效管理组织机构。

总部设立能源效率总体策划小组，负责顶层方案设计和对企业的专业指导，为下属企业提供技术支持和数据跟踪服务；实体企业设立能源效率的专业管理机构，落实公司能效提升方案，根据总部初步诊断结果，制订年度能源效率工作计划，完成年度节能减排目标。

（2）形成统一、规范的工作流程。2012 年，公司能效管理形成了统一、规范的工作流程。

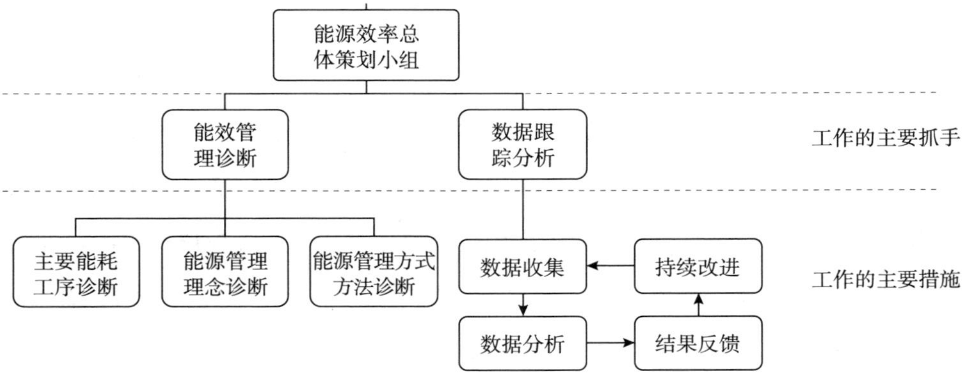

2. 提升员工节能意识和能效管理专业技能

（1）通过多渠道的宣传教育，普及能效知识。

2012 年，能源效率总体策划小组专家深入企业生产现场，进行专业宣讲，将节约能源就是创造效益的理念传达给每一位员工，达到自上而下的提升能源管理水平、自下而上的自觉节约能源的目标；相关企业以图板展示等方式，让每一名生产参与者都理解到身边的能源使用现状，明确节能潜力，增强员工节能意识，提升全体员工的岗位责任心。

（2）结合正在开展的运营转型工作，组织能效管理专项培训，加强能力建设工作。

培养企业能源管理骨干，深化项目推进。2012 年 7 月，中国铝业在广西分公司召开了中铝能源效率培训班。20 家（8 家氧化铝、11 家电解铝和云南铜业）企业的能源管理骨干在培训师带领下，学习了电机管理、加热工序、蒸发工序三个功能模块构建及相关工具、方法。8 月中旬开始，20 家企业结合各自的实际情况开始分三个阶段的推广工作。10 月，中国铝业电解铝能源效率培训启动会在焦作万方铝业股份有限公司召开，对 14 家（含三家联合企业）电解铝企业开展能效管理提升工作进行动员部署，确定了能源效率电解工序模块培训工作方案。通过两次培训，公司为各下属企业培养了一批能源效率工作人才，全面加强了能源管理队伍，为下一步工作奠定了可靠的人员保障。

3. 全面对标，确定方案

节能是指加强用能管理，采用技术上可行、经济上合理及环境和社会能实现的措施，从能源生产到使用的各个环节，提升能源管理水平，降低能源消耗，减少使用损失和污染排放，制止浪费，从而有效、合理的利用资源。

（1）组织由各企业骨干和能源专家组成能源效率专家团队，开展全面对标。

通过全面对标，收集各分、子公司能源使用、管理现状，以数据方式与行业先进或设备设计值进行对标，找出能源使用当中的波动点，分析我们现有设备的潜力区间，从而评估节能减排收益，为提升公司能源管理水平做理论保障。

2012 年先期选择 11 家电解铝企业和 8 家氧化铝企业参与全面对标。2012 年 11 月中旬起，能源效率总体策划组对 8 家氧化铝企业开展现场调研，对企业能源效率管理现状和设备状况进行摸排。结合氧化铝不同企业的设备制定了《能源效率数据采集表》，全面收集了 2012 年度能源效率数据约 10 万个。通过对标、诊断，确定了企业有 2% ~ 10% 的能源效率潜力提升空间。通过对标发现，锅炉、煤场和发电效率具有最大的能源效率成本改进潜力；过程数据分析发现，通过解决不同企业间存在的共性问题，可以实现 80% 的改进潜力。

（2）制订能源效率提升方案。

能效管理是一项专业性很强的工作，如何准确发现问题，如何制订行之有效的改善方案，如何改变已有的生产习惯，必须有科学的依据。结合正在开展的运营转型工作，中国铝业在8家氧化铝企业和11家电解铝企业持续开展现场调研和指导，制订出切合实际的能效提升方案。

能效小组的专家深入企业辅导实体企业落实能源效率提升方案，并在方案落实过程中以前期诊断为依据，结合生产现场，不断改进能源效率提升方案。能源效率提升方案主要内容包括工作目标、流程和措施，并确定了每个阶段的重点工作和目标。选择试点单位，实施能源效率提升方案。2012年公司分别在广西分公司和焦作万方建立了模范工厂，以广西实践经验为依托，分析涵盖了除能源采购外的能源价值流中的大部分环节，在总结试点单位的经验基础上，紧密结合不同企业实际情况，全面推进能效管理提升工作，做到有计划有依据，有方案有效益。

能效管理的最终目标是要健全能源效率体系。针对实体企业在生产过程中，能源管理存在着标准不统一、设备现状各不相同等现实情况，公司通过建立完善能效管理体系，落实能效提升方案，提升能源管理整体水平。2012年，公司总部和部分氧化铝、电解铝企业在开展能效管理提升活动中，重新梳理和完善了能源效率体系。

四、效果

1. 取得能源效率提升9000万元的收益

2012年，有20家企业以项目为纽带，通过对标先进、落实方案，第一阶段组织能源项目59个，年创收益9000万元，取得了实实在在的经济效益。

2. 节能减排等环境效益明显

能效提升是节能减排的重要途径。据测算，节约1kg标准煤，即减排2.493g二氧化碳和0.68g碳。按照公司2012年累计同比节能13.57万吨标煤，全年减排3.383万吨二氧化碳和9728t碳，这是公司为节能减排和减少温室气体排放做出的实实在在的贡献。

3. 提高了资源利用的社会综合效益

2012 年全面收集了氧化铝企业能源效率数据约 10 万个。通过对标、诊断，确定了企业有 2% ~10% 的能源效率潜力提升空间，寻找到了能效提升的突破口。2013 年，将通过落实能效管理方案，全面推广能源效率的五个功能模块，将能源效率潜力进一步转化为现实成果，从而实现资源利用社会综合效益的最大化。

4. 搭建科学合理的能效管理体系

2012 年，完成了能效管理体系的搭建工作；完成了《中铝 CBS 能源效率模块全面过程对标、管理梳理》，为公司的 CBS 能源效率模块储备了第一手基础资料。

五、展望

（1）中国铝业公司将以能源效率提升为抓手，充分发挥好顶层设计、技术指导和后勤辅助功能，通过总部 CBS 能源效率总体策划工作，带动实体企业的节能减排、采购转型和资金及库存管理，使能效管理提升成为企业的常态化工作，改善和提升能源效率管理模式。

（2）加强最佳实践的分享，发挥能源效率小组的团体优势，集中公司现有资源，切实抓住能源转换工序和生产集约化程度两个工作方向，为公司实现经济、社会、环境效益同步发展做贡献。

（3）完善能效提升的监测和评估，坚持正向激励的做法，进一步营造“节能光荣、浪费为耻”的氛围，提升产品的单位能耗效益，解决制约可持续发展的能源瓶颈问题。

10 案例
中铝稀土（江苏）有限公司

混合所有制下公司治理的探索

一、背景

中铝稀土（江苏）有限公司成立于2011年4月26日。企业注册资金6.23亿元，是由中国铝业公司与江苏省四家获得指令计划的稀土冶炼分离企业及一家贸易公司共同出资组建。股权结构比例分别为：中国铝业公司持股39.42%，江苏卓群纳米稀土股份有限公司、阜宁稀土实业有限公司、宜兴长江稀土冶炼厂分别持股14.60%，常熟市盛昌稀土科技有限公司持股12.4%，江苏省保利金属有限公司持股2.63%，自然人赵平华持股1.75%。

二、问题

中铝稀土（江苏）有限公司是中国铝业公司与五家民营企业合资组建的公司。2012年，公司在原股东企业的基础上设立了常州、阜宁、宜兴、常熟四个子公司，子公司资产、管理、人员基本上由对应的股东企业平行转移而来。由于公司股权构成、机构设置、管理团队等实际情况，给公司管理工作造成了较大难度，亟待建立规范、科学、有序的治理机制。

三、解决方案

本着确保股东利益，实现企业决策科学化、管理规范化、效益最大化、发展持续化的原则，按照立足当前经营、着眼长远发展的要求，中铝稀土（江苏）有限公司着力完善现代企业制度，健全法人治理结构，创新经营管理模式，推动企业向“市场化、开放型”竞争主体方向转变。

1. 完善公司治理结构

企业初步建立了股东会、董事会和监事会法人治理结构。股东会作为企业最高权力机关，由全体股东对企业重大事项进行决策；设立董事会，按照股权构成，由股东会推选产生九名董事会成员，是企业常设决策机构；建立监事会，由现金股东出任监事会主席，设立两名监事会成员，分别由大股东推荐和职工代表出任。既保证了监事会的独立性和监督功能，也在一定程度上保护了小股东的利益。中铝稀土（江苏）有限公司实行董事长与总经理分职制度，董事会聘任总经理，全面负责公司生产经营工作。2013年，中铝稀土（江苏）有限公司召开了两次股东会议、五次董事会会议。针对企业利润分红、董事、经理班子的提名任免等进行了审议，并且对企业经营模式、经理层提出的经营建议和措施等进行了决策，审议通过了经理层薪酬体系、融资办法、项目管理和固定资产管理等一系列基础性管理制度。

2. 发挥央企与民企结合优势

中铝稀土（江苏）有限公司生产经营的主体为下属四个稀土分离企业，分别从原股东企业的基础上承接了相应的资产、设备、工艺和员工队伍。中铝公司发挥自身在国家稀土整合方面的主导优势，2013 年获得了国家稀土生产指令性计划 3600t/年，出口配额 1003t。同时充分发挥原民企经营灵活、市场敏感的优势，采取了原股东企业承包子公司经营生产的模式，将子公司由成本中心转变为模拟利润中心，强化了子公司的市场主体地位。原股东企业集中发挥在稀土行业经营多年的市场经验和资源，保证了企业经营的连续性、灵活性。

3. 深化企业管理机构改革

中铝稀土（江苏）有限公司加强了本部机关队伍建设，实施了精兵简政、干部优化工作。规范推进中层管理人员（部门负责人）的公开竞聘，按照“公平、公开、竞争、择优”的原则，面向全社会招纳贤才，通过资格审查、素质测评、知识笔试、结构化面试程序，从 117 名应聘者中择优选聘两个部门负责人。建立管理人员的动态跟踪考核和人员退出机制，重点对财务总监等开展了述职考评，并结合工作表现和岗位设置，对部分管理人员进行转岗或解聘。

4. 强化企业基础管理制度建设

针对企业组建时间短、子公司存在家族式粗放管理的实际，中铝稀土（江苏）有限公司按照科学规范办企业的要求，集中精力开展了制度建设，强化内控管理。对照上市公司标准，对管理制度进行专项梳理，制定健全新制度，修订完善现行制度。强化制度执行管控，明确归口管理和责任部门，做到有章可依、有章必循、违章必究；围绕自查诊断、整改计划等内控建设内容，严格开展内控建设，完成内控模块 13 个，涉及控制标准 129 项。查找出 68 项问题和不足，制订针对性的整改措施，基本实现内控体系建设全覆盖。

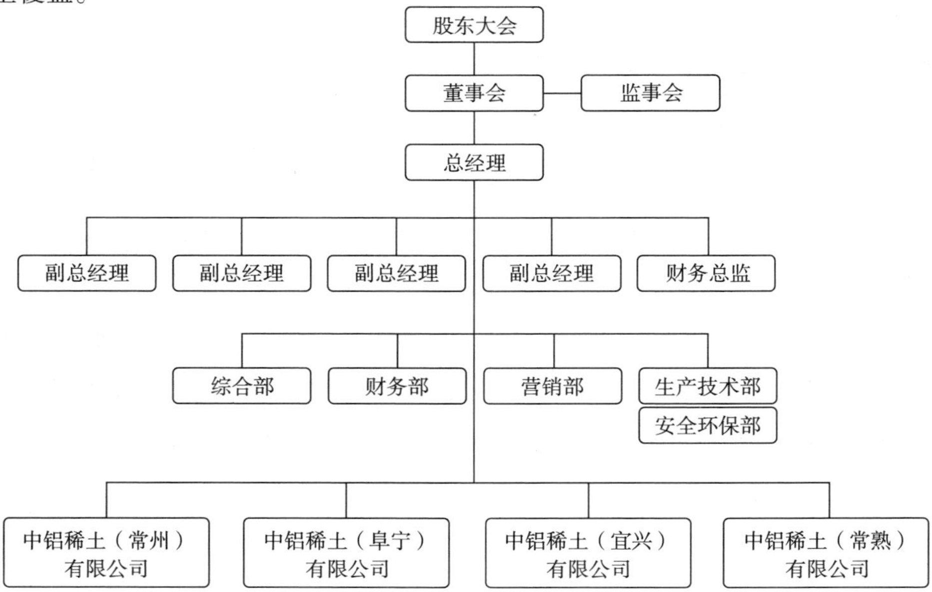

四、成效

法人治理结构初步建立。建立了股东会、董事会和监事会的议事流程，形成了董事会信息简报制度，保障了股东、董事的知情权，规范了公司经营管理。

经营效益显著好转。在2012年年底以来稀土市场行情一路下滑的形势下，企业于实施改革后的第四个月份（8月）扭亏为盈并实现持续盈利，市场化优势得到充分发挥。

内部活力得到充分挖掘。经过管理改革，凝聚了人心，激发了动力。本部人员压缩近10%，管理结构压缩20%，初步构建简洁顺畅、运转高效的管理机制。

基础管理得到充分加强。梳理印发了重要基础性管理制度24项，实现了公司固定资产、投资项目、费用管理等领域的流程再造及固化，风险控制得到明显加强。

五、展望

作为中铝公司响应国务院《关于促进稀土行业持续健康发展的若干意见》，积极推进稀土行业整合的代表性企业，中铝稀土（江苏）有限公司承载着重要的历史使命和社会责任。通过完善组织治理机构，创新合作和发展模式，公司走出了一条央企与民企优势结合的新路子。实践证明，创新改革、规范运作是企业实现长远健康发展的长久之计，我们将坚持规范操作、灵活共赢、风险可控的经营理念，继续完善公司法人治理结构，健全各项管理制度，提升市场化改革水平，推动企业科学发展。

第二章

和谐劳动关系

ISO 26000 将人权视为组织实践社会责任核心主题之一。人权是人人享有的基本权利。承认和尊重人权是法制社会最基本的制度。广义的人权分类为两类：第一类是公民权利和政治权利，包括生存权、自由、法律面前人人平等等；第二类是经济、社会和文化权利，包括劳动权、食物权、获得健康的权利、教育权和社会保障权等。组织担负着尊重人权的责任。人权核心主题下包括八个社会责任议题：尽责审查；人权风险；避免同谋；处理投诉；关于歧视和弱势群体问题；公民权利和政治权利；经济、社会和文化权利；工作中的基本原则和权利。（为便于理解，本章标题定为“和谐劳动关系”）

把农民工当兄弟与分包方共赢共发展*

一、背景

中国有色金属工业第六冶金建设有限公司（简称六冶）始建于1963年，现为中国铝业公司下属企业，是一家从事国内外工程施工总承包的国有大型综合建筑安装企业，为“中国500家最大建筑企业”之一。公司业务遍及全国近30个省市和越南、博茨瓦纳等数个国家，约有从业人员2.4万名，其中农民工、劳务派遣工及季节性、临时性用工约2.1万人，每年发放农民工工资约5亿元。

二、问题

六冶长期大量使用农民工，保障农民工权益任务艰巨。如何防止农民工工资被拖欠、避免农民工因利益纠纷引发的不稳定事件发生已成为公司的一项重要职责；如何使农民工真正融入企业，成为一支重要施工力量，是公司扩大经营规模面临的重大挑战。

---

* 本案例获得“2011年联合国全球契约组织优秀案例奖”

三、解决方案

六冶把建立长效机制作为保障农民工权益的关键和根本保证，时刻把农民工当作兄弟对待，从各方面维护农民工的职业尊严，同时把农民工的组织者——分包方当作一种资源来培育和发展。

第一，把农民工纳入施工班组管理。对于通过劳务派遣、季节性临时招用的农民工，组成专业施工班组，由公司派人直接管理；对有资质的劳务分包队伍，实行大班组管理。

第二，实施工资实名制和直接代发工资制度，有效防止了“包工头”欠薪现象。要求分包方预缴农民工工资保证金，从结算、付款等方面保护分包方的积极性。采取直接代发工资办法，避免了工程层层转包和“包工头”跑路而出现损害农民工权益的现象。

第三，落实农民工与在册职工同等的职业健康安全保护待遇。公司将农民工和分包方无死亡事故、无重大职业危害事故发生作为绩效考核重要指标，严格落实农民工入厂返厂、季节性施工、班前安全教育措施，在施工班组全面开展安全生产互保、联保活动，统一为农民工发放劳保服、安全防护用品，购买工伤保险，为从事危险作业人员办理人身意外伤害险。

第四，保持与农民工群体的交流沟通。在重要节日期间，六冶领导亲自带队慰问农民工群体，发放慰问品。在春运期间，项目部积极为有需要的农民工开展包车返乡服务。公司还定期组织开展对农民工工资发放、安全生产监督检查，及时掌握农民工相关情况。

第五，建立准入和退出考核机制，促进分包方勇担社会责任。全面推行工程（劳务）分包公开招标，每年评选“十佳”分包方，并严肃分包方退出制度，对业绩、证照不能满足要求，或出现严重质量安全问题，或漠视农民工利益、恶意欠薪的分包方及时予以清退。

四、成效

第一，农民工生产生活条件得到改善，职业尊严得到维护。六冶的农民工与公司在册职工同等享受职业健康安全各项保护待遇。2011 年公司实现安全生产零事故目标，没有发生一起农民工死亡事故和重大职业危害事件。

第二，与分包方建立起互利多赢关系，外部协作力量得到加强。六冶公司赢得了一批长期与公司共担风险、共享收益的优秀分包方的支持。2011 年，通过与多家有实力分包方合作，成功实施单项合同额超过五亿元的民建项目两个、单项合同额超过十亿元的公路项目一个，实现了多方互利共赢目标。

第三，市场竞争力得到提高，经营业绩快速提升。六冶以扎实行动关爱农民工，减少了有特殊技能的农民工人才流失，保护了公司专有施工技术，提高了公司的核心竞争力。2011 年六冶实现利润总额约 7000 万元，上缴各种税收达 1 亿元，同比均有 40% 以上的增长。

第四，施工班组管理被赋予崭新的时代内涵，基层建设得到加强。近五年来，六冶把农民工融入班组建设后，广泛组织开展 QC 小组和科技创新活动，创出 1 项建设工程“鲁班奖”和近 40 项省部优、市优工程以及十余项省、市级文明工地。

五、展望

“十二五”期末，六冶营业收入将达 70 亿元以上，需要农民工约 3. 5 万人，需要分包方约 300 个，每年需支付农民工工资约 11 亿元。因此，建立与农民工、分包方互利多赢的长期合作关系，是六冶充分利用外部资源、团结社会力量、做大企业规模、实现跨越式发展的长期举措。

六冶将适时设立劳务公司，将农民工中的特殊作业人才吸纳到劳务公司，进一步强化农民工班组建设；继续把分包方作为公司的一种基础性资源加以管理、呵护和培养，吸收更多的能与企业同舟共济的优秀工程分包方，以六冶为平台，发挥多方优势和特色，相互取长补短，集成更大优势参与市场竞争，实现多方共赢。

12 案例
中国五矿集团公司

以人为本　在海外运营中维护员工权益*

一、背景

2009年6月，中国五矿集团公司（简称中国五矿）成功收购澳大利亚OZ矿业公司主要资产，并在此基础上成立MMG公司。原OZ公司是澳洲第三大矿业公司、世界第二大锌矿生产商。

通过对MMG进行卓有成效的战略、管理、业务、人员和文化的整合融合，认真履行企业社会责任，不断完善经营管理模式，MMG很快步入良性发展轨道，MMG于当年就实现了盈利。中国五矿把所有盈利返还到MMG的运营中，继续推动公司快速发展。2010年MMG实现销售收入和利润双丰收，实现利润7.47亿美元，锌矿生产能力进入世界前三。继续保持了锌精矿生产世界前三及重要的电解铜、铜精矿、铅精矿、黄金生产商的行业地位，为澳大利亚经济、社会的稳定和发展起到了积极的促进作用。收购OZ矿业是中国企业首次成建制收购西方主流矿业公司、打造具有国际影响力的海外资源开发平台的一次大胆尝试。

---

*　本案例入选2012全球契约最佳实践案例并录入《2012全球契约中国网络年鉴》

为确保有效的管理整合，中国五矿周中枢总裁亲自挂帅，组建了公司领导牵头负责的 MMG 管理对接与整合专项工作小组，小组成员包括财务、企划、投资、法律、人力资源、安全环保、风险管理、公关业务等多个部门。工作小组通过制定和实施多项切实有效的管理对接与整合方案，与 MMG 实现了财务管控体系、投资活动管理体系、安全环保管理体系等重要管控职能的有效对接。良好的管理整合使 MMG 在较短时间内实现了业务上的“1 +1 >2”。收购完成后，中国五矿严格遵守并认真履行了诸如保留原有管理团队和员工队伍、保持和增加当地就业等多项承诺。

二、保护员工权益，构建和谐劳动关系

中国五矿对 MMG 的人员整合无处不体现出“以人为本，和谐包容”的企业文化。中国五矿与原 OZ 的董事会、高管人员本着相互尊重、合作共赢的原则，在尽职调查、政府审批、目标资产合理分割等方面充分沟通，得到了对方的大力支持。收购完成后，中国五矿认真兑现收购前的承诺，坚持沿用公司原有员工和管理团队，保留资产涉及的所有团队人员，包括勘探、生产、管理、销售等近 5000 人，实现了人员方面的平稳对接。对 MMG 的管理层，中国五矿采取“放权、授权”的方式，充分信任和继续支持原 OZ 公司 CEO Andrew Michelmore 及其团队的工作，使他们的能力得到了充分发挥。澳大利亚副总理兼国库部长斯万说：“中国五矿收购 OZ 矿业，保障了近 5000 名澳大利亚人的工作，符合我们的国家利益原则。”

在文化融合过程中，中国五矿于 2011 年 6 月前往澳大利亚就 MMG 的可持续发展事务进行调研，对 MMG 各级管理者和内外部利益相关方进行了详细访谈，共同探讨了可持续发展核心议题以及改进可持续发展管理的方式方法，并了解了 MMG 对未来发展中希望集团总部给予进一步支持的具体期望。这一主动沟通行为受到了当地民众的热烈欢迎，对促进集团总部与 MMG 的深度融合起到了巨大的作用。

中国五矿与 MMG 开展了多项交流活动，公司不定期抽派国内具有管理潜质的年轻人到澳大利亚作为期半年的管理实习生。MMG 邀请墨尔本孔子学院的老师到公司教授中国文化，向员工传递理解和接受新股东的理念，增强了中国五矿与 MMG 的相互信

任，提升了信息对称和沟通效率，促进了文化融合，人员整合为实现战略整合、管理整合奠定了坚实的基础。

三、以人为本，开拓员工发展广阔空间

中国五矿始终坚持“以人为本”，采取各种措施全方位调动 MMG 员工的积极性、主动性和创造性。中国五矿继续聘用原有员工，并设身处地为一线员工考虑，保护他们的权益。针对高级管理人员和核心技术人员，按照市场化原则制定了长、短期激励机制，提高他们的工作积极性。通过开展员工意见调查，鼓励员工参与公司管理。帮助员工制订与自身情况相符的职业发展计划，建立全方位培训体系，并通过更多地关注个人能力和兴趣的提高，为员工的发展提供更广阔的空间。目前，MMG 的员工人数已经增长到 6330 人，全部来自当地社区，为增加当地就业贡献了力量。

中国五矿充分尊重 MMG 员工的生活方式，协助员工实现“为了生活而工作的目标”。公司实行弹性工作制，员工在完成规定的工作任务或固定的工作时间长度的前提下，可以自由选择工作的具体时间安排。公司还为矿区员工提供良好的健身环境和运动场所，实现员工对平衡工作和生活的需求。

中国五矿尊重本地员工的多样性，建立全面的员工培训体系，帮助员工制订与自身情况相符合的员工职业发展计划，提升本地员工专业技能和综合素质，增强他们的自豪感和归属感。自 2006 年以来，MMG Sepon 矿区与澳大利亚墨尔本皇家理工大学（RMIT）合作开展员工培训项目。培训包括四年在 RMIT 学习以及一年矿区在职培训，涉及木工、制造、制冷等七个行业，澳大利亚和老挝均认可培训毕业证书，成功完成训练后即可在矿区从事工作。

中国五矿以细节之处的人性化关怀使 MMG 员工对公司产生了家的归属感，这可以从一条胸牌的挂绳上窥见一斑。MMG 员工的胸牌挂绳附有两个可松脱的挂钩，当挂绳被机器绞住时，挂钩受力会立即松脱，以防止员工脖颈被勒住。这一安全小窍门是员工根据实践提出来的，公司很快采纳了这个建议。诸如此类的细节关怀数不胜数，使员工从心底将矿区当成了自己的家。

四、强化管理，稳步提升健康安全绩效

中国五矿始终将员工的安全健康作为首要考虑的核心价值，与MMG进行了有效的安全管理对接。集团公司对MMG宣讲在安全环保方面的制度要求，同时了解和掌握MMG公司安全管理管控体系。通过互相沟通，确定了MMG安全报告的上报模式，使安全管理落到实处；通过交流推广，将“安全工作，创造价值，保护未来”的理念，融入到矿山运营的每一个环节，以实现“零伤害、零死亡”为目标，建立了完善的安全管理体系，提升了安全管理绩效。2010年，MMG的TRIFR（可记录伤害总工时）每百万工时伤害从2009年的6.3降至4.8，ITIFR（伤害造成的损失工时）每百万工时伤害从2009年的1.0下降至0.3。

中国五矿在MMG所有矿区均编制了应急方案，为所有员工制定了突发事件应急预案和培训包。每一个矿区现场均成立了突发事件应急小组，并配备了充足的装备。所有矿区设定了安全避难所，以备在突发事件时安置员工。

五、保护原住民权益，带动社区繁荣进步

中国五矿遵守澳大利亚原住民相关法律规定，与政府、原住民社区签署社区发展协议，保护原住民文化遗迹，尊重原住民权益，了解原住民社区发展需求，在提供经济援助的同时提供教育、培训与就业机会，帮助原住民社区实现长期发展。集团公司坚持“公司国际化、员工本地化”原则，根据公司和业务发展需要，建立符合运营所在地要求的用工制度，推动区域经济社会发展。

中国五矿在MMG经营中积极建立与所在地社区的友好关系，坚持多途径、多方式服务当地社区，为当地经济发展和社区繁荣做出了积极贡献。2010年，中国五矿MMG共投资约628.1万美元用于社区建设、社区企业发展、教育培训和灾难救助。

MMG积极吸纳原住居民就业。昆士兰Century矿山原住民员工占到了员工总数的23%。MMG还为原住民提供丰富的培训和教育机会，“湾区社区协议”是一项由MMG与昆士兰洲政府以及当地土著居民三方共同签订的“社区共建”协议。该项目旨在为

海湾地区的居民提供教育、培训、就业机会，并承诺对当地的文化遗产和环境进行保护。

中国五矿通过对MMG的支持，使原住民享有好的发展机会。澳大利亚土著员工Corrie Richardson谈道："我在世纪锌矿Century工作了13年，13年间有300多名本地员工在矿区开始或继续他们的职业生涯。在工作中所学的技能，改变了我们的生活。"

MMG公司Sepon矿区是老挝47个最贫困地区之一。中国五矿将教育、卫生、农业和社区基础建设作为自己的长远发展目标，与当地政府和机构合作进行开发式扶贫，先后投资约440万澳元用于教育培训、社区改造和基础设施建设。还积极引进发展项目，通过建电厂、开发矿产资源，以及从当地采购食品和装备，签订运输、航空和能源等服务合同，增强了当地经济的"造血"机能。项目运营至今，每年为老挝政府贡献约8%的GDP。当地居民的年均收入也从以前的60美元增长到现在的500美元。老挝人民革命党中央总书记、国家主席朱马里·赛雅颂对中国五矿的贡献给予了高度赞赏和评价，在2009年9月访华时，他专门到中国五矿总部访问，共叙双方合作友谊。

中国五矿在MMG经营中模范履行企业社会责任，不仅使自己在海外经营中的步伐更坚实，而且为国家、人民之间的友好交往搭建了桥梁，必将有力地促进国家的经济与社会的可持续发展。

13 案例
中色（天津）有色金属有限公司

构建和谐劳动关系 促进企业科学发展

一、背景

中色（天津）有色金属有限公司（简称中色天津公司）是由中国有色矿业集团有限公司（简称中国有色集团）与天津市国资委于2009年1月共同出资设立，是集有色金属国内外贸易，仓储物流及有色金属加工为主体的综合性地区公司。

近年来，公司坚持以邓小平理论和“三个代表”重要思想为指导，以科学发展观为统领，进一步落实“以人为本”的指导方针，依法保障企业和职工的合法权益，以构建劳动关系和谐企业活动为载体，建立健全和谐劳动关系，激发广大员工对企业的热爱，不断提高企业安全文明生产、经营管理水平和公司经济效益，促进员工与公司共同发展，共享发展成果，推进和谐社会建设。

二、加强政策法规知识学习，完善内部劳动管理制度依法规办事

（1）《劳动合同法》公布实施后，公司组织进行学习宣传贯彻《劳动合同法》的知识和操作，对公司劳动用工管理进行了检查治理。全面摸底，掌握公司各种用工形式，劳动关系确定方式，劳动合同（协议）管理以及配套规章制度建立与执行等方面真实

情况等资料。督促基层单位按照《劳动合同法》的有关规定和要求规范劳动用工，公司依据《劳动合同法》等法规，在2013年修订和完善公司《劳动合同管理》《工作时间和休假》《员工聘用办法》《员工培训办法》《社会保险与福利》《奖励与违纪》等九项管理制度。

（2）建立了较为完备的劳动用工制度。严格实行以劳动合同为主的劳动用工管理制度。员工与公司依照法律、法规及公司规章制度，订立、变更、和解除（终止）劳动合同。截止到2013年12月公司共有职工667人，全部签订了劳动合同，其中签订了无固定期限劳动合同394人，签订有固定期劳动合同273人，在全面执行劳动合同制度过程中，我公司及时为员工办理了劳动合同的签订、续订、终止和解除手续。在签订劳动合同、岗位合同过程中，从未收取过任何形式的“风险抵押金”。劳动合同签订率为100%。

（3）认真执行国家工作时间、休假及劳动报酬支付制度。每天工作八小时，每周工作五天的工作制度。对因生产（工作）需要、实行综合计算工时和不定时工作制度的员工，采取轮休、调休等有效措施，确保员工的休息和生产任务的完成。严格控制加班加点，对休息加班、工作时间以外延长时间的，尽可能安排补休，同时严格按照国家规定，公司员工正常享受法定节假日、带薪休假、女工产假等公假休息，严格公司统一的工资发放时间，每月按时以货币形式支付员工工资，没有拖欠，克扣员工工资及违反最低工资标准的情况。工资、薪酬的分配按照公司内部经济责任制等考核办法执行。

（4）公司严格按照政策法规规定，为员工建立了养老保险、失业保险、医疗保险、工伤保险、生育保险等社会保险及住房公积金制度，并按时足额缴纳各项社会保险及住房公积金，员工养老、医疗等得到了保障。

三、以生产经营为中心，做好员工培训，提高员工素质

（1）把握为生产一线服务的思想，根据生产（工作）的实际需要，积极开展员工培训，员工培训工作是企业搞好生产经营的重要环节，是不断提高员工素质和操作技能

的途径，是增强企业在市场竞争力的保证，同时通过培训、培养和发挥员工的能力，为员工个人发展搭建平台，为此经过深入调研，明确公司目前需要解决问题，确定培训重点，量身制定培训方案，通过培训解决公司生产经营过程中存在的主要问题，实现企业快速、健康发展，2013 年通过与地方劳动行政部门的协调，为保证公司安全生产，对天车工、叉车工共计 100 人进行了操作证、技术等级证的培训和取证工作，其中 100 人全部取得操作证、天车工获技术等级中级的 47 人、初级 29 人、叉车工获技术等级中级的 24 人。

（2）加强员工的培养和锻炼，积极做人才的储备，通过培养、锻炼、考核，能使具有能力的人才不断得到重用，对公司专业技术、管理岗位不断地增加后备力量。2013 年公司将 12 名大学生和两名研究生等放到生产一线培养、锻炼、学习，提高其理论与实战水平，打通其职业通道，目前已有两名大学生被提拔为车间主任、副主任。

（3）重视做好员工职称评定工作。公司致力于爱护和保护人才，为保证符合条件的员工不漏报、不丧失当年申报晋升的机会、不影响员工的职业发展，公司一是完善职称评定与管理工作，二是积极做好宣传，三是组织培训和召开专题会议，评定中、高级职称两人，由此提升了公司整体的专业化水平，同时也调动了专业技术人员爱岗敬业的积极性。

四、落实国家政策、法规、保护职工合法权益

长期以来，公司高度重视和切实执行国家的政策、法规工作，把落实国家政策、法规工作与保障职工合法权益相结合，牢固树立公司“安全发展”与“以人为本”的理念。把“杜绝出现违规违法事件，确保员工合法权益”作为公司劳动关系和谐企业的第一要务，凝结全体员工，“人人维护劳动关系和谐企业”的文化底蕴，营造和谐企业文化的氛围。2013 年，公司还在天津市企业联合会首次组织的“天津市最佳雇主”评选工作中，在众多参评企业里脱颖而出，成功当选。

按照完善、规范管理的总体要求，切实加强政策、法规的执行力度、建立健全公司

规章制度，加强奖惩考核激励机制，维护员工合法权益，2013 年积极热情按照依法、依规为员工解决问题，一是为到龄员工七人办理退休；二是为员工 34 人次报销医药费 92000 余元；三是为员工两人办理了生育津贴 27000 余元，由此保证了员工享受待遇，维护了员工的合法权益。

矿区复垦　还地于民

一、背景

中国铝业股份有限公司广西分公司1987年成立，位于广西壮族自治区百色市平果县境内，是国家为开发百色革命老区丰富的铝土矿资源，利用广西的水、电、交通优势而投资兴建的“八五”重点工程，是集矿山开采和氧化铝、电解铝生产于一体的大型铝冶炼企业。

二、问题

广西分公司大部分铝土矿区处于喀斯特地带，矿床属于岩溶堆积型铝土矿，地质赋存特征是矿体厚度小、分布分散，点多面广。矿区工业欠发达，农业支撑占较大比例，土地石漠化严重，耕地十分珍贵。

平面拓展型露天开采方式占地速率非常高，每年需采矿用地3000多亩，最终全县四分之一的耕地将会消失，采矿地带的耕地逐渐减少，导致新的荒漠化出现。

广西分公司采矿用地开始由划拨（或国家授权经营）或出让（征收）两种方式取得。一方面，公司在通过出让方式（征收）取得采矿用地时，按国家有关规定付给原土地使用者（农民）征地费及补偿费等费用，土地权属改变为企业拥有，这就意味着最终将有十多万矿区农民永远失去土地；另一方面，征地费用不断增加，企业负担也日益加重。

三、解决方案

为了解决采矿用地导致的荒漠化、农民失地和企业用地费用负担日益加重的问题，广西分公司投入人力物力对采空区进行复垦，重建矿区生态环境，推行“临时用地”方式，改征地为租地，并逐步将复垦土地归还矿区失地农民。

1. 矿区复垦

广西分公司的复垦从设计到施工，均严格执行国家《土地复垦规定》和《土地复垦技术标准》，努力确保复垦质量。在原国家土地局、广西壮族自治区各级党委政府及土地管理部门的大力支持下，1995 年起开展《平果铝土矿干式复垦技术研究》，自 1999 年开始实施矿山采空区复垦，采用工程复垦和生物复垦技术，重建矿区生态系统。

工程复垦就是在开采期结束后，按复垦标准程序开展平整土地、剔除杂石、覆盖新土，以及完善灌溉、挡土墙、道路等设施。为解决复垦所需的大量泥土，公司于 1997 年投资购置了四台国内最大的板式压滤机，对洗矿泥进行浓缩压滤处理，将滤泥用于复垦，基本解决复垦缺少泥土的问题。

生物复垦就是建立复垦地的植被系统。有针对性地对平台地、坡地分别进行生物复垦。平台地采用种植绿肥和微生物技术等方法，经一年半至两年的培肥，土壤肥力基本达到当地肥力水平。边坡地种植经筛选的护坡植物，重建矿区植被。

2. 还地于民

为了解决矿区农民失地问题和减轻企业用地费用的负担，经国土资源部批准，从 2005 年 7 月起，广西分公司采矿用地由“出让方式”变为“临时用地”方式。“临时用地”方式就是企业通过与农民签订土地“租用”协议，按国家有关规定向农民支付土地使用费，企业采矿后实施复垦，经国土资源部门验收，将土地归还农民。复垦面积少于原租地面积时，企业按出让协议补足差额。

四、成效

广西分公司在矿山采空区实施土地复垦，使矿区生态环境得到切实保护和迅速有效的恢复，达到资源开发与环境保护的协调发展。实行“临时用地”方式还地于民，更好地保障了原住居民的根本利益，对构建矿山周边和谐社区有着积极的促进作用。

租地替代征地，在企业租用的四年间，农民获得了企业支付的土地租用金（即经济补偿费，15382 元/亩，相当于年均产值 13.7 倍），租用期满，土地又回到农民手中，保障了农民的合法权益，有效地保护了矿区居民的生存权。

1998～2005年，广西分公司累计完成通过出让方式获得采矿用地的采空区复垦3123亩，建设了高效复垦示范区6个共计1310亩，通过广西国土资源厅验收确认新增耕地面积2356亩，复垦率100%，平均复地率70%。2006～2010年完成通过“临时用地”获得采矿用地的采空区复垦1802.114亩，并归还农民，其中耕地1318亩，其他土地483亩。2011年已完成“临时用地”采空区复垦1703亩，待广西国土资源厅验收确认后即还地于民。

广西分公司采矿用地复垦的举措和取得的成果，赢得了国家有关部门“采矿无痕”的赞誉，赢得了地方政府和社区居民的高度认可和信任，并荣获“全国矿产资源合理开发利用先进矿山企业”“全国绿色矿山”“2010生态中国贡献奖”“百色地区技术创新杰出贡献奖”等一系列荣誉，成为中国铝业以及整个行业矿山用地标志性企业之一。2011年3月，国土资源部将广西分公司平果铝土矿列入全国首批37家“国家级绿色矿山建设试点单位”名单。

广西分公司在追求经济效益的同时，积极履行社会责任，长期惠及社会，造福一方百姓。从1999年开始，公司每年无偿捐助平果县100万元以上用于周边乡镇扶贫项目建设。建厂以来无偿捐助地方经济社会事业和用于改善周边村民生产生活的资金超过4500万元。公司还为矿山周边12个村民小组4000多人无偿提供生活用水。

广西分公司还安排征地范围内农民为矿山提供劳务，从事残矿回收、工程复垦、修路、采石等工作，为其增加收入，帮助解决矿区农民生产、生活中的实际困难。

五、展望

目前，广西分公司正按照国土资源部、自治区国土资源厅要求，加紧进行“国家级绿色矿山建设试点单位”的建设，在继续做好采矿用地采空区复垦和还地于民的同时，充分挖掘矿山资源，大力发展“绿色矿山”产业，在采空区进行试点，建设“绿色矿山”主题园、矿山地质公园、矿山民俗风情旅游点等示范区。开工建设矿山合格矿运输技改项目、压覆矿（含村庄整体搬迁）综合利用、矿山采剥复垦一体化工程等，以推动矿业发展方式转变和地方社会主义新农村建设，打造公司“绿色矿山”靓丽名片。

15 案例
西藏昂青矿业有限公司

手牵手勇挑发展重担　心连心争当民族团结模范

一、背景

西藏昂青矿业有限公司由中铝西藏矿业公司与西藏金泰地质矿业开发有限公司组建。公司于2011年3月18日注册成立。

二、问题

昌都县昂青多金属矿位于西藏自治区昌都县妥坝乡然索村。该乡位于县境东部，距县城150km，面积1759km^2，人口0.6万，管辖12个村委会。昂青矿区所在的然索村（五个村民小组、八个自然村），人口两千余人。该村与察雅县、江达县、贡觉县接壤，历年神山纠纷、草场边界纠纷、虫草纠纷不断，关系十分复杂。能否协调好矿区与农牧民关系，是关系到昂青公司与当地居民同发展同进步的重大问题。

三、解决方案

1. 加强与地方政府沟通，加大项目的宣传力度

公司将昂青公司揭牌的图像资料，在昌都电视台播放，让矿区居民了解中国铝业公

司的情况和昂青项目的社会效益。将中国铝业公司的基本概况、矿业开发、环境保护、社会责任、昂青项目等方面的文字资料，编印成藏汉双语手册发放给矿区农牧民。多次和昌都县政府共同组成由国土局、环保局、信访局、妥坝乡领导参加的“昂青矿业开发项目工作小组”，进驻妥坝乡然索村开展工作，召开昂青矿业开发项目协调宣传会。

2. 加强与矿区农牧民的互动，营造和谐矿区

（1）出动设备为矿区村民维修道路；出动车辆为当地农牧民搬迁牧场、接送牧区学生上学及农牧民到昌都就医。

（2）在昌都县政府的支持下，中铝西藏昂青矿业有限公司准备了米、面、油、茶等物资，到莽总弄慰问矿区藏族牧民同胞。

（3）配合县国土局、环保局、司法局、卫生局、农牧局、水利局、文化局等组织强基惠农活动，发放材料、宣传法律法规和惠民惠农政策；为牧民巡诊送药；为农牧民表演精彩的文艺节目。

四、成效

昂青公司共为矿区农牧民平整维修道路 50 余公里；帮助农牧民牧场搬迁 150 余户；接送子女上学、农牧民就医 200 余人次；发放慰问物资近 20 万元；召开现场宣传协调会六次；组织慰问演出一场。拉近了和矿区牧民之间的距离，加深了和矿区牧民之间的感情，增进了和矿区牧民之间的友谊，为矿区的生产建设营造了一个和谐、稳定的发展环境。2011 年 9 月 9 日，昂青公司完成了首台钻机的安装调试，中铝公司西藏第一钻在昂青多金属矿正式开钻。

五、展望

鉴于西藏民族地区的特殊性和昂青矿区问题的复杂性，必须依靠各级政府，加强与各级政府的沟通，耐心化解矛盾和处理纠纷，扎实处理好昂青矿区外围关系，打牢昂青项目持续稳定发展的根基。

第三章

员工管理实践

劳工实践是组织实践社会责任的核心主题之一。创造就业机会并支付报酬，属于组织最重要的经济和社会贡献，负责人的劳工实践是社会公平、正义、稳定的基础。劳工实践核心主题下包括五个社会责任议题：就业和劳资关系；工作条件和环境；沟通渠道；安全与健康；员工职业生涯发展规划与培训。本章中将这一议题称为“员工管理实践”。

16 案例

湖南株洲硬质合金有色金属公司

维护职工合法权益　促进企业和谐发展

一、背景

湖南株洲硬质合金有色金属公司是国家“一五”期间建设的156项重点工程之一。公司目前下设两个产品专业事业部、12个生产厂、六家控股子公司，是国内最大的硬质合金生产、科研、经营和出口基地，被湖南省认定为“十大标志性工程”企业。

二、加强法律法规学习，坚持依法办事

《中华人民共和国劳动合同法》（简称《劳动合同法》）颁布实施后，公司成立了学习宣贯《劳动合同法》及劳动用工管理检查清理专项工作小组，对劳动用工管理进行检查清理。全面收集、掌握公司各种用工形式、劳动关系确定方式、劳动合同（或协议）管理以及配套规章制度建立与执行等方面真实情况等资料，督促各基层单位按照《中华人民共和国劳动法》《劳动合同法》的有关规定和要求规范劳动用工，及时修订和完善公司劳动用工管理制度。

建立较为完备的劳动用工管理制度，严格实行以劳动合同制为主的劳动用工管理制度。职工与公司依照法律、法规以及相关规章制度，订立、变更和解除（终止）劳动

合同。截至 2011 年 12 月，公司共有职工 4011 人，全部签订了劳动合同，其中 1227 人签订无固定期劳动合同、2547 人签订长期劳动合同、97 人签订中期劳动合同、140 签订短期劳动合同人。在全面执行劳动合同制度的过程中，我公司及时为职工办理了劳动合同的签订、续订、终止和解除手续。在签订劳动合同、岗位（上岗）合同过程中，从未收取过任何形式的“风险抵押金”，劳动合同签订率为 100%。

认真执行国家工时制及劳动报酬支付制度。公司实行每天工作八小时、每周工作五天的工作制度。对实行综合计算工时和不定时工作制度的职工，采取轮休、调休等有效措施。严格控制加班加点，在正常工作时间以外延长工作时间的，一般都安排了同等时间的补休。公司按照国家、地方政府和上级的统一部署，为职工建立了基本养老保险、失业保险、医疗保险、工伤保险、生育保险等各项社会保险及住房公积金制度，并按时足额缴纳各项社会保险费用，同时还为职工建立了企业年金、企业补充医疗保险。

三、坚持民主管理制度，促进企业民主管理

加强工会组织建设与及时拨缴工会经费。公司党委、行政领导班子根据党和国家及上级部门的要求，尊重工会依法代表和维护职工的合法权益，建立健全和完善职工代表大会制度，支持工会加强组织建设，依照法律和章程独立自主地开展工作，并提供必要的条件，定期按工资总额的 2% 拨付工会经费。

始终坚持职工代表大会制度。公司共有职工代表 216 人。严格按照《株硬集团职工代表大会实施细则》的规定，发挥民主参与监督作用。重大事项及企业安全生产经营管理工作方面的问题、涉及职工切身利益的事项都提交职工代表大会审议。

认真履行集体合同及通报制度。公司自 1997 年开始就建立了平等协商集体合同制度，2010 年又建立了工资集体协商、女职工权益保护协商制度。公司自 1997 年推行集体合同制度至今，坚持执行《集体合同监督检查制度》，多年检查的结果表明，公司集体合同履行情况良好，企业劳动关系协调稳定。

四、全面落实国家关于安全生产工作的方针政策、法律、法规，保障职工合法权益

公司高度重视安全文明生产工作，把安全文明生产工作作为贯彻落实科学发展观的要求，牢固树立“安全发展”的理念，把“杜绝人身伤亡事故、杜绝恶性误操作事故，确保员工生命安全与健康”作为公司安全生产的第一要务，营造全员安全文化氛围，全力实现安全生产预控、可控，保证安全生产的长治久安，持之以恒地抓好、抓实。

按照个人保班组、班组保基层、基层保公司的原则，建立健全安全生产目标过程管理、责任制传递机制、奖惩考核激励机制的三大体系制度。

严格执行国家、行业、地方政府劳动安全卫生方面的法律法规标准。建立和健全企业的劳动安全卫生管理制度，落实安全生产责任制和防护措施，完善各项作业标准和安全操作规程，为职工提供符合国家标准的劳动条件，从 2004 年至今未发生一起重大安全生产事故。

建立健全职业安全健康和劳动保护群众监督网络体系。结合公司实际，健全和完善了公司三级劳动保护监督检查体系，履行好监督作用，确保安全生产；建立健全以各级安全生产责任制为核心的各项安全规章制度并严格执行；组织劳动保护监督检查员开展劳动保护监督检查活动，保证职工劳动安全。

五、做好工会帮扶工作，增强企业凝聚力

近年来，公司各级党政领导和工会组织，坚持做到“以人为本”，满腔热忱为困难职工做好事、办实事、解难事，不断创新帮扶形式，拓展帮扶内容，推动工会扶贫帮困送温暖工作逐步迈向经常化、人性化、制度化的发展轨道。

（1）建立贫困职工动态档案。公司为了把送温暖工作做细、做深、做实，对困难职工家庭情况进行了深入细致的摸底调查，建立和完善了困难职工档案，对每户困难职工家庭切实做到“知家庭住址、知联络方式、知生活状况、知贫困原因、知患病情况、知进低保情况、知子女就学情况”和“定救助措施”，公司先后建立贫困职工档案 260 多份，为进一步做好扶贫帮困工作提供了翔实的基础资料。

（2）健全帮扶第一责任人制度。公司坚持把职工呼声当作第一信号、把职工的需求作为第一选择、把职工满意当作第一标准、加大困难职工帮扶力度 。坚持工会帮扶工作由集团工会、分工会、工会小组三级联动，并做到“五个必访”，即：职工生病住院必访、职工子女上学困难必访、低保特困职工必访、职工家庭发生重大灾情必访、职工家庭成发生重大变故必访。

（3）建立工会帮扶专项基金。目前公司共建有三类帮扶专项基金，分别是职工互助互济基金、职工储金会、困难职工补助金。按照基金的帮扶类别，严格按程序开展救助，使符合救助条件的困难职工都得到及时有效补助，困难职工子女上学得到有效资助，患病职工得到有效救助。

（4）重大节日送温暖。每逢中秋、国庆、元旦、春节等重大节日，公司对困难职工进行上门慰问，每年公司工会均发放送温暖慰问金近百万元，上门慰问困难职工 300 多户。

（5）突发灾难献爱心。公司有职工 4400 多名，突发灾难家庭也是屡见不鲜（如突发车祸或患上癌症等危重疾病）。为解决这部分职工暂时遇到的突发困难，公司每年约支付 10 万元对职工实施互助互济救助。

（6）金秋助学帮扶显真情。不让一名困难职工子女因交不起学费而辍学，这是公司对困难职工的承诺。2011 学年入学期间，公司党政工领导向来自 10 户困难职工家庭的 12 名学子分别发放了 3000～5000 元助学金，共计 52000 元。集团公司总经理代表公司与 4 名同学签订了大学期间每学年连续资助协议。

（7）开辟绿色通道进行救助。针对以往帮困资金补助力度小、审批周期长的弊端，2011 年公司开辟帮扶困难职工绿色通道进行救助，努力做到“三日之内有答复”“五日之内落实到位”，自开辟绿色通道救助困难职工以来，有 12 名职工快捷办理了六万多元困难补助金，解决了遭遇天灾人祸暂时困难职工的燃眉之急。

“四不让”工程情暖员工

一、背景

云南铜业集团有限公司（简称云铜集团）是一个以铜、铅、锌金属的采、选、冶为主，集地质勘探、科技开发、铜材加工、物流、磷化工、期货经纪、房地产开发等相关多元化发展的大型国有控股有色金属企业集团，是中国铝业公司铜板块核心企业、旗舰企业。“十一五”期间，公司获国家和省、部级科技成果奖23项，获得国家专利35件，主持或参与起草制定国家、行业技术标准七项，科技贡献率达30%。

云铜集团坚持把济困帮扶作为重点工作，打造“四不让”帮扶品牌，夯实基础，构建机制，提升平台，树立榜样，塑造形象，在创新社会管理和服务职工中有所作为。集团公司荣获“全国劳动关系和谐企业”称号。

二、问题

长期以来，由于国企改制分离、政策性关闭破产等一些历史原因，云铜集团出现部分困难职工，包括：停产、半停产企业的困难在职职工；因病因灾造成特殊困难的在职职工；因家庭困难供不起子女上学的在职职工家庭；参加了职工医疗互助的在职职工和退休人员中，长期住院的工伤、职业病患者和重特病患者；因工或非因工死亡职工供养直系亲属中享受低保待遇的特困户等。关注这部分困难职工群体成为企业和谐发展的当务之急。

三、解决方案

从2007年4月起，云铜集团实施了“不让一个云铜职工生活在社会最低保障线下，不让一个云铜职工因生活贫困看不起病，不让一个云铜职工子女因家庭困难上不起学，不让云铜出现一户零就业家庭”的“四不让”济困帮扶工程。

（一）不让一个云铜职工生活在社会最低保障线下

1. 抓发展，企业真正发展才能解决职工困难

云铜集团始终坚持：只有企业快速、持续、健康发展，创造了雄厚的物质基础，才能为职工提供稳定的就业岗位和不断增长的工资收入。实施“四不让”惠民工程，是构建和谐劳动关系的前提和条件。多年来，云铜集团共实现销售收入、利税大幅提升，职工收入稳步增长，无工资拖欠、无零就业家庭、无失学职工子女。

2. 全面开展帮扶济困工作

（1）云铜集团“两节”送温暖活动已连续开展16年，每年公司划拨“送温暖”资金150万元，基层单位相应配比，对一线职工、劳动模范、下岗职工、离退休职工、特困职工进行慰问，做到了资金、人员、慰问对象“三落实”。

（2）从2007年4月开始，云铜集团将原来的“春风助学基金”“济困救助资金”合并建立“云铜甘露资金”，每年拨出150万元作为专项费用，累计拨付591.7万元，使职工疾苦有人知、困难有人帮，实现了助医、助学、济困帮扶常态化、规范化，构筑起企业帮扶与政府帮扶相结合、上级帮扶与基层帮扶相结合的多层次帮扶体系，有序开展了助医、助学、济困帮扶活动。截至2011年年底，“云铜甘露资金”特困救助5977人，补助金额387.2万元。

3. 应保尽保，帮助特困家庭参保

云铜集团各级社保部门和工会帮助特困家庭“应保尽保”，帮助部分属于城镇最低

生活保障标准的特困职工家属列入地方民政部门救济的低保对象范围，让这些特困家庭每个月都能领到救济金。

4. 创新思路，推进帮扶提质升级

经济帮扶解决的是员工的临时困难，针对部分青年员工、困难员工技能普遍偏低的状况，云铜集团所属楚雄矿冶、玉溪矿业等单位开展了科技扶贫、领导结对等帮扶活动，以思想、技能帮扶为主，经济帮扶为辅，以既扶贫又扶志，既“输血”又“造血”的形式开展扶贫帮困结对，有效的预防和减少了困难人群，提升了帮扶质量。

（二）不让一个云铜职工因生活贫困看不起病

为了实现“不让一个云铜职工因经济困难看不起病”的目标，云铜集团设置了组织职工全员参加医保、全员参加云南省职工医疗互助、“云铜甘露资金”最后保底的三道保障线。

（1）集团与企业签订劳动合同的在职职工以及云铜集团管理的退休人员，已全部参加城镇职工基本医疗保险，共计有 39942 人，其中退休人员 16037 人。各级工会分别对在岗、退休、长病长休的职工以及伤亡职工遗属中家庭收入低于当地城镇居民最低生活标准者，以及有特殊困难者等情况进行分类，应用全国工会帮扶工作软件建档，做到慰问对象情况清楚，扶贫解困心中有数，健全档案不漏一户，帮扶救助不留空白。

（2）集团各级工会坚持八年开展职工医疗互助活动，参加活动的职工人数由第一期 15838 人增加到第八期的 23549 人，为上万生病住院职工提供了经济补助。其中，单笔最高补助金额达四万多元 ，人均补助达 523. 72 元。

（3）发挥“云铜甘露资金”助医作用，截至 2011 年年底，“云铜甘露资金”医疗救助 1357 人，补助金额 115. 3 万元，最大限度给职工就医看病创造条件。

（三）不让一个云铜职工子女因家庭困难上不起学

云铜集团建立了争取省总工会“寒窗助学”帮助、使用“云铜甘露资金”助学、基层单位利用自设帮扶资金进行专项救助三道保障线。截至 2011 年年底，“云铜甘露资金”寒窗助学 470 人，补助金额 83. 2 万元。

（四）不让云铜出现一户零就业家庭

云铜集团所属四户国有老矿山企业和一户冶炼企业，在深化国有企业改革中先后破产关闭，涉及一万多名职工。为了维护职工的劳动权利和基本生计，云铜集团提出“破产不停产，关闭不走人”，依靠存续企业发展生产，最大限度安排职工就业，并且规定不得夫妻二人同时下岗，不准出现“零就业”家庭。云铜集团关闭破产企业所组成的存续企业经过改制创新，重新焕发了生机活力，吸纳了越来越多的下岗人员，同时还解决了一部分职工子女的就业问题，坚决守住不出现“零就业”家庭底线，维护了企业和社会的和谐稳定。

四、成效

“四不让”成为了职工欢迎、各方支持、为民惠民的济困帮扶品牌工程。

（1）2010 年，云铜集团所属云铜股份冶炼加工总厂停产，开展了长达 7 个月的艾萨炉大检修工程，其间由于没有产量，职工只能拿生活费，给部分孩子正上大学或正在还房贷的职工生活造成了很大的影响，在这种情况下，集团公司立即增拨“云铜甘露资金”30 万，专款用于解决职工的临时性困难，受到职工交口称赞。

（2）通过积极主动与有关部门联系，让更多热心公益事业的社会各界关注公司贫困大学生。2011 年，在云南省总工会女职工部的帮助下，公司 1 名孤儿在大学期间，享受到中国平安保险公司的爱心资助，并建起长期帮扶机制。

（3）“四不让工程”使公司扶危济困发生了新的转变，即：从被动接受职工诉求变为主动考虑职工需求；从硬性照搬政策条文变为柔性解决职工关切；从临时性救助变为机制性救助；要从偏重“输血”性救助变为侧重于“造血”性帮扶。

五、展望

云铜集团始终重视构建和谐企业劳动关系，关注企业困难群体和弱势群体，努力保障他们生活质量，以此促进企业可持续发展和支撑和谐社会建设。

云铜集团充分尊重职工群众的主体地位，坚持把维护和实现职工群众的利益作为发展的立足点和出发点，始终不渝地围绕职工群众最关心、最直接、最现实的利益问题，在各项工作中全面体现以人为本的要求，继续推进困难帮扶的长效机制，做好救急济难和深层次矛盾化解工作，实现经济资助和人性化关怀交融的目标，把困难帮扶这项工作做实、做好，做到持久。

18 案例
中国有色金属工业第二十三冶金建设公司

建设“二十三冶青年会所”

一、背景

近几年，中国有色金属工业第二十三冶建设公司（简称二十三冶）在“高速公路”的发展道路上快速前进，经营业绩指标不断刷新历史纪录，同时公司没有忘记一个企业发展壮大后应承担的责任，努力让全体员工分享由他们共同创造的劳动成果，在丰富员工的物质生活尤其是精神生活方面倾注了很多的心血。在集团领导的高度重视下，公司各级党团组织，坚持面向基层，积极创造条件，努力响应青年员工的精神文化需求，企业基层文化建设建树多多，文化型二十三冶的前景颇为乐观，其中“二十三冶青年会所”更是一块亮丽的企业文化品牌，闪耀着企业关注青年员工成长成才的熠熠光芒。

二、“二十三冶青年会所”建设的背景

1. 现代建筑业的发展方向

一起智利矿难事件曝光了事故发生后，矿工仍在井下看着电视、听着音乐、品着咖啡悠然等候救援并最终获救的消息，让不少人大开眼界——没想到昏黑危险的矿井内竟也有这般舒适的生活！近年来，国内建设企业逐步深化了人本管理理念，加大了对文化

基础设施的投入，改善工地文化生活已经成为一种潮流。坚持以人为本的文化基本建设是现代建筑企业，特别是项目建设的重要组成部分。

2. 公司青年员工的实际需求

二十三冶目前有将近40%的青年员工，并且未来还将引进数千名大学生。二十三冶团委在项目一线的座谈、走访和问卷调查过程中，很多青年员工提出了诸如“没有一块活动场地，工作节奏太快，人际交往圈子太窄，参加考证人员不便一块学习交流”“离城市太远，难买自己想要的书”“不能上网、看电视，获取外界信息较困难”等不少的问题，更严重的是，调查发现文化需求未能有效满足成了很多一线项目员工离职的重要因素。青年员工日益膨胀的精神文化需求与当前不能满足其需求的现状产生了极大的矛盾，加强一线项目的文化建设成了刻不容缓、迫在眉睫的任务。

3. 公司团的基层组织和青年文化建设的需要

活力在基层、源泉在基层，坚持眼睛向下、重心下移的工作方针已成全团上下的广泛共识，关注青年、服务青年、引导青年、帮助青年成长成才是公司党委对团青工作的明确要求。2010年，二十三冶团委对74个基层团支部委员会进行调整充实并明确分工，组织两级公司团干部到一线青年员工中进行调查研究和加强团内统计分析工作，对基层组织状况有了比较清晰的认识，为青年会所的开展奠定了良好的基层。而二十三冶矿业公司西北分公司在陕西东塘子矿由业主为施工队伍统一配备的练歌房、棋牌室和24小时热水淋浴室等文化基础设施，赢得了员工们的普遍欢迎，为青年会所的建设提供了宝贵的实践经验。

二十三冶团委基于以上背景考虑，通过开展基层团建及团员青年文化需求调查，提出了“二十三冶青年会所”建设的工作思路。

三、建设“二十三冶青年会所”的做法

在青年人数相对集中的项目部（分公司）建设二十三冶青年会所，实施文化推动，构建全新的服务平台，打造具有建筑企业特色的团青活动阵地，进一步加强集团公司基层团组织建设，增强基层团组织凝聚青年、服务青年、引领青年的能力；整合项目部

（分公司）文化资源，提高项目部（分公司）文化资源利用水平，努力适应现代建设企业人本管理发展趋势，树立更优更强的企业文化形象，形成有规划的、日常性的、可持续的二十三冶工地文化建设格局。

1. 功能定位

（1）作为团组织工作的重要载体，承担开展团队建设，开展主题宣传教育活动的职能，提供团员青年聚集交流平台。

（2）利用信息平台和图书设施，向青年员工提供学习、考证和职业培训等信息服务，积极为青年员工的学习成长创造条件。

（3）协助项目部（分公司）党政组织开展各种健康有益的文娱活动，加强对青年员工工外生活的引导。

2. 硬件配备

“五个一”的标准配置：一个房间、一个书柜（不少于100册图书，并根据实际情况、结合领导推荐不断增加书目）、一台电视机（拥有卫星接受设备或互联网接入线路等）、一套体育设备（因地制宜添置篮球、排球、乒乓球及桌球、羽毛球及健身器材等运动建设设备）、一套桌椅。

3. 软件配置

一个会所章程 、一个志愿者团队（青年会所管理与对外服务）、一名管理骨干、一套项目（服务青年成长成才）、一个统一的形象牌（二十三冶青年会所）。

4. 会所管理

会所接受所在项目（分公司）团组织的领导，按照会所章程运转，招募委托青年志愿者进行管理、服务和维护。

5. 建设过程

青年会所是一个新生事物，在实施过程中确立了“从无到有、立足于有和既有创优”的试点路径，坚持集团公司、子分公司和项目部三级共建的筹资思路，在不断的探索性试点中，逐步得到了推进：

（1）调查论证，领导审核企划方案。

团委深入一线项目，摸底基层文化建设现状，根据发现的问题撰写《“二十三冶青年会所”项目企划书》，并由集团领导审核通过。

（2）培育性试点

根据实际情况，在征求基层团组织负责人意见基础上，2010 年 12 月到 2011 年 5 月二十三冶选择该司下属的辽宁分公司、二公司建筑一分公司、三公司长沙水岸新都项目部、矿业公司南京梅山项目部、安装分公司深圳地铁 2 号线项目部、房建分公司万境水岸项目部、租赁分公司、昆明嘉盛公司进行培育性试点。

（3）扩大性试点

在培养性试点经验比较成熟的基础上，组织扩大性试点，试点范围扩大到集团公司确定的区域公司，或由各单位团组织专项申报试点。迄今为止，已经组织了两批试点项目，在全国各地的项目工地（分公司）建立了 20 余家青年会所。

（4）全面推广

在全集团工程建设周期相对较长、青年员工比较集中的项目部（分公司）进行全面推广，基本建成以青年会所为主体的青年活动阵地和服务载体体系，青年会所项目成为我司团组织的一项日常性工作。对已经开展试点的青年会所要加大力度督促子分公司和项目部资金投入到位，充实会所图书收藏和基本生活文体设施，促进形成规范的会所管理制度，形成有效的活动体系，努力满足广大青年尤其是一线青年精神文化需求，使之成为工地文化生活的特色阵地，文化型二十三冶的呈现载体。

6. 建设资金需求及来源

会所标准配置除会所场所外，最少需要资金约 6000 元添置有关图书器材，其中预计 100 册新图书折后价 2000 元，电视机及接收设备 2000 元，体育设备、书柜及桌椅约 2000 元。

（1）试点阶段，资金来源采用三级统筹的方式，集团公司和直属子分公司各拨付 2000 元专项资金，余款由项目部（分公司）自行解决。

（2）全面推广阶段，青年会所建设经费由项目部（分公司）自行投入，二十三团委建议纳入财务相关成本科目。

四、"二十三冶青年会所"建设取得的效果

"二十三冶青年会所"的试点受到中央媒体的关注。2012 年 1 月，《中国青年报》在头版"新春走基层"栏目刊发了《大山深处的青年会所》的通讯稿，对"二十三冶青年会所"进行了深度报道，随后人民网、新浪网、网易、21CN 新闻网、中青在线、《中国五矿报》等媒体对该通讯进行了全文转载；2011 年 12 月 22 日，湖南省直属机关团工委书记黄敏在二十三冶湘潭嘉盛公司调研指导时，黄敏盛赞"二十三冶青年会所"，称会所"为项目团员青年营造了温馨的学习活动阵地、为基层团组织提供了高效的服务平台，不到一年的时间，二十三冶青年会所建设得到了广泛认可。

从当前试点项目信息反馈情况看，青年会所扮演的角色越来越重要，自投入使用以来，初步实现了"青年之家、团建平台和文化亮点"三大交互性试点目标，受到了青年员工的普遍欢迎。

一方面，它承担了团队建设的职能，是团员青年聚集交流的平台；利用信息平台和图书设施，向青年员工提供学习、考证和职业培训等信息服务，是团员青年学习培训的地点；另一方面，协助公司党政组织开展各种健康有益的文娱活动，加强对青年员工工外生活的引导，是团员青年文体活动的场地。有的员工表示"青年会所真正给了大家一个学习、生活、娱乐相结合的空间。虽然远离家乡，但会所的建立给了我们这些一线团员青年'家'的感觉。"

同时青年会所整合了基层单位文化资源，提高了文化资源利用水平的场所，在会所里不但摆放着近百本书籍资料供团员青年们阅读，为青年员工学习成长创造条件；同时青年会所还收录了员工的一些书法、绘画等展示员工特长的作品，为青年员工们提供了一个展示自我的平台。

医疗救助　救急　救困　暖人心

一、背景

中国铝业股份有限公司兰州分公司（以下简称“公司”）的前身是兰州铝厂，始建于1958年，是新中国成立后国家“二五”期间在祖国大西北建设的第一家电解铝厂。经过改制重组，现为中国铝业股份有限公司旗下分公司。公司主营业务为铝冶炼和火力发电，年综合生产能力为电解铝43万吨、预焙阳极炭块23万吨、发电65亿kWh，是甘肃电解铝行业的龙头企业。截至2011年底，企业总资产为91亿元，共有职工4200人。

二、问题

由于地方基本医疗保险保障水平低、统筹基金支付保障范围小，员工看病难的问题未得到根本解决。特别是部分身患重病的员工的药费不能纳入医保报销范围，医疗负担明显加重，甚至出现了个别员工因病致贫的现象。在地方医疗保障水平整体偏低、企业内部补充医疗政策暂时无法实行的情况下，如何妥善解决医疗改革过程中出现的问题，成为一个亟待解决的难题。

三、解决方案

公司经过认真摸底、研究和测算，提出了通过建立互助基金的方式解决医改过渡时期一系列突出问题的思路，通过员工与企业工会共筹资金的方式建立医疗互助基金，解决基本医疗保险保障水平过低的问题。

第一，按照“先期解决突出问题，逐步提高医疗保障”的原则，公司采取部分由职工自愿筹集、部分从工会经费列支的办法，建立了职工医疗互助救助金，从 2010 年 11 月 1 日开始，按照相应的标准和程序，对进行恶性肿瘤放化疗等 18 种未列入地方基本医疗保险特殊疾病范围的员工，给予特殊疾病长期门诊医疗费用补助。

第二，在解决身患特殊重大疾病员工的医疗急困问题的基础上，公司工会组织牵头，持续推进互助保障工作，采取员工自愿参加、工会补助的方式，于 2011 年实施了在职职工意外伤害互助保障计划和住院医疗保障计划。为确保筹资方式、操作过程合理有据、公开透明，公司在领导层认真研究、相关部门充分沟通的基础上，制定了管理办法，对员工因意外伤害或因病住院治疗的，按程序办理保障计划理赔手续，以互助金的方式给予职工资金补助。

第三，向职工及时传达实施医疗救助的管理办法，并通过企业报纸、电视等媒体进行宣传和解读，得到了广大员工的高度关注和普遍欢迎。自医疗救助措施以来，共有 255 名职工参加了医疗互助救助基金的筹集，累计筹资 2.5 万元；3395 人参加了在职工意外伤害互助保障计划，4051 人参加了在职职工住院医疗保障计划，分别占职工总数的 77.6% 和 93% 。公司工会为医疗互助基金和两项保障计划提供配套资金约 35 万元。

第四，保障女职工健康权益，为女工办理了特殊疾病保险，提高女工健康水平，截至 2011 年底，共为 612 名女职工办理了特殊疾病保险，支付配套保险金 1.1 万元。

四、成效

医疗互助救助基金的建立和专项保障计划的实施，极大地缓解了员工医疗保障水平偏低的矛盾，得到了广大员工的广泛认同。

自2010年11月公司建立医疗互助救助基金以来，公司医疗救助小组共为20名患有特殊疾病的职工建立了医疗档案，累计核报补助资金11万元。截至2011年底，两个专项保障计划理赔232人次，共发放互助保障金18.6万元。

公司的做法得到了中国职工保险互助会及兰州办事处的充分肯定，被评为兰州市及中国职工保险互助会“职工互助保障先进单位”。

五、展望

不断提高职工医疗保障水平，改善员工的生产生活条件，提高员工的幸福度，是关注民生和践行“以人为本”理念的重要体现，是中铝公司“点石成金、造福人类”的社会责任观的重要组成部分。公司通过建立互助救助基金和实施两项保障计划，缓解了医疗改革过渡时期的矛盾，使数百员工直接受益，数千员工得到保障，造福之举深受欢迎。公司将紧紧抓住中铝总部推进企业补充医疗保险改革试点工作的契机，认真学习贯彻国家有关补充医疗保险的政策规定及操作要求，在适当的时机实行企业补充医疗保险，进一步规范和完善职工医疗保险制度，使更多的员工得到实惠。

20 案例
中铝洛阳铜业有限公司

坚持以人为本　强化关爱员工健康机制建设

一、背景

中铝洛阳铜业有限公司由中国铝业公司控股，洛阳市国资委、中信投资控股有限公司共同出资组建。公司拥有铜及铜合金板带、管棒及铝镁板带加工三大生产系统，有色金属加工材年生产能力 24 万吨，主体生产线装机水平始终保持国内领先地位，新建的高精度电子铜带生产线装备居于世界一流。公司拥有国家级企业技术中心和国家检测中心，承担着国家重点工程及国防工业项目的材料研发任务。公司主要产品有铜及铜合金板、带、箔、管、棒、型和铝镁板带等，产品广泛应用于航空、航天、舰船、军工、冶金、电子、电力、机械、交通、建筑、化工等领域，是有色行业内唯一具有军工生产许可证的企业。

二、问题

中铝洛阳铜业有限公司在职员工 5942 人，职工平均年龄 42 岁。员工身为社会和家庭的双重支柱，工作、生活压力、膳食不合理等使其身心受到很大影响。面对员工队伍老龄化问题突出的现实情况，如何强化关爱员工健康机制建设，切实提升员工的健康素质，是一个影响公司可持续发展的不可忽视的问题。

三、解决方案

中铝洛阳铜业有限公司重视员工健康状况，通过加强关爱员工环境建设、制度建设、文体建设和能力建设，提升关爱员工管理水平和促进员工健康能力增强。

1. 加强环境建设，提升职业健康基础

一是在环境和职业健康安全管理体系的有效运行上，关注员工职业健康。每年组织1000余名特殊工种员工进行职业健康体检，公司投资60余万元，新建、改造绿化面积四万平方米；实施亮化工程，投资近140万元，安装169盏高杆路灯；投资850万元改造熔铸收尘设施；投资三万元进行质量管理中心试验通风系统一期改造。二是优化生活环境。投资40万元建设职工餐厅，改善员工用餐环境；投资90万元对铝镁板带厂浴池改造。三是开展“劳动迎五一、整洁咱洛铜”阶段性主题活动，通过组织义务劳动、整洁突击队、自查自纠等形式进行彻底整改，为给广大员工创造良好的作业环境和休息条件。四是强化劳动保护和安全防护，开展以“安全第一、预防为主、综合治理”为主题的“安康杯”竞赛，突出开展具有工会特色的“备忘录”“实绩卡”等劳动保护各项工作，举办120人参加的劳动保护监督员培训班，评选优秀工会小组劳动保护检查员，各级工会劳动保护监督检查委员会组织劳动保护检查221次，督促整改安全事故隐患285项，各单位工会小组劳动保护检查员通过“实绩卡”形式发现并整改安全事故隐患308项。

2. 加强制度建设，提升员工健康水平

中铝洛铜坚持平等协商和签订集体合同制度，签订《集体合同》和《女职工特殊权益保护专项集体合同》，认真落实职工带薪休假及各种休假政策，年休假年内平均休假天数为13.15天，公司坚持每两年组织全体员工进行一次健康体检。2010年组织5053名职工参加体检，2011年组织劳模和职工556人进行健康体检，组织接触有毒有害岗位职工体检。

坚持健康指导，撰写《健康体检综合报告》，在电视上组织健康讲座、在报纸上登载保健知识，并组织卫生部及省、河科大第一附属医院的教授进行健康讲座，专家同员工进行互动，答疑解难，普及健康知识。2011 年，中国健康教育中心、卫生部新闻宣传中心、生命时报社在全国 30 座城市的 50 家知名企业举办系列大型健康巡讲活动，于 5 月 12 日在公司举办京外首场健康讲座，组织调研问卷 150 份，公司荣获卫生部颁发的“员工健康关爱奖”，成为全国首批受到表彰的企业之一。

3. 加强文化建设，提升员工健康素养

一是关注员工思想健康。制定下发《创建学习型组织、提升职工素质五年规划》和《女职工提升素质建功立业工程方案》，开展了“文明，从我做起”倡议活动；组织参加洛阳市首届工人文学创作班及周末大讲堂；创新“职工书屋”建设途径，开展“多读书、你选书、我购书”活动；组织职工参加“六五”普法及《社会保险法》等法制宣传教育活动，并荣获洛阳市“学规划、展风采、比贡献”知识竞赛优秀组织奖和河南省工会系统“五五”普法工作先进单位。

二是组织开展文体活动，提升员工的身体素质。先后组织开展“秀靓丽生活，展女性风采”女工巧手、羽毛球、乒乓球和游泳比赛等特色的文化活动；先后参与了中铝公司成立十周年书画、摄影大赛、中国有色集团“卓创杯”书法、摄影大赛、河南省“党旗在国企飘扬摄影大赛”、洛阳市“福民强市”摄影及“文化春天”职工书画大赛等，获各类奖项 47 项。同时公司各级组织因地制宜开展形式多样文体娱乐活动 160 余次，参加员工达 5132 人次。

4. 加强能力建设，提升爱心温暖工程

中铝洛铜本着及时、准确的原则，关注困难职工，实施爱心温暖工程，2011 年投入各类“送温暖”资金共计 31. 9 万元，共慰问、救助困难员工 600 余人。一是关心劳模生活，组织历届劳模进行体检，对困难劳模进行走访慰问，发放求助金等；二是坚持“双节送温暖”制度；三是建立特困职工和单亲特困职工家庭档案，设专人按月了解困难职工生活状况，实行动态管理，对家庭突发困难的职工及时给予救助；四是开展“爱心助学”和单亲特困职工家庭救助活动；五是坚持慰问住院职工制度，首次为公司四名患大病员工申请到红十字会医药救助款 6000 元；六是开展向广大员工送温暖、送凉爽活动，在除夕夜为坚持生产的一线职工送饺子，在盛夏时节，为一线员工发放冰糕、茶叶等防暑降温物品。

四、成效

2011 年中铝洛铜坚持以人为本，强化关爱员工健康机制建设，使企业健康管理水平和员工健康能力有了较大提高，员工高血脂、高血压、糖尿病、患心梗的得病人数逐年增加且呈现低龄化的趋势得到了有效遏制。并于 2011 年 10 月荣获由中国健康教育中心、卫生部新闻宣传中心、生命时报社共同主办的“2011 中国企业员工健康行——员工健康关爱奖”，成为洛阳市唯一、全国首批受到表彰的 50 家企业之一。

五、展望

在今后关爱员工的实践中，中铝洛铜将继续学习先进企业健康管理经验，提高企业健康管理水平，增加员工归属感，提升企业员工的健康素养，促进劳动生产率的提高。结合“洛阳市全民健身实施计划（2011～2015 年）”的实施，使经常参加体育锻炼的员工人数不断提高，员工健身活动内容更加丰富，员工健康档案更加完善；员工身体素质不断提升，员工体育健身设施更加多样，员工健身组织网络更加健全，员工健康帮助系统更加完美，让更多的员工享受到品质一流的幸福生活。

21 案例
山西华泽铝电有限公司

吸收农民工进“家”　维护农民工利益

一、背景

山西华泽铝电有限公司（以下简称华泽铝电）位于山西省河津市境内，是由中国铝业股份有限公司和山西漳泽电力股份有限公司共同出资设立的大型铝电一体化企业，2003年3月成立，2005年6月建成投产，目前产能为35万吨电解铝、10万吨铝合金棒、20万吨阳极炭素及2×300MW燃煤发电机组，总资产57亿元。企业目前有2000余名员工，其中农民工1000余名。

二、问题

华泽铝电2000余名员工中，农民工占到一半以上，这部分员工主要来自于企业所在地周边的农村，思想文化、价值观和需求呈现多元，并且流动性非常强。如何维护和保障这部分员工的权益，使他们真正融入企业，最终成为一支队伍稳定、技能高超的生产中坚是关乎企业发展的重大问题。

三、解决方案

华泽铝电通过文化融合，努力使农民工融入企业；通过制度保障、帮扶救助，关注和维护农民工权益和职业尊严，真正将其纳入到企业大家庭中。

1. 文化融合

华泽铝电以“家文化”为企业文化指导，大力倡导“进了华泽门，就是华泽人，干好华泽事，当好华泽人”的集体思想，把大家庭思想和小家庭利益统一起来，在企业内部广泛传递“你的平安是家人最大的期盼”，“开开心心工作、健健康康生活”的工作理念，在全体员工（包括农民工）中开展生日送祝福、员工职业操守宣誓、华泽好员工评选等活动，提高农民工对企业的认同感和归属感。

2. 制度保障

完善制度保障，维护农民工的合法权益。例如，华泽铝电在起草《集体合同》时，明确农民工享有同工同酬待遇，农民工和其他在册员工一样可以享有成本价购房、评优评先、免费体检、带薪疗养、技能培训等相关福利，为维护农民工群体利益提供了法律依据。2013 年，企业先后制订并下发了《特困员工帮扶救助基金管理办法》《员工疗养办法》《工会劳动保护监督检查制度》等文件，对农民工的薪酬福利、职业健康安全等权益做了详细规定，从制度保障方面维护了农民工的职业尊严。

华泽铝电农民工与在册员工一样享受福利待遇。华泽铝电成立以来，唯一一次将住房按照成本价出售给员工，分房不论身份，按照企业有关规定，符合条件的农民工享受了成本价购房，不符合条件的在册员工没能享受这项福利；企业在历年来的好员工、劳动模范、优秀党员、杰出青年、敬业爱岗先进个人评选活动中，不拘一格选优秀，业绩突出的农民工同样上了光荣榜，贡献尤其突出的还被推荐评为运城市、山西省的个人二等功和一等功；在华泽铝电两年一次的员工体检中，全体农民工和其他员工按照同样的项目和标准享受到体检福利。

华泽铝电农民工与在册员工一样享受技能培训的待遇。每年组织农民工同其他企业员工一起参加公司内部不同层次的各项培训和操作能手竞赛活动，脱颖而出者，一视同仁参加全国铝行业技能大赛和历届“中国铝业杯”全国有色金属行业职工技能竞赛。

在落实农民工的职业健康安全保护方面，企业将农民工和其他在册员工的伤亡事故、无重大职业危害事故发生同等列入安全责任目标中，实行安全责任制，严格落实各项安全措施，为农民工和其他在册员工一样发放劳保服、安全防护用品、购买工伤保险。开展“安全承诺、亲人嘱托”“流动红袖标”等安全教育活动，确保农民工生命安全与健康。

3. 帮扶救助

华泽铝电将农民工纳入帮扶救助的受助群体中，予以重点关注。通过持续开展“金秋助学”“困难职工援助”“大病医疗互助”等活动，累积资助农民工 167 人次，发放救助金 34. 21 万元。开展“五必访”活动，当农民工本人或其亲属生病住院、亲人去世或家庭出现变故时，企业及时派出人员登门解决，将组织的温暖和关怀浸入每一位农民工的心中。

柴永刚是一名农民工，妻子没有工作，儿子患脑病，多次手术给本来贫困的家庭带来了更大的困难，而且手术后孩子出现了智障。针对这一特殊情况，企业在不同的困难时期都给予了柴永刚家庭帮扶和资助。柴永刚的妻子现也成为华泽铝电农民工队伍的一员。

四、成效

农民工是产业工人的重要组成部分，是我们党执政的重要群众基础，华泽铝电用实际行动认真落实国家对农民工的相关政策，全面肩负起国有企业的社会责任，在推进城镇化建设方面发挥了重要作用。

首先，农民工的归属感和认同感增强，华泽铝电目前劳动关系和谐，生产经营呈现出“家和万事兴”的喜人局面。企业先后荣获山西省“五一劳动奖状”“模范单位”，山西省青基会“希望工程特别贡献奖”，运城市“明星企业”“安全生产先进集体”“模范单位”、河津市“特殊贡献单位”等荣誉称号。

其次，农民工的权益和职业尊严在华泽铝电得到维护，成为华泽生产经营发展的一支重要力量。吸收农民工进“家”，真正实现了职工福利、企业效率、社会效益的系统性提升。作为企业的职工主体，农民工的权益和职业尊严得到有力保障，农民工的工作满意度大大提升，生活水平不断提高。而农民工群体对企业文化的认同和忠诚铸就了一支结构稳定、能力突出、技术精湛、业绩优良的职工团队，增强了企业的竞争优势。

最后，农民工服务企业与社会的本领和能力在华泽铝电得以提升。部分农民工经过培训和竞赛活动，成长为公司操作能手，甚至有色金属行业技术能手；部分农民工因业绩突出，技能精湛，担任了班组长、工区长、工区主任等职务，走上了管理岗位。

五、展望

随着华泽铝电的不断发展，公司将继续发挥企业优势，吸收农民工进入企业，使农民工真正融入企业、扎根企业、服务企业。充分整合社会资源，持续关注和维护农民工利益，促进农民工生活水平的提高，努力构建员工、企业、社会共赢的良好局面。

第四章

环境 生态 生物多样性

环境是组织实践社会责任的核心主题之一。环境是人类生存和繁衍的前提条件，是组织社会责任的重要方面。环境核心主题与其他社会责任主题密切相关。环境教育和能力建设对于社会可持续发展至关重要。环境核心主题下包括五个社会责任议题：防止污染；资源可持续利用；减缓气候变化；环境保护；生物多样性和自然栖息地恢复。

22 案例
中国五矿集团

中国五矿 MMG 公司环境保护实践案例

一、背景

环境保护是一个重要的全球性问题，关系到人类的切身利益。MMG 公司为中国五矿下属海外公司，其矿区分布于澳大利亚、老挝、刚果（金）等地。MMG 一直致力于将环境保护理念融入矿山运营的勘探、可研、建设、运营、矿产品流通及矿山关闭和复垦等全生命周期，在运营和勘探现场及办公场所推行统一的环境标准，在《国际环境管理体系标准》（ISO 14001）指引下管理环境风险，使运营对环境的影响最小化。

二、政策与目标

MMG 的环境保护目标是不发生重大环境影响事故，不违反许可条件，统一事故分类和报告过程。环境保护是我们自愿承担的行为责任，也将成为我们的经营优势。

为达到这一目标，MMG 要求各矿山加强对安全、健康、环境和社区影响的管理，制订计划并设定关键绩效指标来测量矿山的安全、健康、环境和社区绩效，并用相关标准进行审核；矿山开采后，应依照矿山关闭计划处理矿山关闭过程中及关闭后的事宜；在酸性岩排水、水资源管理、能源和温室气体管理方面制订管理计划，实施能源效率提升项目。

具体来讲，在水方面，公司实施水资源保护和负责任管理计划，切实做到节约高效用水和规范排水；能源和温室气体方面，转变运营方式，提高能源效率，减少温室气体的排放；矿山关闭方面，设计矿山运营后的关闭计划，在矿山生命周期内合理开发、综合规划；废弃物处理方面，负责任地管理运营产生的矿物和工业废物；生物多样性方面，在运营的同时注意保护土地资源和生物多样性。

三、环境管理与合规

MMG 的目标是将运营对环境的影响减到最低，在遵守运营地环保法律法规的基础上，公司开发了符合 ISO 14001 环境管理系统要求的综合 SHEC（安全、健康、环境和社区）管理系统。该系统使用以风险识别为基准的环境政策、标准及配套保证计划、环境绩效来衡量经营绩效。

MMG 在其下属所有矿区均实施 ISO 14001 环境管理体系来管理环境风险。2012 年，MMG 对 Golden Grove、Sepon、Century 和 Rosebery 矿区进行了年度 ISO 14001 环境管理体系认证。Kinsevere 矿区也于 2013 年开展 ISO 14001 认证工作。

Golden Grove 矿区铅尘排放超标治理典型案例：通过杰拉尔顿港运输的产品对粉尘排放量（包括硫化铅）有严格的控制。杰拉尔顿港口管理局在港口新近安装了空气监测设备，并实施了新的运营许可条件。新的许可条件同样对粉尘排放量进行了限制。

2010 年 11 月，Golden Grove 矿区的贵金属精矿在杰拉尔顿港装船期间监测到 24 小时铅粉尘排放浓度超标。矿区自觉停止了该货物的运输，并修改了装载协议和规程，采取了以下措施：安装了大风警报仪，以保证在强风环境下停止装卸货物；只在风吹向海面时进行装载作业，以保证当地杰拉尔顿社区不受影响；对装卸作业进行严格监控；在输送机和装卸设备上喷洒泡沫抑尘剂。

在实施上述措施的基础上，矿区在港口和社区的不同位置放置了空气抽样仪，进行独立监测。启动了一系列科学研究，探究精矿产品、硫化铅、铜和锌对周边环境和社区的潜在影响。同时广泛地征求了杰拉尔顿社区的意见，直到问题得到解决。

四、水资源管理

水是珍贵的自然资源，MMG 认识到使运营对水和生物系统产生的影响最小化的重要性。MMG 积极将水资源管理应用于矿山勘探、可行性研究、建设、运营和关闭的全生命周期，并将水资源管理视为最重要的可持续发展问题之一。在水使用方面，公司建立了高效的水管理系统，并致力于开发矿区现场水平衡模型和计划；在废水排放方面，公司严格遵守当地环境法律要求，通过废水管理控制体系，最小化污染负荷。

2012 年 MMG 制定了“水资源管理标准”，该标准的颁布旨在提高水资源有效利用率、保护水源地环境和居民饮水安全。各矿区已针对新标准进行对标调研，在确定各自差距后制定了具体改进方案。

1. 水使用

水资源对于在澳企业的运营尤为重要，它主要用于将铁矿石加工成精矿，同时用于抑尘、道路浇水、饮用水供应以及矿山住宿和复垦中。

各矿区测量了用水量，在可行的情况下尽可能多地使用循环水和回用水，经过不断努力，MMG 大幅提高了水资源使用效率，减少了生产用水量。2012 年，MMG 生产用水共计 44022ml，较 2011 年的 53445ml 大幅减少。

Century 矿区提升水资源管理系统案例：2009 年末，Century 矿区对佩奇河首段 3.5km 进行了整治，清除了被污水污染的土壤，工程累计投入资金超过 1240 万美元，主要采取了以下措施：

（1）加宽了 3、8、10 号泥沙坝；

（2）提升了抽水能力，提高了泥沙坝中水的流速，在雨季最大化存储空间，减少了溢出的可能性；

（3）加快了对西南部废石堆的恢复，限制了污水的产生；

（4）在 Darimah 村污水处理厂和 Century 尾矿贮存设施间安装一根管道使流出物直接到尾矿贮存设施间进行处理，而不依赖蒸发。

水影响评估结果显示，整治后的佩奇河生态环境得到了显著提升，处于2005年以来的最佳状态。

2. 废水排放

MMG以保护清洁水系统不受污染为目标，最大限度地减少污染的排放。在排放废水时，MMG通过在矿区现场实施有效的废水管理控制体系，最小化污染负荷。伴随着矿山的发展，矿山违规排放废水可能带来的运营、环境和声誉风险将极大威胁企业生存发展，严格的法律法规需要MMG从废水中有效回收污染物，公司将这一问题定为正在面临的重要可持续发展问题。

MMG致力于高效管理污水排放，MMG在合理规划排水途径的同时，在所有矿区均严格监测排水水质。公司将排水分为三个等级：一类水接近饮用水标准，仅需要简单的处理就可供人类使用；二类水适合某些特定用途，需要通过处理溶解水中的固体颗粒以使水质达到人类消费或农业等其他用途；三类水在大多数情况下不适宜使用，需要深层次处理。2012年MMG大约60%的排水为一类水（包括蒸发），约23093ml；二类水为9635ml；三类水为7486ml。

Rosebery矿区排水系统优化典型案例：一直以来，Bobadil许可排水点的锌悬浮物问题一直困扰着我们。为此公司采取了多层次处理的办法：一方面通过积极沟通，努力消除信息不平衡，争取利益相关方的理解；另一方面，通过改善排水设备，提高排水处理水平（见下图）。

优化排水系统，特别是提高澄清池的效率，是一个需要大量相关数据支持的工作，相当多的数据空白需要填补。为此，公司引进了在线金属分析系统，通过该系统采集排水系统的详细数据，经过分析用于提升排放系统。

目前项目的动力设计环节已经结束，风险管理评估已经开始，计划在2013年中旬开始项目建设，2014年竣工。项目落成后，新的动力澄清池将极大降低废水向环境排放的锌含量。

Bobadil 许可排水点的澄清池

五、应对气候变化

MMG 意识到，缓解气候变化控制大气中的温室气体含量刻不容缓。为应对能源使用对气候变化产生的影响，公司加入了联合国“关注气候行动”（Caring for Climate Initiative）这一全球最大规模应对气候变化的商业活动，并在内部成立能源和气化变化指导委员会。MMG 致力于通过负责和有效的能源、温室气体排放和碳管理，使运营对环境的影响最小化，以通过提升能源效率和创新来减少能源使用和温室气体排放。公司在矿山运营、办公场所和运输中有效使用能源，通过提升能源效率减少温室气体排放。

作为再生能源及非再生能源的主要消耗者之一，能源效益是 MMG 关注的焦点。MMG 继续参与澳大利亚政府的国家温室气体减量战略（National Greenhouse Energy Reduction Strategy）方案，并在公司内部的业务改进过程中实施，努力提高能源效益。

此外，MMG 努力将碳足迹维持于较低水平。MMG 的业务运营利用大量的水力发电资源，公司将继续研究长期稳定的再生能源项目，以满足日后营运需要。目前，MMG 的碳足迹已处于较低水平。

MMG 的产品为达到再生能源目标所需的各种技术提供有力支持。利用新能源的电动交通工具需求量的增加，带动了对铅及锌的需求，另因城市人口增加而开发更多的再生能源项目，亦推高铜需求量。这些矿产都是 MMG 的主要产品。MMG 的产品可高度回收利用。铜及铅可 100% 回收，铜的回收利用率介于 80% ~85%。锌产品则由于耐用度有别，现超过 80% 可供回收的锌已回收利用，并占全球锌供应量的 30%。

MMG 对所有运营项目进行碳排放及能源效益的监控。在澳大利亚，MMG 编制了国家温室气体减量策略（National Greenhouse Energy Reduction Strategy，NGERS）报告。作为国际矿业与金属理事会（International Council on Mining and Metals，ICMM）成员，MMG 是 ICMM 关于气候变化立场声明的签署人之一，该立场声明支持全球采取联合行动，以减低人类的二氧化碳排放对气候变化的影响。MMG 亦为澳大利亚矿产委员会（Minerals Council of Australia）成员，并支持该组织就应对此重大议题所开展的工作。

MMG 绿色生产、绿色办公典型案例：绿色办公。在发展战略中 MMG 积极筹划使用太阳能等可再生能源。公司选择节能建筑作为其在墨尔本总部的办公场所，并在内部设计中积极提升能源效率和可回收利用率，将公司办公场地建成澳大利亚最节能的场所之一。

低碳建筑：劲飞有限公司在房地产项目开发中积极倡导低碳环保理念，在 Stillwater 公寓阳台安装了高品质的活动格栅，在充分享受自然光线、扩大生活空间的同时，又可在盛夏阻隔阳光，减少空调使用时间，降低温室气体排放，产生了良好的环保效果。

照明自动化系统：Century 矿区开发了一套工厂照明自动启动系统，实现了 45 个厂区夜间照明启动完全自动化。该项创新获得了昆士兰矿业健康与安全奖项，也是第一次同时获得最佳创新评委奖和最佳创新公众选择奖。同时项目带来了巨大的经济和环境效益：全年平均每个照明厂区节约 3077 美元，年节约共计 138465 美元；年节约 64250l 柴油，共计 93375 美元；年节约每日启动工时 1460h（按照 90 美元/h 计算），年节约 131400 美元；年减少运转时间 16060h；矿区年碳减排量达 173475kg。

可再生能源利用：2010 年 9 ~11 月，老挝南屯一座二级水电站（年发电量 1000MW）和两座小型水电站（发电量 40MW/座）相继运行。Sepon 矿区与三座水电站签署了购电协议及水电站的维护和运营协议，矿区的能源安全得到了有效提升。通过物质平衡计算，2010 年 11 月矿山现场可再生水电使用量占能源使用总量约 95%，2010 年

12 月达到约 99%。

六、土地和生物多样性管理

MMG 致力于通过实施生物多样性管理计划并建立适当的生物多样性补偿方案来减少运营对生物多样性的影响，保护和恢复土地，保护生物多样性。公司在运营中将生物多样性议题纳入全流程进行考虑，在项目开始前，对当地野生动植物栖息地进行勘察，对野生动植物可能受到的影响进行评估，制订保护计划。

在土地保护方面，MMG 在开采、冶炼、施工等各环节努力减小对土地的影响，并注重开发与保护并举，对开发完毕的土地进行复垦。2012 年初，MMG 开发过程中受影响的土地面积共 6155ha，2012 年中复垦土地 360ha 见下表。

2012 年 MMG 受影响土地及复垦面积统计表 （单位：ha）

矿区	矿区总面积	受影响土地面积	复垦面积	未复垦土地面积
Century	23500	2533	33	2500
Dugald River	4221	87	—	87
Izok Corridor	—	2	—	2
Exploration	2530410	317	—	317
Golden Grove	13094	1126	177	949
Kinsevere	5345	449	4	445
Rosebery	4944	220	—	220
Sepon	1250000	1421	146	1274
MMG 总计	3831514	6155	360	5795

在生物多样性保护方面，MMG积极保护矿区内哺乳类、鸟类、爬行类、两栖类、鱼类等珍稀物种，为人类留下了宝贵遗产。MMG矿区所在地大多处在动植物保护区和高生物价值地区，各矿区致力于通过有效的土地使用规划和生物多样性管理，减少运营对生物多样性的影响。

在勘探工作完成后，矿区按照政府批准恢复所有涉及区域的天然植被。在勘探工作启动前，在澳大利亚的企业已制订了复垦计划，同时为所有区域记录了勘探前的数码摄影记录，为使勘探现场尽可能恢复到原有状态提供了参照。在土地复垦阶段依据制订的书面计划，最小化勘探工作对土地的侵扰，确保满足所有利益相关方的要求。

Sepon矿区和南大力士矿生物多样性保护案例：Sepon矿区积极实施生物多样性管理，对Namkok Headwaters地区进行了调查，确定了名列国际自然保护联盟名录中的濒危物种，与野生动物保护协会共同开发了生物多样性实施计划，保护当地的苏拉、水獭、叶猴、麂和长臂猿等珍稀物种。

南大力士位于雪线以上敏感的高山环境，每年有达4m的降雨。它邻近斯通保护区，在矿山开发上有许多限制。因此矿山的设计和规划将以最小化运营对环境的影响为核心，在完成矿山开采后，将对该地区进行全面复垦。工作中矿区第一次尝试转移濒危物种Grooved Cheeseberry（Planocarpa sulcata），并在Ring River和Bakers Creek之间沿着足迹和建设堤道进行排水和清理工作，展现了矿区高水平的环保意识。

南大力士鸟瞰图

南大力士饮用水处理

七、矿山关闭规划

MMG在矿山关闭中高度重视环境和社区的需求，对矿山运营现场制定了矿山关闭规划并周期性进行评估，以找到最佳解决方案。2010 年，MMG 编制了“矿山关闭规划指南”，明确了矿山在勘探、开发和运营等所有阶段的关闭规划要求，保证了方法的一致性，完成了在矿山服务年限内的规划工作。

MMG 积极推进各矿山关闭规划。Century 矿区召开了矿山关闭规划研讨会，任命了关闭规划督导，开发了矿山关闭修复方法；Sepon 矿区对内部关闭措施进行了审核；Golden Grove 矿区进行了三年一次的矿山关闭规划审查；Rosebery 矿区对南赫尔克里的关闭规划展开了讨论。

Sepon 矿山闭坑复垦项目典型案例：将矿山改造成高产土地是 MMG 在老挝的 Sepon 矿山闭坑复垦的目标。Sepon 矿区 2012 年的复垦工作包括对 15. 6ha 土地的复垦和对已复垦的 37. 8ha 土地的维护。公司组织当地政府官员实地考察矿山，并将矿山闭坑工具手册和闭坑计划执行概要翻译成老挝语，供其阅读，增强其对矿山闭坑过程的了解。公司利用当地降雨量大的特点，在矿山土地上覆盖表层土，播撒种子，发酵自然废物，培育肥沃土地，并用竹子将其围住，种植果树与经济木材。2012 年，Sepon 种植了 67000 棵种子，其苗圃培育了 53 种植物。

早在 2010 年，Sepon 矿区就曾邀请当地政府官员、环境保护组织代表、当地社区居民代表和 Sepon 矿高层领导共同召开了 Sepon 矿关闭规划研讨会。Sepon 矿离关闭还有十余年时间，为了实现长期可持续的矿山开采，研讨会成员探讨了在矿山开发中通过实施某项标准，保障矿山周边居民就业，提高生活水平，保护环境、社区安全和文化遗产，使老挝政府和当地社区在矿山开发中受益。

23 案例
湖南水口山有色金属集团有限公司

电絮凝处理锌冶炼废水深度净化循环利用

一、背景

湖南水口山有色金属集团有限公司第四冶炼厂是水口山有色金属集团有限公司的锌冶炼骨干企业，成立于1951年，经过几十年的发展，现已形成年产电解锌8万吨，硫酸10万吨的生产能力，年工业总产值达3.5亿元。

二、问题

第四冶炼厂地处湘江中上游，工业废水基本排放到湘江。该厂采用的是“焙烧—浸出—电积”的常规工艺，日用水总量约为17820m^3，除了5100m^3在系统内循环外，每天须补充新水12720m^3，每天产生的废水约11790m^3。原有的废水处理是采用投加石灰乳进行中和、沉淀和絮凝，由于车间排放的废水的水质波动比较大，各污染因子处理条件的不同，给药剂的加投量、加投时间及各阶段化学反应时间的控制带来了极大的不可控性，从而使废水处理的效果不理想，镉、锌超标尤其严重，给环境造成较大危害。

为破局解困，彻底解决第四冶炼厂的废水污染，造福一方百姓，水口山有色金属集团有限公司以湖南省打造湘江为“东方莱茵河”为契机，充分把握湖南省环保局将第四冶炼厂废水治理项目列为湘江流域八大重点污染治理项目之一的有利政策，适时将“水口山有色金属集团有限公司第四冶炼厂电絮凝处理锌冶炼废水深度净化循环利用工程项目”正式立项。

三、解决办法

“水口山有色金属集团有限公司第四冶炼厂电絮凝处理锌冶炼废水深度净化循环利用工程项目”采用美国专利技术——美国 ETIG 环保科技公司的电絮凝技术对废水进行处理。电絮凝处理技术是 20 世纪 90 年代美国的专利技术，在有色冶金、电镀和机械等工业废水的处理中有良好的表现，其处理效果达到美国环保署的废水排放标准。

该项目是该工艺首次在国内锌冶炼行业使用，具有处理成本低、废水净化程度高的特点，使处理后的废水能完全复用，达到国家环保部门规定的排放和循环利用的标准。

该项目投资 1390 万元，工程建设规模为废水处理 $4100m^3$/天。由水口山有色金属集团有限公司与长沙华时捷环保科技发展有限公司为工艺方案的研究、选择、实施以及设备选型、安装、调试、运行和技术咨询提供一体化的服务。湖南大学负责整个项目的总体设计。

四、实施效果

（一）经济效益良好——可以降低运行成本 229 万元/年

1. 本项目实施后，日排放废水量减少 $8900m^3$，年减少取水及排水成本 294 万元；综合废水处理站日减少废水处理量 $5400m^3$，年减少运行成本 356 万元；剔除深度净化运行成本约和废水循环利用成本，项目实施后仍可减少的运行成本 150 万元。

2. 项目实施后，可回收锌 396t/年，使第四冶炼厂的锌回收率提高 0.7%，年回收价值约 79 万元。

（二）社会效益显著——废水实现达标排放

项目实施后，每天减少废水排放 $8900m^3$，废水循环利用率有原来的 33.8% 提高到 83.8%，年减少湘江取水量 $2940000m^3$，极大地缓解了水资源短缺的矛盾。年减少镉排放 748. 1kg、锌排放 29. 7t，减少了重金属的污染程度，在线监测数据和日常抽样分析数据显示，经过电絮凝深度处理后的废水达到了环保部门要求的排放标准，实现了达标排放。

总之，电絮凝工程项目的建设是成功的，它达到了使用先进技术节能降耗减排的最终目的，是发展循环经济的一个示范工程，具有很大的推广价值。

24 案例
华北铝业有限公司

开发铝灰再生装置　提高资源利用率

一、背景

华北铝业有限公司（以下简称华北铝业）于“五五”末期破土兴建，“六五”初期建成投产。经过二十多年的发展，先后从国外引进先进的技术和设备，建成了以铸轧—冷轧—铝箔为主的压延材生产线和以熔铸—挤压—氧化着色为主的挤压材生产线，综合产能达到了 10 万吨/年。

华北铝业有限公司每年铝加工生产消耗近 10 万吨原铝锭，在金属重熔的过程中，由于烧损，要产生近 1600t 的铝灰渣，这其中含有大量的可回收原铝，它的废弃不仅会造成资源、能源的较大浪费，而且对周围环境造成较大的粉尘污染。国家有关部门明确指出，“要大力发展循环经济，要按照‘减量化、再利用、资源化’的原则要求进行产品的设计与改造，促进循环经济的发展。鼓励节能降耗，实行清洁生产”。因此，华北铝业有限公司进行原铝再生项目的开发和应用具有非常明显的经济效益、社会效益，符合国家循环经济、节能减排的要求，它的推广应用，具有较好的行业示范和促进作用。

铝锭在金属重熔过程中，会产生大量的铝灰和浮渣，一般称之为铝灰。铝灰中含有较高含量的金属铝，一般企业由于未采取处理措施，而是将铝灰（或铝渣）卖掉，其金属损失浪费较大，个别企业采用大锅炒灰的方法回收其中的铝，但在整个炒灰过程中会产生大量的烟尘，不但环境污染严重，而且铝液回收率低，人工操作强度大。

二、项目内容

本项目主要是借鉴日韩等国的铝灰处理经验，开发适用于中国的铝灰再生处理设备，并推广应用。根据目前华北铝业三条铝连铸连轧生产线、12 台 20t 熔炼炉的配置的分布情况，本着简化流程、降低环节、提高回收率、就地运用、减量化排放的原则，在三条生产线厂房附近，安装较高性能的铝灰再生装置，解决生产环节产生的铝渣回收，同时完善研制原铝回收装置环保设施，进一步降低粉尘的产生。

三、工艺技术方案

1. 工作原理

铝灰原铝再生处理机由搅拌坩埚、坩埚行走小车、搅拌装置、主机、坩埚翻转装置、布袋除尘系统、液压系统、控制系统等组成。其工作原理是，利用熔铝炉中扒出的铝渣出炉温度高（750℃左右）的特点，趁热将铝渣扒入小车及时送进铝灰再生回收处理机，考虑到过程中的热损失，入锅温度 700℃左右。由于铝渣在车内和锅内呈堆积装态，所以铝氧化轻微，此时的铝仍在熔化温度范围。由于铝水比重大，在搅拌力作用下向锅底流动，并且积聚，从锅底的小孔均匀连续的流出，经过导流槽到铝锭模中结晶凝固成铝锭。铝水流尽后，打开灰门，搅拌掌继续旋转，灰自动排出。

相对于传统大锅炒灰的方式，本装置具有以下优势和特点：

（1）铝液提取率高。可适应用于各种牌号的融熔状态的铝渣处理及回收，铝渣中铝液提取率远远高于其他铝灰处理设备，约 90%。

（2）环保。铝灰处理机内设有吸风装置，这些吸风管道集中将灰尘经过两级旋风除尘和布袋式除尘装置进行处理回收。现场环境可达到环保标准，大大优于不采用此套装置的熔铸现场的环保标准。

（3）生产效率高。该机现可为10万吨级铝熔炼现场配套，日处理铝渣能力达10t。

（4）自动化程度高，操作简单。本电控系统由主控单元、低压电器、各类传感器、安全电源装置等组成。本系统所采用PLC全自动控制（可切换为手动控制），低压电器采用施奈德产品。电控装置使本系统的全部功能达到最合理的利用，每套独立的机械装置都有各自独立的控制操作程序和相应的保护装置，以确保本装置在使用过程中人体和机械设备的安全操作。搅拌压榨装置，采用无级变频调速，在操作过程中可按相应的工艺作相应的调整，并有自动保护功能，以防止在操作过程中产生的意外对搅拌电机及相关机构造成的损坏。

（5）节约人工。本设备对操作工人的工作环境有很大的改善情况下，对劳动强度也大大的降低。

2. 工艺技术方案

工艺流程见下图。

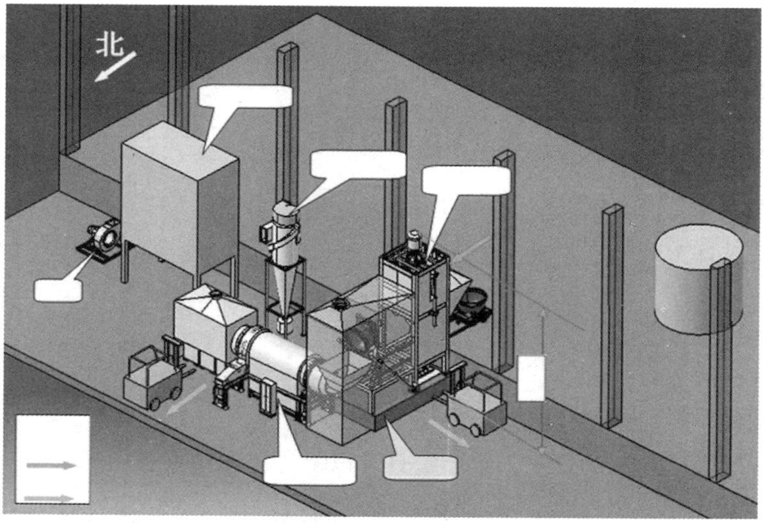

工艺流程图

技改前主要污染源、污染物及采取的环保措施如下。

处理后剩余的渣灰容易产生扬尘，对周边环境造成污染，为此设计了专用设备分筛处理，放置在专用箱内贮存保管。同时在设计制造和使用过程中，严格执行国家有关安全职业卫生设计规范，对影响安全生产和职业卫生条件的各种因素均采取积极有效的措施加以防范，使工人操作条件符合规范要求，防止在生产过程中各类安全事故的发生，保障职工安全与健康，确保长周期的安全生产。主要措施有：

（1）工艺路线确定，设备选型严格按照劳动保护和安全卫生的规定进行设计，操作过程自动化、机械化，减轻工人的劳动强度，减少粉尘接触的机会；

（2）总图布置、建筑设计严格保障安全距离和消防疏散要求；

（3）根据生产需要，项目装置附近配备手提式化学灭火器；

（4）对爆炸、火灾危险场所可能产生静电危害的物体采用静电接地和防雷措施；

（5）机械传动部分加防护罩；

（6）操作人员配置防尘口罩；配备防护手套、眼镜等防护用品；

（7）在道路和建筑旁设置绿化带；

（8）对上岗员工坚持三级安全教育，坚持日常安全教育，定期开展安全检查，防患于未然，确保长周期安全生产，消除职业危害。上岗职工必须进行严格的生产技术、技能培训。培训本着“全员培训、突出重点”的方针，应重点培训的人员有：管理和技术人员、各班组长和主要岗位操作人员、设备组装及专职维修人员。通过培训，生产工人应掌握本岗位的操作规程和各项技术指标，并具有处理生产中出现重大问题的能力。

消防措施主要针对项目火源为高温铝渣灰，采用耐高温容器盛装，防止泄漏。同时建筑物之间的间距均满足《建筑设计防火规范》（GB 50016—2006）所要求的间距，留有消防通道；电气线路采用符合安全和防火要求的敷设方式配线；装置及周围设置疏散走道和疏散门，设置应急照明和发光疏散指示标志；照明器表面的高温部位远离可燃物或应采取隔热、散热等防火措施。

四、建设规模、总投资及评价

项目固定资产投资为610万元，其中建筑工程费（构筑物）30万元，设备购置费540万元，安装工程费30万元，工程建设其他费用10万元。项目实施前每年可取得出售铝灰收入308万元，项目实施后每年从热状态铝渣中再生原铝590吨，可获得节能减排收入756万元，年净增加收入448万元。主要技术经济指标见下表。

各项主要技术经济指标

序号	指标名称	单位	指标	备注
1	原铝回收量	t/a	590	
2	装置用地面积	m^2	400	
3	总建筑面积	m^2	860	
4	其中利用建筑面积	m^2	350	
5	绿地率	%	20.00	
6	用电负荷	kW·h/a	360000	
7	循环水量	m^3/d	6	
8	劳动定员	人	8	
9	固定资产投资	万元	610	
10	节能减排收入	万元	756	正常年
11	项目投资回收期	年	1.7	
12	财务内部收益率	%	39.8	

本项目为循环经济节能减排技改项目，属国家大力提倡和支持的技术改造项目。国家《节能减排综合性工作方案》指出，到2010年，我国万元国内生产总值能耗将由2005年的1.22t标准煤下降到1t标准煤以下，降低20%左右；单位工业增加值用水量降低30%。“十一五”期间，全国主要污染物排放总量减少10%，到2010年，二氧化硫排放量由2005年的2549万吨减少到2295万吨，化学需氧量合利用率达到60%以上。国家铝行业准入制度规定，新建铝加工项目铝加工材综合能耗要低于350kg标准煤/吨，现有企业铝加工材综合能耗要低于410kg标准煤/吨，因此，本项目符合国家发展战略。同时，本项目也符合本地发展战略。

项目承担单位华北铝业有限公司是国内铝加工行业的知名企业，在国际上具有较高的影响力，尤其在用连铸连轧工艺生产铝箔及板带材方面具有雄厚的实力和丰富的经验，企业从连铸连轧、铝冷轧机、铝箔轧机、挤压机、彩印版涂层生产的引进和建设方面积淀深厚的技术实力，有较丰富的项目建设管理经验，项目建设在行业内具有典型示范效应和推广意义。

项目对增加当地就业岗位、居民收入水平具有一定的促进作用，对促进当地产业发展、经济增长具有积极作用，对促进宏观层面和微观层面的社会公平具有一定的积极作用。本项目与当地文化、教育、卫生、技术具有较好的互适性，与当地政府、国家管理部门、当地居民等利益群体具有互适性。项目具有较大的节能减排效益，符合国家和地方发展战略。

总之，本项目为企业自筹资金开展的循环再生设备的研发制造和应用，特别是对于降低生产熔铸环节的原铝消耗具有非常明显的效益，通过项目的研发应用，首先能够提高企业技术创新能力，使企业拓展新的利润增长点，项目具有较好的推广价值；其次能够进一步降低企业生产环节的原铝损耗，节约成本，增降市场竞争力；最后符合国家产业支持政策，对国家、社会有益。

25 案例
中国有色矿业集团有限公司

履行环境责任　推进绿色发展

一、背景

中国有色集团坚持以负责任的理念和方式经营缅甸达贡山镍矿项目。秉持“释放资源价值，共筑社会和谐”的社会责任核心价值观，采用国际领先的新工艺、新设备，推动当地形成金属矿产资源开发产业集群，促使缅甸矿业技术站在世界红土镍矿冶炼前沿。与此同时，公司高度重视环境保护工作，注重保持森林覆盖率，维持原有自然风貌，保护当地生物多样性，仅在项目设计与建设阶段，公司就投入环保专项资金逾5700 万美元，超过项目总投资的 7%。

二、责任实践

1. 打造输电线路样板工程，坚持保护绿色生态

（1）主动架高电线塔架，避免砍伐原始森林

缅甸达贡山项目在设计过程中规划建设一条从缅甸瑞丽江水电站至项目所在地的输电线路。其中近 93km 的输电线路需要穿过原始森林。按照国际惯例，此项施工需要为架线留出宽 50m 的通道，预计砍伐森林近 465ha。为保护沿途森林资源和生物多样性，

公司主动将塔架高度从30~40m提升至50~60m，为此公司增加投资1800万元。塔架升高加大了施工难度与项目成本，但避免了砍伐沿途森林、保持了原始的自然生态和生物多样性，被缅甸政府确定为缅甸国家输电线路施工样板工程。

（2）预先制订矿山复垦计划

缅甸达贡山项目的开采方式为露天开采。公司在开采过程中进行边坡保护，种植植物防止水土流失。预先制订矿山复垦计划，将在项目正式投产后对前一年采空区进行复垦，承诺将剥离后的废土回填采空区，力求恢复和保留原有生态环境。

2. 积极推进节能减排，综合利用冶炼废渣

（1）严控粉尘、废水、废渣、噪声排放

公司将绿色发展理念融入开采、配矿、冶炼全过程，严格控制资源消耗量、废弃物排放量，采用先进的环保设备与工艺：其中冶炼工艺流程生产镍铁属于世界成熟的排放模式；公司投资近2.4亿元人民币，建成干燥烟气净化电收尘、回转窑电收尘和电炉布袋收尘系统；废气和噪声排放均达到世界银行标准相关要求；废水、粉尘、噪声、废渣全部达标排放。

（2）成功试验综合利用冶炼废渣

公司重视项目开发过程中的资源综合利用，在中试试验基地开展镍铁炉渣综合利用科技攻关。创新高温冶炼渣生产无机矿物纤维技术，可将高温冶炼渣直接转化为造纸和保温材料的原料，发挥热能和资源的剩余价值，并回收富含镍铁的精炼渣，尽可能从中提炼更多镍铁资源。

（3）保护耕地与水资源

通过“提前预防规划、过程实时监测、发生状况立即处理”，将项目对当地耕地和水资源的影响降至最低。雨季时节，排渣场内汇集的天然雨水从排水管排出，尽管冶炼渣已被证实对环境没有危害，公司仍本着对生态环境负责、对周边居民健康负责的原则，每月对渣场外排河流取样化验。

3. 多种渠道与利益相关方沟通，提升当地居民环保理念

公司自觉接受各级政府部门监督，邀请政府代表和当地居民参观厂区，为其讲解工

厂运营流程以及公司保护环境的具体做法；向政府部门承诺在所有的活动中优先考虑环境保护的要求，采用先进的生产技术和环保标准、严格的环境管理计划和有效的环境保护措施。

公司通过媒体、网站等多种方式，宣传环保理念。建立环境保护宣传小组，制定印发《中色镍业有限公司环境保护说明书》，向员工宣传公司环保理念、环保制度，鼓励员工创新环保技术。公司设置了专门的岗位与电话，用于接收和回答社区公众关注的问题，真诚沟通，回馈社区，赢得了当地居民的信任，为项目的顺利运行创造良好的外部环境。

三、履责效果

经过多年的努力，缅甸达贡山镍矿厂区已经成为工业文明与自然文明和谐相处的绿色工厂，厂区内绿草如茵、空气清新、鸟鸣清脆、硕果累累，公司也逐步摸索形成一套贯穿勘查可研、建设、试生产阶段的全生命周期的绿色发展、环境管理机制。

目前，缅甸达贡山镍矿项目已成为缅甸最大的矿业项目、中国在缅甸唯一已建成投产的采、选、冶联合项目，达贡山镍矿项目的开发是中缅两国合作共赢、共同发展优秀案例。2013 年 4 月，缅甸总统吴登盛第四次接见中国有色集团总经理罗涛，称缅甸达贡山镍矿项目为“中缅合作的典范工程”以及“中缅两国传统胞波情谊的见证”，表示将全力支持中国有色集团在缅甸的发展。缅甸达贡山镍矿项目带动了多家企业“走出去”国际化经营。该项目的顺利实施，是中央企业与地方国有企业联合海外投资、开发、运营的成功范例。

26 案例
铜陵有色金属集团公司

矿山生态修复

一、背景

铜陵有色金属集团公司（以下简称铜陵有色）是我国三大铜业生产基地之一，经过几十年的发展，已经成为装备先进、产品优质、管理创新、绿色发展，积极履行社会责任的国际国内知名集团公司。

二、简介

“矿山生态修复”，简简单单的六个字，浓缩了“推进生态文明，建设美丽中国”的内涵。铜陵有色修复矿山生态，在可回收中让青山绿水回归，让美丽重新附体。铜陵有色“空地造绿、破硬造绿、见缝造绿”，建设生态矿业，还原矿山生态是一个美丽而现实的梦。目前，铜陵有色“矿山生态修复”：老矿山废石堆场、尾矿库土地复垦绿化量为 165ha，复垦率达 38%，逐渐创造出拥有“空气清新、环境优美、生态良好、人居和谐”的矿区生产、生活环境。

三、问题

铜陵有色与共和国同龄。1949 年 12 月 29 日，第一次全国有色金属会议决定恢复建设铜官山铜矿，该矿是新中国成立后建设的第一个铜矿山。矿山于1950年5月建矿并建设，1952年6月正式出矿，“一五”期末的铜产量占全国产铜总量的四分之三，1960年达到14800吨铜量，成为国家生产铜的主力矿山。之后，铜陵有色相继建设了铜山铜矿、凤凰山铜矿、金口岭铜矿等矿山，所生产的铜经粗炼后由国家指令无偿调拨到其他城市，为国家的经济建设做出了重要贡献。这些矿山直到21世纪初，由于资源已消耗殆尽，2003年实施了政策性的关闭破产。铜陵有色由于初期矿山开采的技术经济所限，面临的土地复垦与生态恢复问题同样比较严重。

铜陵有色矿山开采历史悠久，铜矿石开采主要是以地下开采为主，兼有露天开采。原铜官山铜矿松树山和老庙基山的两个采坑，现在俗称“大洼宕”，是20世纪五六十年代露天开采所致。同时，露天开采时剥离的废石就近堆放，而又形成了废石堆场。这给生态环境造成影响，严重破坏了山坡土体结构，造成地面塌陷和土壤裂隙产生，而土壤中的营养元素也随着裂隙、地表径流流入采空区或洼地，造成许多地方土壤养分短缺，土壤承载力下降，造成土地贫瘠、植被破坏，最终导致矿区大面积人工裸地的形成，使水土更易移动，水土流失加剧。

同时，由于地下采空影响了山体和斜坡的稳定性，容易导致地面塌陷、开裂、崩塌和滑坡及泥石流灾害的发生。不仅如此，由于矿区塌陷、裂缝与矿井疏于排水，使矿山开采地段的储水构造发生变化，对水资源也造成影响。此外，就是对生物多样性的影响。由于矿区植被清除、土壤退化与污染、水土流失、水资源的缺失与污染等，对矿区生物多样性的维持形成打击，威胁了动植物生存，从而对生物多样性造成威胁。

四、解决方案

鉴于原铜官山铜矿由于多年开采产生严重的矿山地质环境问题，2011年安徽省国土资源厅下发了《关于下达安徽省铜陵市资源枯竭城市矿山地质环境治理重点项目一期设计审查意见的函》，拉开了对该地区地貌景观和土地破坏、采空塌陷、排土场堆放等矿山地质环境问题进行治理的序幕。

2011年12月，矿山的一期整改正式开工，金口岭矿业公司作为项目实施主体，负责工程建设和区域内外部单位及个人房屋拆迁补偿工作，主要工程量为房屋拆迁、场地平整、边坡治理、排水沟修筑，以及道路、排土场、挡土墙和环境监测点建设。铜陵有色集团公司下属的铜冠物流公司、建安公司，有色置业等单位联动施工。铜冠投资公司也参与其中，主要负责区域内下属硫化钠厂、液化气站、膨化土厂三个企业的搬迁工作。

经过紧张施工，一期整改进展顺利，今年 5 月 24 日，完成项目一期绿化面积 23200m^2，达到预期整改效果。紧接着二期治理任务续接，二期治理项目以天马山矿业公司为主，其他几家单位协同参战。松树山洼宕达到填平的高度，需要 120 万立方米的土方量。这么多的土方量来源有两处，主要是将洼宕两边小山包削平的土石进行充填。距离松树山大洼宕不远处的是老庙基大洼宕，治理它需要 300 万立方米的土方量，如今已经填充达到总量的二分之一。

两个“大洼宕”治理结束后，这一区域将恢复到原来的自然生态。随着铜官山区域矿山地质环境治理工程的结束，我们看到一个曾为国家建设作出过重要贡献的、有着 60 多年历史的老矿区将呈现出青山绿水，人与自然和谐的新景象。

27 案例
铜陵有色金属集团公司

尾矿库治理

一、背景

尾矿库是指筑坝拦截谷口或围地构成的用以堆存金属、非金属矿山进行矿石选别后排除尾矿的场所，是维持矿山正常生产的必要设施，其投资较大，一般约占矿山建设总投资的5% ~10%。尾矿库是一种人造的具有高势能的泥石流，如果管理不善，存在溃坝的危险，所以它还是重大危险源。尾矿库作为选矿过程中形成的废渣，长期以来对生产安全和生态环境产生影响，威胁下游居民。近年来，我国尾矿库事故时有发生，如2008年山西省襄汾县新塔矿业公司尾矿库发生特大溃坝事故、2010年广东信宜紫金矿业溃坝事故等，尾矿库溃坝事故给人民生命财产造成了极大威胁。

二、问题

对此，铜陵有色结合消除隐患、实施生态恢复的实际，细致谋划，认真制定了尾矿库治理方案，建立了领导和组织体系。在实施方案上，铜陵有色区别不同的情况，采取“因地制宜、一库一策”的办法。通过对尾矿库的维护及治理，彻底消除安全隐患，保障人民群众生命和财产安全，防止环境污染事故，力争达到“还库为原貌”“还库为田林”的目标。

铜陵有色关闭矿山停用的尾矿库有：响水冲尾矿库、五公里尾矿库、水木冲尾矿库、林冲尾矿库、相思谷尾矿库，库内堆存尾砂分别为 430 万立方米、1000 万立方米、670 万立方米、120 万立方米、475 万立方米。由于铜陵是因矿建市，初期没有城市，城市是随矿山发展而形成的，也就是随铜官山铜矿发展而形成的。导致铜官山铜矿的响水冲尾矿库的地理位置一直位于铜陵市区上游。由于过去的乱挖、乱堆和乱搭建，造成尾矿库面目全非，库内高低不平，库区上游高于主坝体，一旦发生溃坝，将对城市市区的人民生命财产造成极大的危害。这些尾矿库如果隐患和问题得不到及时治理，威胁下游人民的生命和财产安全，造成大面积生态环境的破坏。

三、解决方案

响水冲尾矿库和林冲尾矿库，治理的方案是实施取砂充填井下采空区，以彻底消除安全隐患，最终实现复垦恢复生态的目的；五公里尾矿库，主要是进行坝休整理、整修和加固，河道清淤，排洪系统的完善，复垦绿化等闭库治理；水木冲尾矿库，治理的方案是实施部分取砂充填井下老采空区和陷落区，以降低安全等级，后期复垦闭库；相思谷尾矿库，治理的方案是将部分尾砂取出充填老空区，治理漏砂，坝体加固，排洪系统完善，复垦闭库；林冲尾矿库是将库内尾砂全部移出充填，消库复垦，恢复生态。

为确保尾砂有效地充填到井下关闭矿山遗留的老采空区中去，并且防止充填尾砂涌入相邻重组企业的生产区域，铜陵有色首先在井下各中段巷道进行了混凝土封闭墙的施工；其次，采用钻孔的方法将尾砂充填到采空区；再次，为使尾砂通过钻孔充填到井下采空区，在地表进行了钻孔施工；最后完成了水力采砂设备设施的建筑安装，采用采砂船水力采砂、管道输送尾砂，将尾砂充填井下采空区。

响水冲尾矿库区形态复杂，为了从根本上消除安全隐患和污染问题，负责具体施工的天马山矿业公司采用将尾砂与淤泥彻底清除，恢复它的地质原况。尾砂用来填充关闭的老矿山原开采形成的采空区。同时，运输矸石和泥土回填库区，并进行复垦。与此同时，铜陵有色从循环经济的角度出发，综合再选老尾砂库尾砂，针对铜山铜矿章家谷等尾砂库的大量尾砂，采用选矿技术再进行选别，综合回收其中的铜、硫、金、银等有价金属。选别后的二次尾砂进行井下空区和露天采坑充填，杜绝了因矿山开采而造成的采空区安全隐患，老尾矿库尾砂采完后也将进行复垦绿化，矿区生态环境将得以恢复。

目前，铜陵有色范围内的其他老尾矿库也将按照销库或减库、闭库的目标有序推进。通过系列治理工程的结束，一个恢复青山绿水，人与自然和谐的生态环境即将展现。

28 案例
金川集团股份有限公司

废石堆上建设“金川国家矿山公园”

一、背景

金川集团股份有限公司（以下简称金川集团公司）是中国最大的镍、钴、铂族金属生产企业和第三大铜生产企业，是采、选、冶、化、深加工联合配套的跨国经营集团。公司经营始终坚持“国际化理念、本土化创新、科技进步和管理提升并重”的发展思路，秉持“责任、人本、创新、共赢”的核心价值观，积极履行社会责任，为使金川公司实现经济发展、生态平衡、环境优美、社会和谐可持续发展的宏伟目标，投入大量人力、物力、财力，历时三年，完成了十大“碧水、蓝天”治理工程。受到国家有关部委的多次表彰。

二、问题及解决方案

金川集团公司一贯重视生态环境治理，始终坚持“预防为主、防治结合”“在保护中开发、开发中保护”“因地制宜，边开采边治理”“依靠科技进步，发展循环经济，建设绿色矿业”等原则，把矿产资源开发对生态的破坏降到最低限度，实现资源开发与环境保护的协调发展。

早在2006年6月，金川集团公司和中国科学院寒区旱区环境与工程研究所签署了《金川公司老尾矿库生态恢复工程可行性研究》科技合作协议，开展联合攻关，对金川公司老尾矿库进行生态修复。中科院寒旱所科研人员从植物修复、土壤修复、污染生态学、恢复生态学等学科综合进行理论探讨，并通过建立预试验地筛选耐重金属的沙生植物和绿化树种、确定科学的灌溉量和灌溉制度。2007年10月，中科院寒旱所为该项目提供可行性论证以及生态修复项目规划方案。12月，金川集团公司正式启动实施老尾矿库生态修复项目，用五年时间，对老尾矿库进行了全面治理。经过各方的努力，目前，共完成种植总面积56.8万平方米，种植苗木23个品种13.5万株，老尾矿库区植被覆盖率由治理前的10%～15%，增加到60%～70%，新增林地3440亩，绿地覆盖率增加7.1%，增幅达25%，取得了很好的社会效益和生态效益。以前“晴天起黑风、雨天黑水流”，被人当成全市粉尘污染源的老尾矿坝，已经成为市民闲暇游玩的一处好场所。

近年来，金川集团公司进一步加大工业文明与生态文明建设力度，针对矿山工业废弃地复垦绿化进行反复论证与现场试验。2009年，金川确定在原来矿山开采过程中堆积的废石堆上建设矿山公园，对矿区固废及周边环境实施全面、系统整治；2010年5月，国土资源部批准建设金川国家矿山公园。

金川国家矿山公园是“金川矿区废弃物生态修复工程”的一个子项目，是金川集团公司于2009年开始与金昌市委、市政府联手，地企、军民共建，投入大量人力、物力和财力，完成山体平整、管网敷设、挖沟运土、绿化美化等基础工程。截至2012年底，一期投资2000万元，先后有20多万人次参加义务劳动，完成了近千亩（60万平方米）的推山造地，修筑了8000多米砂石道路，建成八座山体，八条主干道，一个展示园，两个停车场，一个展览区，九处登山台阶，三个水体景观池。占地总面积80余万平方米，种植沟总长度近14.2万米，种植各类植物80余万株。建成了包括泵房、管道、高位水池、分水槽等设施在内的绿化灌溉管网系统，灌溉用水全部来自矿区周边生产生活废水，日平均利用生产生活废水5000立方米左右。经过公司上下的共同努力，终于将昔日怪石嶙峋的废渣山和荒山秃岭，改造成为一个集矿业遗迹保护、地学科普教育、休闲、观光、旅游于一体，人文景观与自然景观相协调，具有大西北戈壁工业新城特色的山体式矿山公园。

金川国家矿山公园是金川集团公司充分履行企业社会责任，造福子孙后代的民心工程，是金川集团公司循环经济的一个亮点，昭示着金川集团公司合理开发矿产资源、有效保护矿区环境、永续利用矿业遗迹资源的追求，也镌刻着企业与社会携手共建幸福美好家园的责任担当。

各级政府对金川国家矿山公园建设进展情况，对矿山公园的整体规划和建设给予充分肯定，目前，金川国家矿山公园已经开园供游人参观。

大力实施“蓝天碧水”工程

一、背景

金川集团股份有限公司拥有世界第三大硫化铜镍矿床，是集采、选、冶、无机化工、贸易、技术为一体的国内最大的综合性镍、钴、铜和铂族金属生产企业。多年来，公司一直致力于主要特征污染物二氧化硫及重金属的污染治理，并取得了一定成效。进入“十一五”以来，金川集团公司步入了快速发展的轨道，同时也带来了更多的环境问题和治理要求。实施节能减排、环境达标治理、发展循环经济已成为企业实现可持续发展的内在要求，也越来越成为企业积极履行社会责任的有效作为。

二、问题及解决方案

公司以对企业、社会和民生高度负责的态度明确承诺“用三年时间根治环境污染，还大家一个实实在在的碧水蓝天”。2011 年，金川集团公司环境三年达标治理十大“蓝天”工程、十大“碧水”工程全部建成投产，使公司二氧化硫烟气、含氯废气得到全面治理和综合利用。

十大“蓝天”工程的实施，从根本上解决了公司镍铜产能提升后硫酸系统烟气处理能力与冶金炉窑总烟气量不匹配的问题；解决了回转窑、电炉、合金硫化炉低浓度二氧化硫烟气，镍熔铸反射炉杂散烟气以及一期多炉窑非正常烟气直接外排对市区大气环境造成严重污染的问题；解决了六大制酸系统尾气、热电锅炉烟气严重超标排放问题；解决了镍、钴、稀贵金属等精炼系统含氯废气影响生产作业环境问题。大大提高了公司二氧化硫回收处理设施、含氯废气处理设施的装备水平和保障能力，在公司产品产量不断提高的同时，实现了大气污染物排放量逐年下降的目标，从根本上改善了厂区和市区环境空气质量。

十大“碧水”工程全部投运后，金川集团公司工业废水处理率达到 100%，处理后中水回用于选矿浮选、冶炼淬渣、洗砂和烟气净化等工序，做到“就地利用”和“就近循环”，提高了工业水重复利用率和中水回用率，减少了新水用量，2011 年中水回用量 1320 万吨，与去年相比增加 20 万吨，回用率超过 96%。2000 年金川集团公司实现有色金属总量 10 万吨时，吨金属新水耗量 500t，2011 年金川集团公司有色金属总量突破 60 万吨，而吨金属新水耗量为 120t，十年过去了，金川集团公司主产品产量增加五倍，而吨金属新水耗量却减少了 76%，为降低用水成本，缓解金昌地区水资源紧张的压力做出了巨大贡献。同时，酸水排放量大幅度减少。公司镍冶炼酸性废水实现了“零排放”，铜冶炼酸性废水排放量由 13200m^3/d 减少到 3800m^3/d，年减排 310 万立方米，减排率超过 70%。更值得一提的是回收了有价金属，有效控制了重金属污染，增加了经济效益。据集团公司统计数据显示，碧水工程配套建设的水处理站年可回收含重金属污泥 7648t（压滤后），其中铜金属量 620t、镍金属量 807t、钴金属量 64t、金金属量 19. 8kg、银金属量 1296kg。

三、成效

金川集团公司环境三年达标治理十大“蓝天”工程、十大“碧水”工程的全部建成投运，有效改善了厂区生产作业环境和周边大气环境质量，金昌市区大气环境质量 SO_2 平均浓度 0. 058mg/m^3，市区环境空气质量达到国家二级标准，环境优良天数达到 334 天。工业废水处理能力及重复利用率大幅提高，各项排放指标均达到或优于升级后的国家排放标准，实现了环境三年达标治理的总体目标，取得了显著的环境效益、社会效益和经济效益。公司被确定为国家首批有色金属选冶废弃物资源化利用行业技术中心、首批国家级铜镍多金属矿产资源综合利用示范基地。

30 案例
中铝山东企业

赤泥综合利用　企业持续发展

一、背景

中铝山东企业是国家“一五”时期156项重点建设项目之一，1954年7月1日建成投产，是新中国第一个氧化铝生产基地，被誉为“中国铝工业的摇篮”。多年来，企业自觉履行节约资源和保护环境的社会责任，始终把赤泥的综合利用作为一项重大研究课题，与国内相关企业和机构开展了多领域、多学科的赤泥综合利用技术研究，实现赤泥综合利用，使得企业经济效益、社会效益、环保效益三个方面真正统一起来。

二、问题

赤泥是氧化铝生产中产生的废渣，是一种极细颗粒的强碱性固体废弃物，其中含有碱性化学物质。高碱度的污水渗入地下或进入地表水，会造成水污染。目前世界上尚无赤泥大量经济有效的利用办法，属于世界性难题。

我国是氧化铝生产大国，氧化铝产量和赤泥排放量已超过世界总量的30%。据不完全统计，2009年赤泥产生量达到3000万吨/年，累计赤泥堆存量已高达2亿吨，但由于其组成复杂、碱性强、比表面积大，以及各种组分互相包裹、嵌布等特征，使其综合利用难以借鉴其他领域一些成熟的工艺、技术和设备，导致大多数赤泥综合利用工艺只停留在低层次简单、粗放的技术上，缺乏能够使赤泥资源化高效利用的原创性技术，赤泥综合利用率不到4%。目前国内外氧化铝厂大都将赤泥输送堆场，筑坝湿法堆存，该法易使大量废碱液渗透到附近农田，造成土壤碱化、沼泽化，污染地表地下水源。因此，赤泥的资源化利用关键技术研究已成为十分迫切、亟待解决的问题。

三、解决方案

中铝山东企业赤泥综合利用研究工作始于20世纪80年代，开展了大量的理论研究、工业试验和产业化等工作，主要项目有：

一是国内第一条利用赤泥湿法生产水泥工艺生产线，共生产水泥3000万吨，消化赤泥800多万吨；二是以烧结法赤泥为原料，成功开发了赤泥制备新型燃煤脱硫剂技术，成为企业新的经济增长点；三是开展赤泥路基示范研究，共消耗烧结法赤泥三万余吨；四是利用社会上的墙体材料生产线，试生产了近10万块赤泥标砖及多孔砖，并进行了社会产业化推广工作；五是开发了绿色无公害农业生产的硅钙肥，具有改善土壤结构、提高农作物品质、减少病虫害和增产的效果；六是利用赤泥、粉煤灰、煤矸石等固体废弃物进行配料的新型环保陶瓷滤料；七是利用赤泥自主开发生产出了硅钙板，建成年产15000m^3的硅酸钙绝热制品生产线；八是通过烧结法、拜耳法两种赤泥不同比例的混合试验，并对两种赤泥混合机理进行研究，开发出两种赤泥混合半干法堆存的新方法，彻底解决了赤泥堆存的瓶颈问题；九是自主研发的拜耳法赤泥分选技术实现产业化，从赤泥中分选出铁砂和铁精矿粉两种产品，产出率约为60%。产品中氧化铁含量分别为50%和65%左右，可销往水泥和炼铁行业。十是企业与山东盛日公司和浙江强强集团合作，启动了赤泥砂化处理和利用熟料窑还原铁综合利用项目，为赤泥大规模利用开辟了新路。

四、成效

中铝山东企业先后承担与赤泥有关的国家科技支撑计划三项、国家863项目一项，研究开发赤泥综合利用新产品、新技术20余项，获得省部级科技进步奖励10余项，被中国节能减排与综合利用论坛组委会、授予“资源综合利用成效显著企业”称号，被中国资源综合利用协会认定为全国氧化铝赤泥综合利用示范企业，被中国有色金属工业协会确定为组建全国氧化铝赤泥综合利用产业技术创新战略联盟牵头单位。国家工信部在中铝山东企业召开全国氧化铝赤泥综合利用技术现场交流会，20余所院校和科研院所近百家企业参加会议，推广赤泥综合利用技术。

中铝山东企业2010年减排尾矿40万吨以上，实现销售收入0.8亿元；2011年减排尾矿70万吨以上，实现销售收入1.6亿元，实现了经济效益和社会效益的同步增长，达到了环境友好和绿色发展的目标。

五、展望

目前，中铝山东企业已掌握赤泥生产水泥、免烧砖、赤泥选铁、赤泥作循环流化床锅炉脱硫剂等多项工艺技术，并完成了工业试验和一定规模的产业化推广，取得了良好的经济和社会效益。下一步，将继续以科技项目为依托，将中铝山东企业赤泥综合利用产业园建设成为国家级赤泥综合利用示范基地。经过3～5年时间，实现赤泥综合利用量300万吨/年以上，赤泥综合利用产品产值超过五亿元/年。争取10年内实现氧化铝赤泥“零排放”。

31 案例
中国铝业贵州分公司

污水零排放　杜绝土地污染　实现和谐发展*

一、背景

中国铝业贵州分公司动力厂主要承担中铝贵州企业供水、供电、供风、供气、污水处理和提供部分员工家属生活水、电的生产任务。节能减排是动力厂的第一要务。动力厂通过开展工业废水处理与资源化技术开发应用，实现废水零排放。

二、问题

建厂初期，东片区生产的工业废水，经过简单的水处理后直接向外排放，曾造成周围农田及地处下游的洗马河、麦架河、猫跳河等流域内 4 乡 16 村不同程度的污染，影响了农业生产和水渠沿线植被生长，而且企业每年还需向地方支付数目不菲的污染费。为保护环境，节约费用，实现企业可持续发展，贵州分公司和动力厂经过调查和研究决定，实施污水处理工程，目标是实现污水“零”排放。

* 本案例荣获《中国有色金属铝工业废水治理与资源化技术开发研究及应用》一等奖

三、解决方案

在综合分析企业的生产情况和工艺流程后，动力厂将东片区的工业废水经过处理后调往生产用水量大的西片区，减少新水用量。“东水西调”节水减污工程实施后，在西片区扩建氧化铝厂污水处理系统，运用了目前国内较先进的专利产品 LSSF－320 型无轴砂水分离机，对沉砂池底流进行处理，缩小沉砂池的体积，实现连续沉砂、排砂；采用了 GXNS－Ⅱ－300 型高效纤维过滤器，对再生水进行深度净化处理，建立了再生水的供水管网体系，用再生水取代工业新水进行生产。并通过进一步理顺和完善赤泥回水流程，开发利用了多项赤泥回水技改项目，增加了配料、溶出、沉降、供排水车间等多处中水用水点，取代了除洗手池以外的全部新水用水点，扩大了赤泥回水的使用范围和用水量。2011 年动力厂中水用量达 450 万吨，氧化铝再生水回用量达 1273 万吨，污水处理回用量达 205.5635 万吨，赤泥回水用量达 393.8891 万吨，年创效益 2000 余万元，不仅实现了分公司废水“零”排放，还将分公司体系以外的生活污水回收处理后用于氧化铝生产。截至 2011 年底，赤泥大坝含碱水、赤泥回水全部循环再利用，全面实现污水“零”排放的目标。

四、成效

“东水西调”节水减污工程实施后，氧化铝生产新水用量直线降低，吨氧化铝新水水耗从 1997 年的 19.27m^3，下降到 2011 年 0.985m^3，达到了污水“零”排放的工作要求，企业周边土地和植被得到改善和恢复。该系统的运行，不仅减少了新水的用量，保护了宝贵的水资源，而且维护和改善了企业周边的生态环境。2011 年，共回收片区生活污水约 200 万吨，折合 COD 减排量每年约 200t，减少向猫跳河流域排放工业污水每年约 1500 万立方米，消除了贵州分公司工业污水对河流、农田和饮用水源的污染和影响，推进了农业生产及生态环境的保护和恢复，为保护长江上游水系和长江流域的生态环境具有重要价值和示范意义。该工程得到中铝公司和贵州省政府、企业所在地政府的高度赞扬，曾被评为中国有色金属铝工业废水治理与资源化技术开发研究及应用一等奖，也受到同行业的充分肯定，并多次接待上级部门、同行业的参观、学习和考察。

五、展望

为保护好我们赖以生存的环境，中铝贵州分公司动力厂正在深入持久地实施“东水西调”工程，并不断改进和完善污水处理工艺水平。目前，动力厂正大力实施利用锅炉余热生产蒸汽和热水工作，且逐渐提高产能，减少和降低其他分厂生产蒸气和热水的资源投入，以达到资源利用最大化，用实际行动践行企业的社会责任，还企业驻地青山绿水，实现厂地和谐发展。

32 案例
中铝洛阳铜业有限公司

废水循环利用　节水环保双赢

一、背景

中铝洛阳铜业有限公司（以下简称中铝洛铜）由中国铝业公司控股，洛阳市国资委、中信投资控股有限公司共同出资组建，是中国目前最具影响力的综合性有色金属加工企业。公司拥有铜及铜合金板带、管棒及铝镁板带加工三大生产系统，有色金属加工材年生产能力 24 万吨，主体生产线装机水平始终保持国内领先地位，新建的高精度电子铜带生产线装备为世界一流水平。

二、问题

中铝洛铜是高耗水企业，生产用水主要用于设备、产品的直接和间接冷却，生产废水中含大量的油、悬浮物等污染物。有用就有排，生产过程中产生的大量含油、悬浮物废水外排，不仅浪费水资源，而且污染当地水环境。同时企业居高不下的超标排污费也大大增加了生产成本。由于是老企业，环保先天不足，节约水资源、减少生产成本成为困扰当地政府和企业发展的难题。

三、解决方案

1. 努力探索，制定了“源头控制、中间治理、末端回收”的循环经济总体实施思路

1997 年，中铝洛铜投资 1300 万元建成 3000t/h 循环水处理站，采用初沉、隔油、冷却、混凝、气浮与过滤为一体化的处理方法。随着企业生产规模的扩大，2008 年公司又投资 1300 万元进行扩建。扩建后的大循环水处理站，成为中铝洛铜的废水处理总站，将公司各生产单位使用后的废水回收、处理，使水质达标替代新水循环再利用。目前，处理水量可达 4500t/h。通过加药、气浮、过滤水处理工艺，对废水中油、悬浮物进行深度处理，提高循环水替代新水使用的稳定性及保障力。

循环水替代新水：公司对循环水管网进行了改造，板带厂、管棒厂原来使用新水的生产大户都改用了大循环水，满足生产需求，实现了生产系统全年使用大循环水。

含酸废水治理回收：建造两座含酸废水处理站，对含酸废水深度处理，处理规模 1800t/d。采用调节、两级中和、净化过滤、污泥处置工艺，整个处理系统无废水排放，治理后的水质为 PH6. 5 ~8. 5，铜离子小于 0. 5mg/L（即国家一级排放标准）。经处理后废水回用生产系统，铜污泥回收制成硫酸铜。

为进一步降低新水用量，减少外排污水，按照截流收集、简单处理的原则，2010 年在末端废水口新建截流井截流，通过设置内部格栅清除杂物，汇集在集水池内，用泵提升送入除砂池，再排入附近循环水回水管道，作为大循环补充水。

2. 制定各项制度，规范运行模式

加强管理，制定了《动力厂环保管理考核办法》，大循环水处理系统《设备操作维护规程》《作业指导书》等规章制度。加强制度落实检查，坚持经常深入现场，规范操作运行，提高职工业务水平，并编制《大循环水处理站防止环境污染事故应急预案》进行应急演练，提高职工对突发事件的处理能力。

大循环回水油含量高，影响 COD 减排指标的达标。针对新热水池浮油机及小隔油池上撇油效率低问题，严格执行工艺运行规定，纳入经济责任制考核。坚持点巡制度，

发现故障及时整改，有效地保证撇油机正常运行。对积极进行撇油的按单位和个人进行奖励，调动职工的积极性和主动性。

3. 解决瓶颈问题，保证大循环水处理站有效运行

公司领导对大循环水处理系统高度重视，连续多年将大循环作为效能监察项目，对影响大循环稳定运行的瓶颈问题进行技术革新。例如：针对水处理反冲洗行车啃轨问题，重新设计轮子、调整轨道，保证行车正常运行；针对气浮系统进行技术改进，替代压缩空气，节约生产成本；通过将释放器反向安装调整，抬高溶气释放高度，提高水处理气浮效果；实施技术改造新、老冷却塔联通，互为备用，有效提高大循环降温效率；对滤料级配进行改进，用石英砂代替了海沙及无烟煤，提高水质及滤料寿命，降低生产成本；大循环回水含有较高的油，设立 3 台抽油机，提高废油回收效率。针对生产废水回收利用的大循环用户出现换热设备中冷却管内易结垢、腐蚀、藻类滋生等一系列新问题，导致换热设备油温降不下来，易引起轧机停产现象。公司积极探索，筛选技术方案，利用向循环水中投入杀菌灭藻剂、缓蚀阻垢剂，解决了结垢、腐蚀、藻类滋生问题。

对处理大循环水含油污泥这个行业难题，经过考察、试验和方案筛选，从两方面着手处理：一是含油反冲洗水及气浮刮渣水的处置。将反冲水、气浮渣等含油污泥，先进入污水沉降调节池、一体化清污分流装置，再加入絮凝剂、助凝剂，产生化学反应，使水中的悬浮物体积变大，然后进入沉淀池进行固液分离，符合控制指标的水，回新热水池进入水处理站处理，污泥排入污泥浓缩池，起到减少含污泥污水处理量的目的。二是含油污泥干化脱水保护生态环境可持续发展。污水沉降调节池排放污泥和气浮池刮渣机刮除的表面浮渣、隔油池等含油污泥全部进入污泥浓缩池，采用给料泵打入污泥脱水机进行脱水。整个处理过程均由 PLC + 液晶屏控制系统来实施，为全自动化的成套操作单元。污泥泥渣干化脱水成型后，直接进污泥晾晒池，晾干后外运，减轻水处理负担，保持水处理系统良性循环。

四、效果

利用技术进步，通过一系列的措施和技术工程的实施，中铝洛铜节水减排工作取得

了显著成效，每年可节约新水180万吨，水费约300余万元，大循环水处理站年去除废油约9t，削减了COD排放量，消除了污染，保护了环境，年节约排污费100余万元，水处理费20余万元；COD排放量从2006年的8593kg，到2010年的基本杜绝COD排放，实现了工业废水零排放目标，工业水重复利用率从2006年的84%，提高到2010年的94.3%，形成了工业生产用水“减少新水补充－废水回收综合治理－再生水有效利用”的良性循环模式。通过大循环水处理站处理，废水中的油、悬浮物等污染物得到有效消除，防止了水体污染，产生了持久的环境效益、社会效益。2011年3月中铝洛铜荣获洛阳市唯一一家“洛阳市节水型社会建设示范项目”，还多次获得国家、省部级QC成果奖，实现了环保、节水、经济效益三赢。

五、展望

对于向中铝洛铜这样的老企业，如何节水、降低成本、解决好环保问题，一直是困扰着这些企业的一大难题。中铝洛铜取得成功经验后，相关企业可从中得到借鉴，为企业的腾飞打下坚实基础。为此，公司将做好示范工作，与其他企业一起共同承担保护环境可持续发展的社会责任。

33 案例

中国铝业股份有限公司中州分公司

低碳环保　打造创新型绿色铝业

一、背景

中国铝业股份有限公司中州分公司（以下简称中州分公司）位于河南省焦作市修武县境内，前身为中州铝厂，主要产品为冶金级氧化铝和化学品氧化铝。1987 年 11 月 10 日，氧化铝一期工程开工建设。2005 年，中州分公司被列入国家循环经济第一批试点企业名单。经过近年来的发展，企业现有员工 7200 人，形成了铝土矿采、选、冶一条龙生产体系，具备烧结法、低温拜耳法、化学品、选矿拜耳法和后加矿增浓溶出 5 个生产系统 276 万吨氧化铝年生产能力，其中，化学品系统已形成三大系列 26 万吨年生产能力。

二、问题

氧化铝生产是能源资源消耗型行业，而作为原料的铝土矿和煤炭资源是有限的，如何高效开发和利用资源，是企业履行社会责任的重大课题。

三、解决方案

1. 强化管理方面

（1）以创建资源节约型、环境友好型企业为中心，修订完善“十一五”发展战略，成立领导小组，健全组织机构，制订下发了《中州分公司创建资源节约型企业规划实施方案》《关于强化能耗分析制度的通知》，将节能减排融入生产经营的每一环节，有计划、有目的地推进资源节约型、环境友好型企业创建步伐。

（2）建立分公司、二级单位（部）和车间科室三级能源管理体系，严格绩效考核，加大工艺能耗、综合能耗、污染物排放总量的考核权重，将节能减排列入各单位年度绩效考核责任书，增加“节能减排工作自主管理、自主修旧利废节约额、生产清理废料再利用率”等考核项目，对环保设施完好或运转率、污水处理 pH 值达标率等予以严格考核。坚持关键指标跟踪管理，实行月度能耗分析制度。

（3）在资金极其紧张的情况下，有保有压，保证了以废水回收综合利用为代表的节能减排项目和以提高选矿拜耳法资源利用率为代表的节能降耗项目及时交付生产，发挥作用。

2. 技术创新方面

通过研究开发新技术、新工艺，使用新材料，以及对设备的节能改造等，促进能源的梯级利用、资源的有效利用、废弃物的综合利用。

（1）“强化烧结法生产氧化铝新工艺”形成以高氧化铝熟料烧结等为核心技术的一整套全新生产工艺技术，相对于传统烧结法，熟料 Al_2O_3 含量提高 40%，工艺能耗降低 40%，碱耗降低 44%，赤泥（废渣）排放降低 52%，单台窑产能提高 50%。该工艺 2003 年获第八届中国专利金奖，2006 年获国家技术发明二等奖。

（2）“选矿拜耳法生产氧化铝新工艺”是国家“九五”重点科技攻关成果，在生产运行成本降低 10%、能耗降低 25% 以上的同时，可使占河南省铝土矿资源总量 80% 以上的中低品位矿石得到经济利用，这项在中州分公司首家成功实现产业化。主要应用铝土矿选矿和双流法溶出两项关键技术以及配套的沉降、过滤新装备，成功建成四条生产线。该工艺2007年被授予“国家高技术产业化示范工程”荣誉称号。2006年以来，依托技术攻关，持续提高系统内在运行质量，提高高压溶出机组运转率和产能。在机组产能保持稳定的情况下，高压溶出机组运转率由95.8%增加到97%。在此基础上，“后加矿增浓溶出技术研究及产业化”实现了提高机组产能、降低消耗和余热利用的目标，创造了世界上首条生产线上应用两种矿石资源的全新模式，系统产能超过设计值50%，荣获2007年度中国有色金属工业科学技术奖一等奖。

（3）“低温拜耳法应用技术”确定了以溶出进料量为生产组织核心的运行模式，该工艺投用后，使烧结法系统吨氧化铝工艺能耗由2007年的1040.86kg标煤调整为2011年的914.57kg标煤。

（4）在生产过程中应用新技术，实现节能降耗。“煤气废热利用产业化项目”有效回收煤气生产过程中的废热；“热电厂化学车间地表水利用负荷改造项目”年节能2700t标煤；“高压电机变频改造项目”实施后，排烟机、引风机年节电量分别为125万度/台、100万度/台；“选矿拜耳法废水综合利用项目”每天回收废水7000t以上，处理后用作新水；1～5#锅炉脱硫项目投入运行，脱硫效率达85%以上，年减排SO_2达2000t以上；污染源自动监测100%覆盖。

3. 结构调整方面

加快氧化铝生产工艺的结构调整，一是以低能耗的拜耳法替代高能耗烧结法。建设选矿拜耳法、后加矿及低温拜耳法项目，优化工艺结构；二是发展化学品氧化铝。化学品氧化铝生产原料来自氧化铝生产的中间产品，生产过程中产生的废液可返回流程，不仅不产生污染，且可降低生产成本。同时，由于化学品氧化铝具有较高的附加值，同比冶金级氧化铝，万元产值能耗可降低20%以上。2011年1～11月份，化学品占烧结法产量比例为36.57%；拜耳法与烧结法之比为2.008。

4. 员工参与方面

围绕节能减排，开展先进操作法、合理化建议、劳动竞赛等各种形式的群众性创新活动，切实发挥广大职工的能动作用。2011年，中州分公司共计涌现“五小之星”88个，评选出“志刚溶出RP控制法”等六项先进操作法，采纳合理化建议2300余条，开展劳动竞赛 40 余项。

广泛开展以实际应用为主的小设计、小窍门、小革新、小发明、小创造等“五小”活动和节约一滴水、一滴油、一张纸、一分钱、一颗螺丝钉、一两碱、一两煤、一两矿石、一度电、一公斤气的“十个一”活动，动员全员参与，营造“节约光荣、浪费可耻”的文化氛围。

四、成效

单位能耗大幅降低。超额完成国家下达的“十一五”期间节约 5.4 万吨标煤任务，吨氧化铝综合能耗由 2005 年的 1057.25kg 标煤降至 2011 年的 859.53kg 标煤。万元工业产值能耗也由 2005 年的 5.47t 标煤降至 2011 年的 3.183t 标煤。

通过省级园林企业验收。中州分公司绿化覆盖率达到 34% 以上，2007 年通过“省级园林企业”的现场验收，荣获“河南省节能减排先进单位”“河南省环境友好企业”“河南省首批绿色企业”“省级园林企业”“河南省节能减排科技创新示范企业”“河南省节能减排绿色发展十佳单位”等荣誉称号。在产品产量提升的同时，通过技改投入，实现“增产减排”，SO_2 和粉尘排放量全部达到减排要求，污染物排放低于国家控制标准。中央电视台新闻联播曾对中州分公司节能减排的成效和做法予以头条报道。

五、展望

面向市场，围绕“实现科学发展上水平”这一目标，在最经济的生产组织模式下，中州分公司将依托全体员工，通过科技创新和强化管理，确保“十二五”每吨氧化铝能耗降至 700kg 标煤以下。

全氟化碳减排技术助力电解铝低碳发展

一、背景

中国铝业郑州研究院是中国轻金属专业领域唯一的大型科研机构，是我国铝镁工业新技术、新工艺、新材料和新装备的重大、关键和前瞻技术的研发基地。多年来，研究院始终以铝工业的绿色发展为己任，自觉履行节约资源和保护环境的社会责任，开发了一大批支撑资源、环境、经济、社会和谐发展的绿色产业技术，实现了国家利益、企业利益和社会利益的“三赢”发展。

二、问题

全氟化碳（PFC）是强温室效应气体，其温室效应是 CO_2 的 6500 ~ 9200 倍，对于气候变暖有显著影响。传统铝电解工艺每生产 1t 原铝，阳极效应产生的等效温室气体约 1.8t，PFC 对气候变化的影响显著。但长久以来，国内外对于非阳极效应 PFC 排放的研究一片空白。因此，研究铝电解生产过程 PFC 的减排技术对实现电解铝绿色低碳发展和构建铝工业绿色产业链意义重大。

三、解决方案

中国铝业郑州研究院对 PFC 减排技术的关注和研究始于 21 世纪初，多年来开展了大量的理论研究、实地检测、技术开发、工业试验和成果推广等工作，主要有：

一是在国际铝协支持下，完善了 PFC 检测平台和研发平台，首次开发了铝电解非阳极效应 PFC 排放的检测技术，完善了铝电解 PFC 检测方法。

二是在国家项目支持下，2009 ~ 2010 年开展了“铝电解 PFC 排放量影响因素的研究”和降低铝电解生产过程 PFC 生成技术研究，首次发现了非阳极效应 PFC 的存在并揭示了产生机理，为铝电解彻底消除 PFC 的排放提供了理论支持。

三是通过技术创新，开发了以氧化铝浓度软测量为核心的精准控制技术，以及铝电解自动熄灭效应、无效应低电压生产工艺等消除 PFC 排放的关键技术，为我国电解铝工业实现绿色低碳发展提供了技术支持。

四是 PFC 技术开发成功后，中国铝业郑州研究院在中国有色金属工业协会的支持下，按照 PFC 测量培训暨排放基准确定研讨会的要求，产、学、研相结合，持续加大技术在全国电解铝行业的推广应用力度。

四、成效

中国铝业郑州研究院先后承担与 PFC 减排有关的国家科技支撑计划、国家自然科学基金项目、国家 973 项目、国际合作项目等，取得了一大批科技成果，其中“降低铝电解生产过程全氟化碳排放技术开发与应用”项目荣获 2011 年度中国有色金属工业协会科技进步一等奖，拥有专利 21 项，其中发明专利 15 项。

国际铝协副秘书长 Chris Bayliss 先生认为该项目的成功开发，为世界铝工业的 PFC 减排提供了新的技术解决方案，具有较好的环境、经济和社会效益，是一个好项目。

环境效益：截至 2012 年底，PFC 减排技术共在十余家企业 2400 余台电解槽得到推广应用，PFC 总排放量平均下降了 80% 以上，非效应 PFC 排放量平均下降了 90% 以上，累计减排 CO_2 当量 233 万吨，为我国电解铝企业减少温室气体排放，实现低碳绿色发展做出了重要贡献。

经济效益：截至2012年底，由PFC减排带来的经济效益为2.03亿元；非阳极效应PFC消除后，气膜电阻大幅度降低，槽电压可下降25~50mV，推广应用以来，累计实现节电效益2.33亿元。

社会效益：开发的铝电解生产过程阳极效应PFC和非阳极效应PFC减排技术，改变了国际铝业界对PFC排放的基本认知，完善了PFC减排技术理论、修订了全球PFC测试标准，引起了国内外的广泛关注，带动了全球铝工业非阳极效应PFC的减排工作，树立了我国在该领域的世界地位。

五、展望

非阳极效应PFC的发现、检测与抑制技术属国际首创，整体技术达到国际领先水平。该技术在中铝公司推广应用后，每年可减少非阳极效应PFC排放折合CO_2当量约260万吨，减排带来的经济效益约2.6亿元。

在全国推广应用后，每年可减少非阳极效应PFC排放折合CO_2当量约900万吨，减排带来的经济效益约9亿元，经济效益显著。

铝电解生产过程非阳极效应PFC减排技术的成功开发与推广应用，为铝工业的低碳排放和清洁生产，提供了强有力的技术支撑和广阔的发展空间，具有巨大的环境效益和经济效益，必将为中国铝工业的绿色发展、生态发展、和谐发展做出新的贡献。

35 案例
中铝稀土（江苏）有限公司

狠抓环保治理　当好贯彻国家稀土产业政策的主力军

一、背景

为认真贯彻国务院《关于促进稀土行业持续健康发展的若干意见》的要求，2011年6月7日，中国铝业公司在江苏省委、省政府的大力支持推动下，积极开展稀土产业兼并重组和结构调整工作，与江苏省四家获得指令性生产计划指标的民营稀土分离企业及一家贸易公司，共同成立中铝稀土（江苏）有限公司（以下简称中铝江苏稀土），重组整合后中铝江苏稀土的稀土分离能力为1.34万吨。

二、问题

中铝江苏稀土统揽的四家稀土分离企业，所处地理位置优越，濒临长江、太湖、东海，紧靠地市经济发达区域，所承载的产业支撑着地方经济的发展。企业在稀土冶炼、萃取分离生产过程中，使用大量的酸碱、萃取剂等化工原材料，加上稀土矿自身的特性，生产过程中产生的大量废气、废水、固体废物、噪声等环境污染物，如果不加以有效的治理和控制，将对环境造成极大破坏，难以弥补。

三、解决方案

企业的发展不能只片面地强调经济效益，还要勇于承担社会责任。环境保护治理是中铝江苏稀土长效发展任务的重中之重，只有抓好了环境治理，有效控制了环境污染物，才能走上一条生产与环保并举，经济效益、环境效益和社会效益多赢的发展之路。为此，中铝江苏稀土着重突出了以下工作。

1. 明确环境保护目标

中铝江苏稀土明确提出，企业的经营与发展决不能以牺牲环境为代价，稀土冶炼、萃取分离的生产过程，必须严格执行各项环保法规制度，强力推进清洁生产与节能减排，将生产对环境的影响降至最低。为确保此目标的实现，中铝江苏稀土每年都实施环境治理和更新改造计划，治理生产过程中产生的废水、废气、废渣等废弃物。并确保责任落实到位。

2. 整章建制，夯实基础管理

中铝江苏稀土把环境保护治理作为一项系统工作来抓。集中力量在子公司建立和完善相关的环境保护管理制度，包括工业废水排放污染物控制制度、大气污染物排放控制制度、固体废物处理处置制度、噪声污染控制制度、化学品的控制制度、放射性物品管理制度、应急准备与响应程序、环境治理安全管理规定、酸雾管理措施、控制酸碱输送中的规定、防火安全应急预案、车间事故隐患整改和防范措施等，为形成环境保护治理的长效机制奠定了扎实的基础。

3. 加大环保基础设施投入

为优化企业生产作业环境，中铝江苏稀土积极对标先进企业，并投入一亿多元环境保护治理经费，突出做好环境保护治理工作，对所属四个企业实施停产改造，采取了改善生产现场作业环境、加强重点设备改造、添置环保设施、实施污水处理新技术、优化生产工艺等措施，达到了国家环保核查的要求，改善了稀土分离冶炼现场的环境。

4. 大力开展节能减排和清洁生产工作

国家标准是企业生存的标杆条件，中铝江苏稀土严格按照《稀土工业污染物排放标准》《工业炉窑大气污染物排放标准》《城市放射性废物管理办法》《环境空气质量标准》《工业企业厂界环境噪声排放标准》《一般工业固体废物贮存、处置场污染控制标准》《稀土冶炼产品能耗》的要求，组织和实施各项生产经营活动，实现了清洁生产。

5. 创新稀土分离冶炼技术

在抓好环保设备硬件投入的同时，同样不能忽视企业的自主创新，提高工艺水平，降低能源消耗。中铝江苏稀土以推进稀土分离冶炼技术革新为目标，采用目前国内最优化的联动萃取生产工艺，提高资源综合利用水平，使水、电、煤等消耗指标、稀土生产综合回收率、水的综合循环使用率均高于国家稀土行业标准。同时利用子公司工序产能和工艺优势，实施设备工艺升级和结构调整，充分发挥四个子公司的设备能力，通过将子公司产品料液进行内部调剂加工，不仅调优了产品结构，还有效降低了企业产品能耗。

四、成效

企业狠抓环保治理的实践证明，开展环境保护治理，有效发挥贯彻国家稀土产业政策的主力军作用，既可整合分散的稀土分离企业，提高产业集中度，又可实现地方民营经济与中央企业优势互补，促进当地经济发展和产业结构调整。

一是顺利承接国家稀土产业政策。2012 年，中铝江苏稀土获得国家工信部下达的稀土生产指令性计划 3600t，获得国家商务部下达的稀土出口配额 1206t，完成了上述资质从原来四家股东企业直接“戴帽”下达到公司。另外，获得了参加国家物资储备局的稀土收储资格。

二是经济总量得到大幅攀升。中铝江苏稀土资产规模由 2011 年底的 12. 3 亿元增长到目前的 20 亿元。

三是环保治理工作形成制度化和常态化。环境治理、节能减排、可持续发展的理念深入人心，中铝江苏稀土各部门与各子公司及全体员工都将环境治理纳入自己的责权范围，在企业内部普遍形成了良好的环保氛围。

四是企业社会责任日趋彰显。中铝江苏稀土所属企业全部顺利通过了环保核查，重组整合后未发生任何环境污染事故或受到环保行政处罚，未发生任何环境问题的投诉事件，为地方社会的稳定发挥了积极作用。尤其是通过环境保护治理，企业能耗大幅降低，产品质量大幅提升，既降低了企业生产成本，又为员工创造了安全生产的环境。

五、展望

当前，随着国家稀土产业政策的明朗化，环境保护将在国家稀土产业政策中起到越来越重要的杠杆调节作用，中铝江苏稀土在环境保护中所取得的成果，今后将会不断推进清洁生产和节能减排工作，把社会责任融入企业的发展战略和经营管理，着力巩固和扩大国家环保核查成果，推动社会和谐持续发展。

36 案例
中色（宁夏）东方集团有限公司

高氟氨氮工业废水治理

一、背景

企业生产经营过程中，企业社会责任贯穿于各种经济活动中，包括对股东的回报，对员工、消费者、社会的责任，以及对其他相关方的责任。中色（宁夏）东方集团有限公司（以下简称中色东方）从建厂到今天四十多年的生产经营过程中，依法经营、诚实守信，切实提高产品质量和服务水平，加强资源节约和环境保护，推进自主创新和技术进步，保障生产安全，维护职工合法权益，积极参与社会公益事业，履行社会责任一直是公司应尽的义务。

为了进一步提高废水处理能力，有效降低工业废水对环境的污染，保护环境，2008~2010年，中色东方控股子公司宁夏东方钽业股份有限公司斥资2600万元实施了“钽铌生产过程高氟氨氮废水治理和综合回收利用技术改造项目”，此案是公司履行社会责任较为典型的改造项目，在此记述，以供参考。

二、项目实施背景

近年来，随着中国经济的稳定高速发展，在国内东西部经济发达程度不同的情况下，中国西部地区更多的承担了高耗能、高污染行业产品的生产，这样就导致了西部地区的工业污染的进一步加重。

2004 年年初，黄河流域水资源保护局组织专家组，对黄河水污染的状况及危害进行了量化分析，发现黄河干流近 40% 河段的水质为劣五类，基本丧失水体功能。

2008 年重点流域水污染考核结果显示，重点流域氨氮超过Ⅴ类标准值的断面比例为 18. 9% 和 22. 1%，氨氮已超过化学需氧量成为影响地表水水环境质量的首要指标。

公司污水处理站在建厂初期即已建立，针对当时产生的含酸含氟废水，采用石灰中和法进行处理，在当时废水成分单一、废水产生量较少的情况下，污水站能够满足废水达标排放要求。随着东方钽业发行上市，产品生产规模逐年增涨，公司污水站废水处理能力也一扩再扩，1999 年公司投资 530 万元用于污水站扩能改造，该项目用盐酸反中和的方法使 pH 值、氟化物同时达标，项目完成后，污水站废水排放达到了当时的废水排放标准。

公司地处西北地区，面对黄河流域日趋严重的污染状况，公司也充分认识到氨氮废水对环境的危害。近几年，由于原辅材料液氨的使用量加大，使公司废水中氨氮含量逐步增加问题日益突出。公司对氨氮废水的处理进行技术改造更是迫在眉睫。

三、项目的有效实施

2002 年，公司成立氨氮小组对废水中的氨氮氟进行研究治理，先后对精馏法和生物处理法工艺、用石灰除氟、传统的吹脱法除氨工艺等进行了考查和分析，但均不能提供有效的同时除氨除氟方法。对于含氨氮废水的处理，特别是中高浓度氨氮废水的处理是较难处理的主要工业废水之一，国内外业界一直在积极地探索能够高效、成熟、投资成本小、运行费用低的解决技术或方案，但因各种原因或技术的局限性，当时还没有十分成熟、经济可行的解决方案。

直到 2007 年，公司最终确定技术工艺路线采用高分散法氨氮去除工艺方案：高分散技术去除废水中氨氮的方法工艺技术相对成熟、先进、可靠，是当时国内较好的除氨方法。经济上也相对可行，同时提出了废水中氟的较好达标方案，提出了以处理后的废水代替自来水进行化灰制乳，节约了水资源。吹脱出的氨以硫酸铵形式进行回收，达到资源的综合利用以及减少氨的排放总量的目的，同时硫酸铵的销售也有出路。该项目可使公司废水中的污染物全面达标排放，较为经济可行。

2008 年 6 月，公司“钽铌生产过程高氟氨氮废水治理和综合回收利用技术改造项目”正式开工建设，同时还从源头上将含氨废水及酸性废水彻底分开，避免相互影响；严格控制进除氨塔污水 pH 值；控制较大的气水比；提高进塔水温和进风温度等措施。2010 年 10 月，污水站正式验收后外排污水中氨氮浓度保持在 25mg/L 以下，集团公司终于攻克氨氮废水处理这一难题，污水中其他主要污染物也实现了全面达标排放。

四、项目实施效果

1. 项目验收情况

该项目经环境监测部门于 2010 年 12 月实地勘验，监测结论如下：“经废水处理设施处理后总排放口 pH、悬浮物、生化需氧量、化学需氧量、硫化物和氟化物浓度值均符合《污水综合排放标准》（GB 8978—1996）中相应标准限值；氨氮浓度值符合《污水排入城市下水道水质标准》（CJ 3082—1999）中的标准限值。”

2. 该项目所产生的效果

近年来，国家对污水处理工作越来越重视，继“十一五”将 COD 列为控制指标之后，“十二五”环保规划又将氨氮列为控制指标。该项目的实施使公司高氟氨氮废水治理工作走在国内企业的前列。

该项目的实施虽然对公司生产成本每年增加约 300 万元左右，但节约了排污费的支出，有效地降低了环境污染对企业带来的风险，有效地展示了国有企业对环境、社会的环境保护意识，产生较好的社会效益。

2011 年，公司和自治区环保局签定了《主要污染物总量减排年度目标责任书》，责任书中明确了公司 2011 年全年氨氮减排量和考核规定，承诺完成年削减氨氮 500 吨的减排目标，责任书的签定对自治区节能减排工作具有重要意义，但更是公司积极履行社会责任的表现。

在巩固以往成绩的同时，公司也在寻求更大的突破，正在开展公司的中水回用项目的调研考察工作，积极寻求与相关高等院校、科研院所和成熟的污水厂家合作，使公司外排污水经过深化处理后达到再次回收利用的目的。

五、对企业社会责任的思考

（1）履行企业社会责任的过程是投资者与社会公众对企业认识的过程，对企业的市场形象及地位起着至关重要的作用，是影响企业的生存与发展的重要因素之一。

（2）履行社会责任在不同时期不同地域有着不同的认识和需求，需要企业对经营理念和方针随着社会的发展而发展，不能墨守成规，要对自身不断的突破和创新。

（3）企业社会责任的履行是一个长期持续渐进的过程，履行社会责任不是一时一事的处理，是一个长远而又艰巨的任务。

（4）履行企业社会责任不能以成本效益原则来衡量，更多的要考虑到对社会、对相关方的影响。

37 案例
中国铝业贵州分公司

炉窑余热再利用　节能减排又增效

一、背景

中国铝业贵州分公司碳素厂现有五条阴极及阳极生产线，已形成阳极炭块25.7万吨/年、阴极制品2.3万吨/年的生产能力。1990年在国内首创半石墨质阴极炭块并获“全国优质产品银质奖”；2007年成功研制高石墨质阴极炭块，在第十七届全国发明展览会上荣膺“发明金奖”，产品销往国内外，主要客户群为铝冶炼、钢铁和化工行业。

二、问题

铝用碳素阳极生产包括原料煅烧、成型、焙烧、组装等工序，每个工序即为一个主体车间，每个车间都需要加热才能进行生产，按照投入的能源量来计算，都达到了国家规定的重点耗能单位的标准，全厂全年耗能30余万吨标准煤。

铝用碳素阳极生产的第一道工序是煅烧，即将主要原料石油焦需通过回转窑进行煅烧，煅烧的实收率为72%，25%的挥发份及粉尘燃烧释放出了大量热量。中国铝业贵州分公司碳素厂阳极煅烧有五台回转窑，配套每台窑尾部设有一台余热锅炉，以往这些余热锅炉只生产蒸汽，为周边生产及冬季生活提供用汽，也就是余热的第一次运用。在实际运行过程中，蒸汽锅炉生产的蒸汽冬季满足了附近厂区生产、生活用蒸汽的需要，其他季节蒸汽富余。导致余热锅炉压力经常偏高，尤其是春夏秋三个季节蒸汽常常外排减压，不但能源白白浪费，而且存在安全隐患。

成型是阳极碳素制品生产的第二个工序。碳素厂阳极成型工序有三条生产线，每条生产线配置 1～3 台燃油锅炉，用来加热导热油为生产提供热量，每年消耗 4000 余吨重油，而且在燃烧过程中还排放大量的 SO_2 和 CO_2，造成环境污染。同时每年还需要投入约 100 万元和资金来维护燃油锅炉的运行，消耗的能源和耗费的成本不是一个小数。

一边是能源过剩，一边是要花钱买能源，这就是问题之所在。地处贵阳国家高新技术产业开发区和金阳新区之间的碳素厂，减排压力大，节能任务繁重。而且，节能降耗也是降低生产成本，提高企业竞争力的有效途径。所以，在节能降耗和降本增效的双重压力下，解决这一问题的迫切性日趋突出。

三、解决方案

该厂煅烧余热已用于蒸汽锅炉生产蒸汽，如果再用于加热导热油，需要在现有的工艺和设备上进行改造。在设备安装、管道配置、工艺控制等技术上和安全上存在一定的难题需要解决。为确认所提出方案的可行性，解决有关技术难题，该厂有关工程技术人员发扬了大胆创新的精神，坚持不懈地开展了大量的调查研究和论证。进行了一系列基本数据的测试和大量的数据收集，对相关系统的热平衡进行了仔细的计算，并参考国内罐式炉余热利用的方案，结合本单位生产工艺和设备的特点展开研究论证。

经过长期的技术论证和方案准备，中铝贵州分公司碳素厂迎来了炉窑余热综合利用节能减排改造的时机。2008 年碳素厂与中南大学共同立项研发，在年产蒸汽 50 万吨的基础上，再用富余热量加热下道工序生产用导热油，也就是余热的第二次运用，彻底取消热媒炉重油燃烧。2010 年 11 月 26 日，中国铝业股份有限公司以“中铝股份发字［2010］359 号”文批复项目可研报告，贵州分公司将此项目列为首批控亏为盈重要举措。2011 年是中铝贵州分公司生产经营及其艰难的时期，但企业还是千方百计地挤出资金来实施《碳素炉窑余热利用节能减排技术改造》项目，完成了五台回转窑余热利用改造和尾部下料管热量利用的改造。

四、成效

项目投运后，不但解决了原重油锅炉燃烧经常熄火造成生产波动现象；而且彻底取消原用七台锅炉，年节约重油 4800 余吨，折合标准煤 6858t，减排 SO_2 154t，CO_2 15523t，周边环境得到彻底改善，实现了经济效益、社会效益和生态效益“三丰收”。并作为我国铝用碳素制品行业众多企业的“模板”不断复制，发挥了排头兵作用。

五、展望

目前该厂还有锅炉出口烟气余热的利用，整个煅烧系统的强化保温和热能充分利用（如用于发电等），以及焙烧工序余热利用等都有待于进一步的开发利用。余热利用工作还大有可为。

38 案例
山东华宇铝电有限公司

工业废水“零排放”

一、背景

山东华宇铝电有限公司（以下简称“山东华宇”或“公司”）于2006年6月15日正式成立，拥有240kA年产能10万吨电解铝生产线两条、六万吨炭素以及配套设施；三台135mW燃煤式发电机组及相关配套设施。主要产品有普通铝锭、铝合金棒、预培阳极碳块、供电、供热等。

公司自成立以来响应国家号召，按照中国铝业公司的工作部署，坚持走环境与经济可持续协调发展的道路，自觉遵守环境保护法律法规，积极履行社会环保责任。自2006年起累计投入9000余万元用于相关环保项目的建设和改造，公司先后完成了热电厂循环流化床炉内脱硫系统改造、热电厂高压静电除尘器电－袋一体化改造、热电厂煤场半封闭改造、电解烟气净化系统改造、电解阳极组装中频炉烟气净化改造污水处理及综合利用改造等项目，通过环保项目的建设实施，公司年减排 SO_2 26000t、烟尘1800t、COD80t，减少废水排放200万吨。

二、问题

我国是水资源并不丰富的国家之一，河川径流及地下水补给平均约为27000亿立方米，人年均占有量不足2000m^3，是俄罗斯的1/7，美国的1/5。工业污水的大量排放以及落后的污水处理系统，造成水资源环境的恶性循环，工业废水的排放量很大。工业废水的特点是量大，成分复杂，难处理，不易降解和净化，危害较大。总的说来具有以下特点：①悬浮物含量高，可达100～30000mg/l；②生化需氧量（BOD）高，可达200～5000mg/l；③酸、碱度变化大，pH低至2，高至13；④温度高，可高达40℃，造成热污染；⑤易燃，因常含低沸点的挥发性液体，如汽油等易燃污染物易引发水面火灾；⑥多种多样有毒有害成分等。因此我们应该清醒地看到，水环境治理和水资源再生利用工程的建设已刻不容缓。

三、解决方案

电力生产行业所产生的废水具有种类多、污水量大、有机污染物含量高的特点，属难处理的工业废水之一，废水来源于设备循环及化学加药、除氧等各个工艺环节中，其物理性质及有机污染物的浓度各不相同，应针对废水的特征确定有效的处理工艺。工业废水处理的主要方法有沉淀、气浮、吸附、膜分离、好氧生物、厌氧生物等方法。无论采用什么样的方法，废水都需要进行预处理，预处理主要是为了改善废水水质，以便满足各工艺的进水要求，提高废水处理的整体效果，确保整个处理系统的稳定性，因此预处理在工业废水处理中具有非常重要的地位。废水处理采用预处理和深度处理，预处理主要是采用物理沉降、过滤进行可用物回收利用，既提高了污水利用率，又节约了废水处理的成本；深度处理是采用反渗透技术，产生合格的中水回用。

四、成效

山东华宇污水处理及综合利用改造项目于2008年9月正式开工建设。项目设计建造四套污水处理系统，污水日处理能力17152m^3，采用反渗透技术对生产排水和初期雨水进行处理，经深度处理后的生产废水可全部回用，生活排水经深度处理后用于绿化。每天可节省新水11072.8m^3。该项目于2009年6月底投入使用，实现了工业废水的“零”排放。

五、展望

工业废水零排放是近年来工业企业为提高用水效率，最大限度减少因污水排放造成的环境污染而采取的一种先进技术，也是一种先进的管理理念。其实质是通过不断采取改进设计、采用先进的工艺和设备、改善和加强管理、综合利用等措施，减少水资源的用量以及全面提高水资源的利用效率，从而达到经济效益和社会效益“双赢”的目标，大大减少了环境污染。

39 案例
中国铝业贵州分公司

加强生态恢复工作　着力打造绿色矿山

一、背景

中国铝业股份有限公司贵州分公司主要承担分公司矿山建设和氧化铝生产所需的铝土矿、石灰石矿供应任务。公司拥有7个铝土矿矿权和一个石灰石矿权，矿权面积35.21km^2，至2011年底，保有铝土矿资源量14200万吨，溶剂石灰石矿1195万吨，现已形成石灰石矿65万吨/年、铝土矿130万吨/年的能力。

二、问题

露天开采矿石，开采过程中对植被的破坏主要是两个方面，一是采场矿石开采造成植被破坏，二是排土场对植被的破坏。

由于植被受到破坏，在造成水土流失、恶化环境的同时，还影响到周边村的人畜饮用水、正常的农业生产等问题。矿山复垦是矿山开采过程中一项重要工作，稳步实施矿山复垦和保持水土符合国家环境保护等有关政策要求。而且事关企业可持续发展大计。

三、解决方案

1. 生态恢复

从保护环境、恢复植被、控制水土流失的角度出发，贵州分公司提出了分期分区进行治理的工作思路，正式启动了在全省第一家金属矿山复垦工作。在进行生态恢复工作中，邀请地方林业部门参与设计并督促施工，使生态恢复工作符合相关标准和规范要求，同时安排专人对栽植的树苗进行管理，确保树苗成活率达到85%以上，经过验收合格后再移交地方。公司陆续在燕垅矿区原露天一、二号、三号、四号采场采空区等地种植了大量的树苗，截至目前为止，共投资370万元，累计复垦2385亩，植树43余万株。

2. 地质灾害防治

针对露天生产矿山容易出现的水土流失、环境污染、边坡垮塌等事故，贵州分公司采取了“防治结合”的综合治理措施，至目前为止，已修建拦沙坝、挡土墙19235m，排水沟渠32425m，排洪沟渠2541m，污水处理池三个共207m^3；投入120万元进行地质灾害治理。

3. 还地于民

截至2011年底，贵州分公司共投资250万元，对开采结束后的采空区或排土场进行复土，已经完成复土322亩。严格按照技术要求进行施工，自卸汽车运输客土，推土机推平客土，新增耕地土壤培肥；修建砼矩形排水沟渠和田间、生产路等，使复垦土地能利用、能耕种。复垦完成后，土地交与地方原村民小组，经过复垦，原来一些不能耕种的土地变成了可以耕种的土地，真正做到还地于民。

四、成效

（1）复垦造林区树苗长势良好，复垦区树苗已绿树成荫，取得了良好的生态环境效应，达到了恢复植被、保护水土的目的，得到了贵阳市、清镇市两级政府的高度评价。

（2）通过有效实施“防治结合”的地质灾害综合防治措施，贵州分公司矿山公司所属 35.21km^2 的矿权范围内至今未发生过滑坡、坍塌等危害性事件或“水流”灾害性事件，保障了矿山的正常生产，保持了与周边友邻的良好关系。

（3）还地于民成效明显。

一是增加耕地面积，提高土地利用率。通过土地复垦，提高土地利用率，以达到增加耕地的目的。复垦后项目区增加耕地 322 亩，新增耕地率为 92.72%。

二是改善耕地质量，提高耕地产出率。项目实施以后，土地得到平整，水利设施和田间道路得到完善，项目区内的耕地将成为“旱能灌、涝能排”的旱涝保收地；加上大力推广和使用有机肥料和生物肥料，从而极大地改善了项目区农业生产条件，提高了农业生产效率，保证农业生产的稳定发展。

三是实现了耕地占补平衡。随着中铝贵州分公司的建设和发展，矿山建设占用耕地的数量也随之增加，本项目的实施可以保证当地耕地总量动态平衡，实现耕地的“占补平衡”。

四是项目在保护生态环境的前提下，通过土地复垦，配套的农田基础设施，提高了自然资源的利用率，提高了抵御自然灾害的能力，减少了水土流失强度，显著改善了项目区的生态环境条件。

五、展望

在资源开采和矿山建设中，贵州分公司坚持经济效益与社会效益协调发展的原则，积极履行环境保护、企业与社会和谐发展、企业与自然和谐发展、资源开发与环境协调发展的社会责任，在大力进行生态恢复、土地复垦、还地于民的同时，着力打造和谐矿山、绿色矿山。

40 案例

中铝山西企业

变废为宝　节能环保

一、背景

中铝山西企业是山西铝厂、中国铝业山西分公司的统称，现有年产220万吨的氧化铝，并拥有资源能源、建筑材料、高新科技、建筑安装、新型材料、现代服务等六大产业板块。

作为国有大型企业，中铝山西企业在转型发展的过程中，坚持争当优秀社会公民，主动承担社会责任，兼顾经济效益与社会效益同步增长，积极培育建设资源节约型产业，努力实现企业的节能、环保和可持续发展。

二、问题

山西分公司自备热电厂每年约有100多万吨粉煤灰和炉渣需要外排，这些工业废渣排放堆存不仅要占用大量耕地，而且还会因扬尘造成环境污染。另外，氧化铝生产的铝酸钠溶液中除了氧化铝之外，还有镓等有价金属，如果不能及时提取，将会随赤泥一起排掉，造成资源浪费。因此，有效地利用废弃资源，保护环境，创造经济价值，实现企业的节能、环境和可持续发展，既是中铝山西企业降本增盈、创收增效、提升经营绩效的现实要求，也是企业必须承担的社会责任。

三、解决方案

中铝山西企业历届领导班子高度重视资源综合利用和环境保护工作，依靠科技进步，以粉煤灰和炉渣为主要原料、变废为宝，开发生产各种新型建材制品及其他高附加值产品，促进资源综合利用产业优化升级，提升社会效益和经济效益。

（1）利用粉煤灰、炉渣等各种工业废渣，开发生产各种新型建材制品及其他高附加值产品，形成年产三亿块蒸压粉煤灰砖生产线。该生产线采用连续配料、全自动液压分级加压、多次自动排气成型技术和高压蒸压养护工艺生产蒸压粉煤灰砖，工艺技术先进，自动化程度高，生产过程不产生二次污染。蒸压粉煤灰砖产品质量好、强度高，深受广大用户欢迎。2012 年积极开发仿古砖、抗剪切力砖、路面砖、草坪砖、装饰砖等粉煤灰砖系列产品，实现粉煤灰砖的多样化、系列化；充分利用各种工业废渣（如金属镁冶炼废渣、电石泥代替石灰，铁矿渣、氧化铝赤泥代替炉渣）生产蒸压粉煤灰矿渣砖，降低成本。

（2）利用粉煤灰等材料，生产国家专利产品 ASA 系列节能板材和轻型钢结构 ASA 板镶嵌式集成节能抗震建筑体系，现已形成年产板材 60 万平方米和年产建筑面积 20 万平方米节能房屋构件的生产规模。

（3）控股成立晋铝资源综合利用开发有限公司，形成年产 60 万平方米节能建筑板材、10 万平方米新型环保地板、1 万吨高档耐火材料的生产规模，2011 年，通过引入市场机制，实行租赁承包，有效解决了生产中的技术、工艺等问题，产品质量得到提升，已逐步被市场认可，销售量逐步攀升。

（4）与地方优势企业合作，利用粉煤灰、氧化铝等材料，生产各种耐火材料及节能环保耐火保温材料产品、氮化硅结合碳化硅产品、氧化铝合成高档耐火原料、氧化铝深加工制品、氧化铝陶瓷制品。产品品种达百余种，年生产规模达十万吨。“焙烧炉用莫来石质浇注料”“气化炉用新型耐火材料”“赤泥粉煤灰保温耐火材料”三项国内领先科技成果产品通过了省级科技成果鉴定，“竖窑烧结合成莫来石”产品被列入国家重点新产品计划；“氮化硅结合碳化硅”新型产品列为山西省名牌产品。

（5）与国际知名公司合作，采用国际最先进的湿法冶金技术，从生产氧化铝的拜耳法种分母液中提取金属镓，形成年产4N金属镓40t生产规模；利用烧结法一次赤泥洗液，形成了年产1.3万吨拟薄水铝石生产线和4500吨硅铝粉生产线，扩产2万吨拟薄水铝石项目已完成初步设计和可研报告，项目建成后，将进一步提升资源综合利用程度，降低生产成本，提高经济效益。

四、成效

节能环保项目的实施，不仅解决了中铝山西企业清洁生产中的难题，提升了可持续发展能力，而且形成了新的利润增长源，开辟了新的就业渠道，实现了社会效益、经济效益双丰收。仅蒸压粉煤灰砖生产线一项，每年可利用粉煤灰和炉渣约60万吨左右，降低了生产成本，节约了排灰用地，节约标煤13290t/年，节电56.23kW·h/年，可减少$S0_2$气体排放193.8t，减少CO_2气体排放9.42万吨；同时每年可实现利润上百万元，还提供了300余个就业岗位，产生了较大的环保效益、社会效益和经济效益。晋铝华丽建筑科技开发有限公司的节能、抗震建筑材料被国家科技部、中国房地产及住宅研究会列为“国家火炬计划项目”“节能省地型绿色建筑与建材示范项目”；被国家有关部门评为“国家小城镇建设先进适用技术与产品”“高新技术产品”“国家康居工程选用部品与产品”“中国工程建设重点推广应用产品”。吉亚公司、科技化工公司充分利用铝土矿资源，提取高科技、高附加值产品，年创造经济效益都在1000万元以上，成为中铝山西企业的盈利大户。

中铝山西企业以强烈的社会责任感，积极推进传统产业全面走循环发展之路，源头治理与废弃物综合利用相结合，加强企地合作、强强联合，变废为宝、互利共赢，得到了国家有关部门、地方政府和居民的高度认可和信任。2010年4月，全国有色金属行业资源综合利用现场交流大会在山西铝基地隆重召开，中铝山西企业被授予“全国资源综合利用节能建筑环保建材示范基地”。

五、展望

“十二五”期间，中铝山西企业将秉承中铝公司“争当优秀社会公民”的理念，进一步发展与铝关联的高科技和高附加值产品以及节能减排、资源综合利用产业，不断推进资源综合利用产业升级和利用水平的提升，努力建设更具全国性竞争优势、资源综合利用水平高、符合低碳经济要求的绿色生态环保型现代化企业，真正实现资源开发利用和环境协调发展。

41 案例
中国铝业广西分公司

生态矿业开发模式*

一、背景

中国铝业广西分公司（以下简称广西分公司）经过多年探索和实践，走出了负责任的“生态矿业”开发道路，形成了“绿色采矿－生态修复－土地优化－还地于民”良性循环，探索出“征地－资源开采－土地再利用－社区发展”的科学模式，实现了矿业开发带动本地农民富裕、社区和谐的可持续一体化发展。

负责任生态矿业开发模式不但实现了最大化的开发矿产资源价值，而且通过复垦采空区，较好地恢复和保护了采矿区的生态环境多样性，通过对资源开采后采空区复垦土地进行合理最优的再利用、再开发，带动所在地社区和少数民族原住民发展新型绿色矿区农业经济，让当地原住民共享资源开发的成果，保障和增进了社区原住民的社会福祉，实现了社区和谐稳定，做到经济效益、社会效益、生态效益三者兼顾平衡，真正实现了企业可持续发展。

* 注：本案例获2013年中国国际矿业大会最佳社会责任奖

二、问题

为帮助百色革命老区脱贫，20 世纪 90 年代初，按照邓小平同志“广西平果铝要搞”的指示精神，国家结合百色铝土矿资源富集的优势，在平果县建立了国家重点工程。广西分公司是集矿山开采和氧化铝、电解铝生产于一体的特大型铝冶炼联合企业，经过近 20 年的发展，已经形成年产铝土矿 612 万吨、氧化铝 250 万吨、电解铝 15 万吨的特大型铝冶炼企业。

广西分公司平果铝土矿所在地区已探明铝土矿储量为 2 亿吨，可开采储量 1.5 亿吨以上。平果铝大部分铝土矿区是喀斯特地带，石漠化严重。矿床属于岩溶堆积型铝土矿，它与国内其他地区的铝土矿相比，具三大特点：一是矿、土共生，矿石只占矿土的 1/3；二是矿藏分布广，仅平果县境内的五个矿区面积就达 $1750km^2$；三是矿层薄，平均厚度为 4.48m，远薄于国内其他铝土矿矿层。由此相应产生了采矿占用土地面积大、采矿作业面广、用地速率快的难题，按目前平果铝土矿现有采矿规模，每年需新征采矿用地 3000 多亩，最终将共需占用土地 10 万余亩，其中 90% 以上为耕地，占全县总耕地面积的 1/5 以上。而平果县是广西石漠化最严重的五个县之一，有壮、汉、瑶、苗等多个少数民族，全县人均耕地面积只有 0.75 亩，不及全国人均耕地水平的一半，土地资源显得尤为珍贵。

在这种情况下，实现资源的科学合理开发，如何实现资源开发与环境保护并重，保护耕地和矿区生态环境，如何在开采资源的同时维护当地正常的农业生产，如何在资源开发的同时带动社区发展和少数民族同胞致富，成为摆在平果铝面前的诸多难题。公司经过调查和研究认识到，解决上述问题不仅事关企业可持续发展大计，更紧密关系到当地 45 万人口的民生大计，而这更是公司积极履行社会责任，争当优秀企业公民的必答题。

三、解决方案：生态修复，无痕采矿，绿色开发

平果铝土矿是目前世界上最早开发成功的岩溶堆积型铝土矿床，其开采方法、复垦

技术、采矿土地管理等基本上没有可借鉴的经验。经过十多年对平果喀斯特石漠化地区铝土矿开采复垦和生态修复重建系统的深入研究，突破了喀斯特矿区复垦的一系列关键技术，从实验室试验，到现场工业试验、田间扩大试验、规模化试验，从示范区建设到规范化、规模化推广实施，创建了喀斯特石漠化矿区复垦与生态重建技术及应用模式，建立了“剥离－采矿－复垦－生态重建”一体化工艺系统和作业模式，通过“工程复垦”和“生物复垦”两个阶段的复垦过程，对采空区及时复垦，通过增加和改善土质等复垦措施，使得原来山区一小块一小块的零星土地变成了整块、连片的、大面积的平地，改善了土地耕作的条件，真正做到采矿无痕，绿色发展。

（一）工程复垦

工程复垦，首先对采矿完后留下的凹凸不平的石牙地板进行爆破，并对采空区平整，然后再回填压滤土、覆盖腐植土。

1. 复垦土源解决

为解决复垦土地的泥土问题，工程技术人员开发了一套板式洗矿泥浆压滤系统，像做豆腐一样，对洗矿后的泥浆进行浓缩压滤处理，通过压滤把泥浆中的泥提取出来，形成泥饼，将泥饼回填采空区，用于复垦，解决缺土问题。

2. 工程复垦实施过程

（1）工程复垦与采矿作业同步联合。将采矿与复垦联合，创设“采矿－复垦”联合工艺系统，将采矿计划与复垦计划统一编制、采矿设计与复垦设计统一优化、采矿施工与复垦施工统一推进。设备、工艺、人员统一调配，工程复垦计划编制、设计、施工与采矿作业有序衔接，实现了边采矿边复垦，达到采矿占地周期和复垦周期最短，复垦成本最低，复垦效果最好。

（2）工程复垦施工设计。按照复垦地利用方向的总体要求，平衡土石方挖填工程量，布置平台地或缓坡地及防洪、排涝工程，确定各地段的最终标高与坡度，有效指导工程复垦施工。

（3）底土回填。根据土壤筛选试验结果，复垦地基层土壤采用矿体底板土或压滤滤饼泥，复垦耕地耕作层土壤采用矿体表层剥离土，不足时采用底板土、滤饼泥、自备电厂粉煤灰等替代材料，按照最佳配比形成人工再造耕层，为生物复垦创造良好条件。

（二）生物复垦

主要采用种植绿肥和微生物技术，加速提高土壤的肥力。

（1）复垦地缓坡地种植经科学实验筛选出的适宜其立地条件，具有固土封坡和水土保持能力的优良先锋植被品种，同时采用小台阶植被工艺，快速实现立体郁闭。

（2）平台耕地采用筛选的优良绿肥作为轮作压青技术，配合采用国际最为先进的真菌菌根技术进行强化培肥，提高土壤肥料，加速生土熟化，缩短复垦周期。

（3）选用优良的抗逆作物，并采用先进的栽培技术，提高复垦地的单产水平，满足复垦地的主导利用方向——农业用地的要求。

（4）采用生态学、农业、林学、工程学、微生物技术等多学科综合技术，快速重建矿区复垦地生态系统。

四、成效

国土资源部、广西国土资源厅先后组织专家验收，矿区复垦成果令人惊喜：一是复垦地面积比采矿前增大（原来那些不能耕作的石地在工程复垦后变成了能够耕作的土地）；二是复垦地比采矿前的地适用性增强（原来的坡地在工程复垦后变成了平地）；三是复垦地与采矿前的地相比，地力明显改善（工程复垦剔除了地里的石头，生物复垦增强了地里的肥力）。

（1）累计完成高效复垦地近7000多亩，采空区复垦率97%，复地率92%，建设不同类型高效复垦农业种植示范区6个共1400余亩，实现了征地与复垦的动态平衡。

（2）筛选出优良先锋植被品种17种，内生AV真菌（土著菌种E菌）四种，建立喀斯特石漠化生态复垦植物和农作物品种库一个。

（3）复垦示范区土地生产能力和土壤肥力超过当地同类型农田地力水平。复垦地培肥后的土壤肥力检测结果及复垦地耕层微生物分布状况检测结果表明，经过1~2年土壤培肥，复垦地种植农作物产量达到甚至超过同类型耕地单产水平。

（4）缓坡地草－灌木群落植被覆盖度达到75%～95%，超过当地坡地自然植被水平。

（5）成果在中铝广西分公司生产期应用，未来将复垦土地10万亩，测算直接经济效益47.075亿元，间接经济效益56.71亿元。

（6）该项目实施后，先后获国家发明专利三项（其中一项获国家优秀发明专利奖），制定岩溶堆积型铝土矿复垦技术行业标准和企业管理规范七个，发表论文100多篇。

该成果解决了喀斯特石漠化地区矿山生态复垦重大技术难题，经济效益、社会效益和环境效益显著，对大规模开发桂西北丰富的矿产资源意义重大，在喀斯特石漠化地区推广应用前景广阔。研究工作填补了国内外喀斯特石漠化地区采矿生态复垦研究领域空白，综合技术达到国际领先水平。该项目2009年获有色行业科技进步一等奖，2010年获广西百色首届创新成果杰出贡献奖。

五、展望

（一）采矿用地改革的背景

采矿用地改革，还地于民 。过去，我国对矿山采矿用地的供地，一般采取征收的做法，农民失去赖以长期生存的土地，征收方式局限性非常大，弊端突出，使农民、企业、政府三方受制。尤其对于类似平果铝土矿这样的矿山，因矿床矿体分布分散，矿层薄，采用平面拓展型露天开采，推进速度快，占地量大，占地速率高，更具有典型的代表性。

经过研究，2002年2月平果铝提出土矿采矿用地供地方式改革方案；2004年4月上报国土资源部审批，2004年12月9日国土资源部在北京召开专题工作会议。2005年7月1日国土资源部批复采矿临时用地改革试点，成为全国唯一的矿业用地试点单位。经过七年多的探索和努力，取得了预期效果，2012年5月顺利通过了国土资源部组织的验收。

按照自治区国土资源厅制订的《还地管理办法》要求，由县国土资源局组织铝业公司和被临时用地单位对还地地类、面积进行复核登记，并组织签订还地协议书。还地后，在县政府组织指导下，由被临时用地单位负责实施生物复垦工程，开展生物复垦和地力恢复工作，种植甘蔗等农作物。

（二）“还地于民”的成果

根据年度复垦计划，2009～2010 年实施完成了 32 个采场的复垦，并通过区国土厅验收；2011～2012 年实施完成 37 个采场的工程复垦，累计已完成 69 个采空区的工程复垦工作。首批试点四个采空区土地工程复垦，于 2008 年 11 月 17 日通过了自治区国土资源厅组织的正式验收。第二批试点 32 个采空区土地工程复垦，于 2010 年 12 月 3 日通过了自治区国土资源厅组织的正式验收。目前，试点采空区复垦率 100%，复地率 92%。用地试点复垦竣工报告计划已经于 2012 年 5 月通过验收。

2008 年 12 月、2010 年 12 月公司组织群众到复垦区对已经验收的复垦土地，对地类、面积进行了现场复核，平果县国土资源局组织中国铝业广西分公司和原被临时用地村民小组签订了还地协议书。

还地的采矿临时用地试点土地均已按集约用地总体对内或对外承包经营的方式，总承包给本村民小组个人或外来投资承包商种植经营，均已种植甘蔗、玉米等农作物。所种植甘蔗长势良好，甘蔗产量平均亩产量 4t/亩左右。已复垦尚未验收还地的土地，也在复垦结束后种植了农作物甘蔗等农作物。

（三）“还地于民”的社会效益

实践证明这种模式既破解了矿区农民“端着金碗讨饭吃”的难题，又达到了保护耕地和集约用地的目的。截至目前，平果铝土矿采矿临时用地试点已累计完成复垦 7000 多亩，还地 2000 多亩，实现了“采矿无痕，还地于民，绿色矿山”的良性循环，达到资源开发与环境协调发展，荣获“全国矿产资源合理开发利用先进矿山企业”“首批国家级绿色矿山试点单位”等荣誉。

（1）避免了农民失地现象的出现，实现了社会稳定。采用临时用地的供地方式，不改变集体土地所有权性质，在采矿复垦后还地于民，避免了征地后农民永久性失去土地的不良后果。农民损失的只是四年的农地使用收益，但企业支付给农户的临时用地补偿费用相当于农地年均产值 17 倍的补偿费。

（2）缓解了“人 – 地”“矿 – 地”矛盾。采矿结束后，企业及时复垦还地于民，实现“边开采边复垦”，采空区的土地资源得以迅速恢复到可利用状态，矿区进入到“采矿占地、复垦还地”的良性循环，对于严格保护耕地和集约用地具有重要意义。

（3）增强了企业的市场竞争能力。采矿用地改为临时用地方式，保证了企业最主要的采矿需要，降低了采矿成本，增强了企业参与市场竞争的能力。

（四）“企业 + 农户”发展矿区产业经济，构建绿色和谐矿区

在生产经营中，公司秉承在追求经济效益的同时积极承担社会责任、造福一方百姓的原则，为帮扶地方经济社会发展和群众脱贫解困，累计投入资金超过 4000 万元。在矿山生产过程中，高度重视地方的扶贫工作，把扶持地方经济社会发展作为一项应尽的义务来履行，切实帮助解决矿区群众在生产、生活中的实际困难，创造良好、稳定的矿山周边环境，构建和谐矿区。

1. 建设矿区复垦生态产业示范园，“企业 + 农户”引导带动农民致富

还地于民后，人地矛盾得到缓解，但农民致富渠道依然单一。中国铝业广西分公司意识到，在还地于民的基础上帮助农民开拓致富路，对进一步构建矿区和谐、促进当地经济发展意义重大。

2012 年，中国铝业广西分公司以国家批准授予“国家级绿色矿山试点单位”“国家矿产资源综合利用示范基地”和“广西百色生态型铝产业示范基地”为契机，根据相关文件要求，结合自身矿山发展现状，进一步转变绿色矿山发展方式，通过“公司 + 农户”矿区发展模式开启“土地扶贫”，丰富矿区农民致富渠道，与当地农民共享发展机遇。

中国铝业广西分公司引导当地少数民族农户共同发展采空区的生态、经济复垦工作，建设“中铝（平果）矿区复垦生态示范园”。依据因地制宜复垦的原则，开辟了蔬菜园、瓜果园、翠竹园、生态养殖园、观景湖中心景区等五大功能区和其他示范区。同时，在示范园内规划建设集休闲、娱乐、村民技能培训为一体的生态农庄，规划建设地质公园，发展绿色矿山旅游产业。其中，在二期“中铝（平果）矿区复垦生态示范园”

附近即平果县“红色之旅”沿线的六个采空区，种植了15000株经济竹林。

中国铝业广西分公司还对征地范围的其他复垦区进行系统规划，引进有实力的公司（个人）在复垦区内投资开展种植、养殖项目，通过“企业+农户”的产业经营模式，成立特色产业合作社，发展矿区特色农林产业，推动矿区向生态经济产业型发展。由投资企业提供技术、资金、原种等，以农民自有复垦土地为载体，发展订单式农业，引导农民发展特色种植业，带动农民致富。

2. 构建绿色和谐矿区，实现生态、社会、经济效益同步发展

生态效益增强。在还地于民后，为帮助农民发展绿色经济，中国铝业广西分公司进一步增强采空区土地植被绿化率，生态植被覆盖率不断提升。2011年，获评全国首批37家国家级绿色矿山试点单位。

社会效益明显。中国铝业广西分公司创新性的“剥离－采矿－复垦－还地”一体化运营模式既解决了地方政府用地指标问题，降低了企业的用地成本，也保障了农民的生产土地。复垦周期缩短至两年左右，做到了最快速度还地于民；复垦后土地坡度小于5度，更利于农民种植。中国铝业广西分公司进一步发掘复垦土地潜力，在矿区建设矿山复垦生态示范园，通过“公司+农户”模式，推动矿区复垦区农业生产向科学化、规模化、产业化方向发展，充分调动了少数民族农民的生产积极性，有效促进了地方经济的良好发展。

3. 国家有关部委给予充分肯定

2012年4月，中国铝业广西分公司“临时用地改革试点”通过国土地资源部验收。项目兼顾了农民、企业、政府等多方利益，实现了资源可持续利用、矿业用地与当地经济社会和谐发展。2012年底，中国铝业广西分公司参会国家绿色矿山建设论坛并分享绿色矿山建设经验，获得一致好评和赞誉，被称为“平果铝模式”。时任国资委主任王勇、国土资源部副部长汪民等领导前来现场考察时，对公司绿色矿山建设给予充分肯定。

经济效益同步提升。中国铝业广西分公司实施采矿临时用地改革试点为企业降低了用地费用，同时还获得了国家耕地退税优惠政策。以2012年复垦还地2000亩计算，可为企业节省成本5000余万元。此外，通过发展复垦区农业产业，为农民带来新的经济收入。

42 案例
抚顺铝业有限公司

谱写绿色铝电解新篇章

一、背景

作为中国铝业股份有限公司的全资子公司，抚顺铝业有限公司自成立以来，秉承做优秀企业公民、努力回报社会的责任理念，以科学持续发展为动力，不断做优做大做强企业，围绕开展清洁生产、推动技术进步、实现产业升级、加强节能管理等重点，大力推行低能耗、低污染、低排放的“低碳经济”，着力打造高效、低耗的绿色现代铝电解发展模式，不断提升企业发展质量，取得了显著的经济效益和社会效益。

二、措施

大力开展清洁生产。几年来，抚顺铝业先后投入 20 多亿元实施了一系列环保改造项目，在国内率先彻底淘汰了落后的铝电解自焙槽和小型预焙槽，关闭落后电解铝产能达 7.5 万吨；配套建设了 32 套净化设施，大幅减少了阳极效应和强温室气体（多氟化碳）的排放；炭素阳极焙烧炉干法净化设施，实现了同时去除氟化氢、沥青油烟和粉尘；项目处理后的生活及生产污水全部用于各生产车间的补充用水，彻底实现了污水的零排放，为沈抚灌渠综合整治提供了有效途径；全部拆除原有 13 个小铸造炉，配套建设6台技术先进的大型铸造炉，减少铸造过程中烟气排放和铝液烧损，实现了节能降耗。公司通过采取烟气净化、通风除尘、循环水及水处理、噪声治理、在线监测等一系列环保措施，每年可减少污染物排放：氟化物1269.95t，粉尘2460.58t，沥青烟1291.95t，$SO_2$166.08t，COD238.5t，石油类50.8t，水中氟化物231.30t。

积极推进技术进步。抚顺铝业通过两批节能减排项目的四大类13个子项，总投资近1亿元，实现了铝电解系统、炭素系统、动力系统、炉槽维修系统的改造升级。其中，铝电解系统项目的铝电解槽大修使用全石墨化阴极炭块，使电解槽炉底压降平均降低20mV，吨铝电耗降低40～50kW·h；多功能机组空压机电机变频改造项目的实施，使每台多功能机组空压机每小时节电5.5kW·h，按照工作12h计算，七台机组年节约动力电16.86万千瓦时；炭素阳极钢爪更新改造项目使吨铝电耗降低5～10kW·h，每年可节电60万千瓦时；炭素三工位振型机增设变频器系统，全年节电率15%～20%，节电19074kW·h。炭素残极生碎处理系统加装粉尘除尘系统，全年可节约粉料29.2t；炭素混捏机、振动成型机及沥青快熔系统除尘改造项目，进一步减少了沥青烟气及粉尘外泄。在动力系统项目中，变电所变压器及高低压柜更新改造项目淘汰了非节能型变压器，采用节能型变压器，每年节电约120万千瓦时；空压机更新改造项目采用六台无油离心式空压机，大大降低了维修成本及工人的劳动强度，每年节电300万千瓦时，节约各种费用200多万元，经济效益显著。炭素初碎部除尘器、炭素挤压除尘系统和炭素除尘器及管路技改工程，公司全年可回收炭粉1970t/年，节约资金近20万元。该公司还积极同国内科研院所合作，开发利用的“三度寻优技术”“不停电开停槽技术及装备”“全息控制技术”等铝电解新技术，节能效益正日益显现。

不断加强环境治理和节能管理。公司以建立节能目标责任评价、考核奖惩制度为基础，以积极开展节油、节电、节水、节材活动为抓手，以提高设备运转率，优化生产过程组织为目标，积极总结推广先进成熟的节能技术和节能型产品，有效控制住了各个环节的能源消耗，杜绝了能源浪费。2007～2011年，抚顺铝业开始了对厂区环境的全面改造，公司组织员工通过业余时间，三年共义务植树2000余株，完成厂区绿化面积39000m^2，如今的抚顺铝业，绿树成阴，芳草茵茵，已彻底摘掉了污染企业的帽子，为改善沈抚老工业地区环境做出了巨大的贡献。

三、展望

目前，抚顺铝业公司正以“挖潜增效、节能减排”作为企业可持续发展的战略思路，进一步加强节能管理和环保治理，全力打造低碳、资源节约型、环境友好型企业，拉开了建设绿色和谐新抚铝的序幕。

43 案例
沈阳有色金属研究院

煤矸石综合利用

一、背景

沈阳有色金属研究院是中国有色矿业集团有限公司出资企业，主要从事有色金属和非金属矿产资源开发与综合利用研究的科研机构。近年来，中国有色集团累计投资2000余万元，在该院建设了镍红土矿 RKEF 工艺冶炼中试基地、冶炼炉渣及固体废弃物综合利用生产无机矿物纤维中试线。2009 年开发成功了镍铁冶炼渣综合利用生产无机矿物纤维技术，并申请了一项发明专利，实现了镍铁冶炼渣无机矿物纤维在保温材料和造纸中的应用。

2011 年山西聚义实业集团委托沈阳有色金属研究院开发煤矸石熔化制备无机矿纤维的技术，并成功生产出无机纤维和副产品镍铁合金。据此，山西聚义实业集团再次委托沈阳有色金属研究院开展煤矸石生产无机纤维项目的技术总包服务，实现煤矸石综合利用的工业化生产。

二、问题

煤矸石是煤炭开采及利用过程中产生的固体废渣，是我国排放量最大的工业废弃物之一，约占我国工业固体废物的四分之一。有关部门的材料显示，全国历年累计堆存的煤矸石约 40 亿吨，规模较大的矸石山约 2600 座，占地 1.2 万公顷。据统计，全国每年的煤矸石排放量约达 3.8 亿吨。

煤矸石的堆积不但占用大量土地，而且还带来一系列环境问题，如煤矸石山溢流水使地下水呈现高矿度化、高硬度，导致土壤盐碱化，使农作物减产甚至绝收；煤矸石长时间露地堆积后，往往会发生自燃现象，并排放出大量有毒的二氧化硫、硫化氢、氮氧化物、一氧化碳和二氧化碳等气体，污染周边环境，破坏生态平衡。

山西作为全国的产煤大省，现有矸石山 1543 座，堆存占地 2705.39ha，煤矸石累计堆放量已达 10 亿吨，且每年新增煤矸石 8000 万吨。目前山西省对煤矸石的综合利用量与当年排放量之间还存在巨大的差距，全省煤矸石资源化利用率仅为 22.24%。为了提高煤矸石资源化利用率，山西省提出了“十二五”期间煤矸石综合利用的实施方案和发展目标：在主要煤炭生产和洗选区域布局建设一批以煤矸石综合利用的矿区循环经济园区，打过煤矸石循环经济产业体系，形成煤矸石综合利用新的产业模式，到“十二五”末，全省煤矸石资源化利用率要达到 50% 以上，生态处置率达 100%。因此，煤矸石的有效综合利用已势在必行，此项目对合理开发利用煤炭资源，减少环境污染，实现我国煤炭工业的可持续发展具有非常重要的现实意义。

三、解决方案

固体废弃物处理一直是人们关注的问题，因它的堆存不仅需要占用宝贵的土地资源，而且会造成环境污染，为矿产资源开发和冶炼加工行业的可持续发展带来隐患。

煤矸石综合利用主要有以下几个方面内容：煤矸石作填筑材料，主要是指充填沟谷、采煤塌陷区等低洼区的建筑工程用地，或用于回填煤矿采空区及废弃矿井；煤矸石制砖，利用煤矸石自身的发热量提供的热能来完成干燥和焙烧的工艺过程；制作水泥，由于煤矸石和黏土的化学成分相近并且含一定量的炭和热量，可替代黏土作为生产水泥的原材料或作为混合材料直接掺入熟料中增加水泥的产量；煤矸石发电，是煤矸石综合利用中社会、环境、经济效益相统一的最有效途径，也是利用煤矸石的重头戏；提取铝盐，煤矸石一般含有16% ~36%的氧化铝，是制备铝盐很好的资源，但是由于世界铝金属长期供大于求，价格处于低位，从煤矸石中提取氧化铝始终受到成本的严重制约。

尽管煤矸石综合利用方法较多，但综合利用率均不高，其原因主要是处理工艺流程复杂及成本费用高、产品市场占有率受限、未能实现完全利用并产生二次污染等。

本项目技术方案为：将企业自产煤矸石配入一定量的镍红土矿及造渣剂，然后先干燥并对煤矸石脱硫，脱硫烟气用石灰干法脱硫并产生脱硫石膏；干燥好的原料热装入矿热电炉中进行熔炼，产出高温炉渣和镍铁合金；高温炉渣采用特种专用高速离心设备直接制成超细无机纤维，一部分超细无机纤维经过技术处理成为粒状棉，另一部分直接施胶进入岩棉保温板生产线制成外墙保温板；粒状棉可以作为产品直接出售，也可以进入矿棉吸音板生产线制成吸音装饰板；镍铁合金通过铸锭机直接铸成可以出售的合金锭产品；利用本项目原料干燥烟气脱硫和煤矸石多孔烧结砖厂的脱硫石膏用标准化生产线生产纸面石膏板。

项目投资的主要目的就是在符合国家政策的前提下获得最大经济效益，工艺技术应紧紧围绕这一原则而设计，本项目的工艺设计充分体现了这一特点，包括：矿热电炉代替小高炉化渣熔炼、添加产生高附加值的造渣剂、充分利用煤矸石中的固定碳、采用先进成熟的纤维应用技术等。

该项目利用煤矸石、镍红土矿和脱硫石膏为原料，应用无污染、无排废的生产工艺，生产矿棉吸音板、岩棉保温材料及纸面石膏板，符合国家关于节能减排的政策及建设节约型社会的要求，具有良好的社会效益和经济效益。

四、成效

项目计划分两期进行，一期项目占地14.6ha，项目规模为年处理煤矸石、镍红土矿及造渣剂8万至10万吨。拟新建1条矿棉吸音板生产线，年生产矿棉吸音板2.5万吨；1条岩棉墙体保温材料生产线，年产岩棉墙体保温材料3万吨；1条纸面石膏板生产线，年产纸面石膏板3000万平方米；年产镍铁合金0.5万吨，同时配套生产龙骨及建筑材料等辅助产品。

通过财务经济分析可知，项目达产年可实现销售收入 100907 万元（不含税）、利润总额 44845. 24 万元、上缴各类税金 23095. 87 万元，税后财务净现值 159748. 5 元，税后财务内部收益率 39. 32%，税后投资回收期 4. 92 年（含建设期），各项指标均好于行业平均指标，具有较好的经济效益和社会效益。

五、展望

作为全国煤矸石综合利用的积极探索者，沈阳有色金属研究院和山西聚义实业集团将继续在煤矸石综合利用方面加强合作与加大研究投入，有效提高煤矸石综合利用水平，促进和保障企业的可持续发展。

优化工业污水处理　践行企业环保使命

一、背景

中色（天津）特种材料有限公司（以下简称：中色特材公司）是隶属于中国有色矿业集团有限公司的全资子公司，是中国有色集团与天津市政府战略合作的典范工程。作为中国有色集团在国内投资建设的重点项目之一，中色特材公司被列为天津市第六批20项省市级重点项目之一。

公司配备有国内先进的铝挤压、铝熔铸、铝深加工及铜加工设备及国际先进的产品理化检测和分析设备，具有国内一流的有色金属新材料研发中心和产品质量理化检测中心，得到多家世界500强企业的技术认证。公司主要生产高精度铝合金工业型材及深加工产品，高精度无氧铜深加工产品，特种稀贵金属深加工制品等。加工生产国内一流的铝合金散热器系列产品、新型电动汽车用高精度铝合金电机壳系列产品、高速列车用铝合金车体材料系列产品、铝合金工业型材系列产品、3G移动通信直放站特种箱体材料、电动汽车充电新型箱体散热器、特种铝合金齿轮泵体材料、新型LED照明设备散热器；风力发电设备及电力电子设备用的高精度无氧铜母线加工系列产品、高强度黄铜线产品与铜基合金产品、铜合金焊材系列产品；以及石油化工设备用镍及镍合金材料，航空航天用稀贵金属焊接材料和配套产品，新型电池和激光设备专用特种材料等。

二、问题

铝合金深加工产品的生产要经过铝合金原料熔铸成棒、型材挤出、机加工、后期表面精处理等一系列工序。从铝合金原料到最终的铝合金深加工产品成品要经熔铸、锯切、加工中心、专用设备处理十几道工序精细机加工才能完成。其加工过程中迸射切削油以使给工件降温及润滑，因此造成加工件经清洗线处理后形成大量工业废水（HW09），每年可达近万吨。工业污水排放指标（化学需氧量 COD296mg/l）虽能符合地方《污水综合排放标准》（DB12/356～2008）三级标准，但不断扩大提高工业污水处理能力、充分履行央企环保责任是时刻鞭策中色特材公司治污减排的不竭动力。为积极贯彻落实《节能减排“十二五”规划》，力求优化工业污水处理工艺，中色特材公司主要从治污技术入手，加大治污成本，攻克环保减排难题。

三、解决方案

中色特材公司以强烈的社会责任感，2013 年 4 月，公司投资 30 余万元购入污水处理装置—超强氧化还原废水处理装置对排污设施进行技术改造，依靠科技进步，不断优化工业污水处理工艺。

该装置经由我公司环保专业人员反复论证选定（专利号：200920009512.9），具备超强氧化还原的功能。其原理是通过氧化还原电解，使污水废水中的污染因子逐级被降解，最终达到排放标准。

超强氧化还原废水处理装置工作原理：

废水先进入调节池，开动自吸泵后，废水经流量计进入超强氧化还原发生装置，在强大直流、高频电场作用下，立刻产生四项强大功能：氧化还原－脱色脱臭－气浮－絮凝，这是由于在超强氧化的电化学场中，原生态的氢离子、氧离子、氢氧根离子生成量万级数增加，同时污染因子的分子不断被松动、被切割，使得氧化还原也呈万级数增加，这样一来，再顽固的污染因子也会迅速得以降解。视不同污染因子的性质，在该装置中还可有选择的加入填，给予超强氧化还原创造更充分的条件。

四、成效

经过超强氧化还原电解后的废水，即可达到排放标准，并经过深度过滤器，将多余铁离子及悬浮物去除，处理后的水即显清澈透明，该水可作中水或回用。该设备投入运行后，工业污水排放指标（化学需氧量 COD145mg/l）较原状态降低 50%，实现社会效益和生态效益双丰收。

目前该装置运转正常，治污效果得到地方环保部门的肯定，并成为环保项目典范，受到地方多家企业参观学习并借鉴推广，同时为项目环保验收奠定基础。

五、展望

企业认识到工业废水治理和污染物削减工作仍然存在诸多不确定因素，要在不断摸索中寻求解决之道。由此来看，环保对任何企业来说无疑是任重而道远的，但如果一个企业真的做好环保，始终履行环保使命，其实正是减少了所有资源的浪费，提高了资源利用率，也就当然提升了企业的竞争能力。在今后的企业发展建设中，中色特材公司将继续切实承担环保社会责任，精化治污管理，强化治污动力，创新环保举措，为节能减排和环境保护事业、为建设生态文明实现可持续发展做出更大贡献！

45 案例
中国有色集团（广西）平桂飞碟股份有限公司

发展循环经济　推动科学发展

一、背景

中国有色集团始终坚持“资源报国”的宗旨，努力践行“释放资源价值，共筑社会和谐”的社会责任核心价值观，以打造具有国际竞争能力的世界一流矿业集团的核心目标，引领出资企业贯彻落实科学发展观，致力于发展循环经济，推动绿色发展和可持续发展。出资企业中国有色集团（广西）平桂飞碟股份有限公司（以下简称平桂飞碟）不断健全和完善循环经济产业链网，探索出一条多产业综合利用循环发展、资源型科技加工持续增长的新型工业发展之路。

二、责任实践

1. 健全和完善循环经济产业链网

公司按照“有所为有所不为”的发展思路实施产业整合，果断舍弃铸造、机械、塑料、氧气等不具优势产业，主动淘汰小火电、立窑水泥等落后产能，充分挖掘资源优势，推动产业升级。与此同时，不断提升产业之间的关联度，不断拉长和壮大循环经济产业链网，主要包括：“有色冶炼——冶金渣、锅炉渣——水泥”“有色金属采选——

尾矿——水泥”“钛白粉——石膏——水泥”“钛白粉——硫酸亚铁——氧化铁红”“钛白粉——硫酸亚铁——一水亚铁——饲料添加剂”等循环产业链。

2. 突破循环经济发展技术瓶颈

公司以大理石废料处理钛白粉生产的酸性废水制成钛石膏用于水泥生产、全亚铁滴加法生产氧化铁红产品工艺等科技攻关获得重大成功，极大地增强了发展循环经济的信心。近年来，公司继续开展全公司范围内的资源综合利用技术攻关，取得了一批卓有成效的科技成果：珊瑚矿钨细泥及硫化矿综合回收工艺、钙矿物盐为中和剂进行二步氧化生产氧化铁红颜料工艺技术、钛白粉厂废水中回收钛、钪等有价金属工艺、珊瑚矿重选尾矿在水泥生产中应用技术等，这些技术对平桂飞碟循环经济产业链的完善，促进循环经济目标的实现起到了关键作用。

3. 加大技术改造力度推动产业升级转型

公司围绕“三废”治理、节能减排和资源综合利用等目标，近年来投资近亿元重点实施了钛白粉厂节能减排技术改造、氧化铁红生产线工艺改造、珊瑚矿细泥和硫化矿资源综合利用、钛白粉废水资源综合利用等技术改造项目，成功地将科技攻关取得的成果产业化应用，将不同产业有机地链接起来，形成了能源资源和废物梯级、循环利用的循环经济产业链。

三、履责效果

公司资源综合利用循环发展重大课题相继取得突破，科研成果产业化不断获得成功。近年来，珊瑚矿极薄矿脉回采钨锡工艺技术，形成年回收钨锡金属量150t的能力；珊瑚重选尾矿用于水泥和建筑材料的生产工艺，形成了年分离重选尾矿16万吨的生产线；珊瑚矿硫化尾矿回收铜、锌、银等多种金属生产工艺，形成了年处理硫化尾矿1.5万吨的生产线；珊瑚矿钨细泥回收钨金属工艺技术，形成了年回收钨金属80t的生产线；钛白粉废水资源化利用工艺，已经形成年回收600t钛、1000kg钪生产线。

四、展望

目前，平桂飞碟具有特色的“重大课题立项——科技攻关——科研成果产业化——

循环经济产业链”模式初步形成，一批资源再生、循环利用工艺技术的产业化，为发展循环经济提供了强有力的技术支撑。与此同时，清洁生产全面推广，节能减排成效显著，主要经济技术指标在同行具有领先水平，固体废物资源化利用和无害化处理率达到100%，公司成为自治区首批应用信息技术实现节能降耗示范企业，公司及出资企业多次荣获“全国循环经济工作先进单位”“全国绿色矿山试点单位”“全国矿产资源节约与综合利用先进适用技术推广应用示范矿山”等荣誉称号。

46 案例
北京矿冶研究总院

研究推广尾矿筑坝先进技术　推动非煤矿山安全发展

一、背景

北京矿冶研究总院成立于1956年，是我国以矿冶科学与工程技术为主的规模最大的综合性研究与设计机构，隶属于国务院国有资产监督管理委员会，核心主业为与矿产资源开发利用相关的工程与技术服务、先进材料技术与产品以及金属采选冶与循环利用，是国家首批创新型企业之一。拥有工程设计、工程咨询、环境影响评价、安全评价和地勘地质实验测试甲级资质。建设有矿物加工科学与技术国家重点实验室等七个国家级创新平台，11个省部级和行业科研平台，两个中关村开放实验室。矿冶总院以“以技术创新促进矿产资源的可持续开发利用”为发展使命，致力于我国有色金属行业的技术创新，2013年被国家安全生产监管总局认定为“安全生产科技支撑创建单位”，是国家安全生产监管总局确定的“非煤矿山安全生产技术支撑机构”。

二、问题

尾矿库是指筑坝拦截谷口或围地构成的，用以堆存金属或非金属矿山进行矿石选别后排出尾矿或其他工业废渣的场所。因具有高势能而形成人造泥石流危险源，一旦溃坝，易造成重大事故。

随着我国矿产资源开采利用持续高速发展以及选矿工艺水平和回收率的不断提高，尾矿入库量呈逐年增多趋势，且尾矿粒径越来越细，细粒尾矿上游法堆坝后往往会遇到堆坝困难、坝体排渗不畅、堆坝上升速度快、沉积滩坡度缓、稳定性差等诸多问题。尤其是处于我国南方的金属非金属矿山，雨季到来时更是存在坝体浸润线偏高，干滩长度较短，尾矿库长期处于高水位运行的现象，安全隐患极大。

三、解决方案

国内外相关学者针对细粒尾矿堆坝技术做了大量探索性的工作，主要为渠槽法、旋流分级尾砂、加筋法等方式。上述手段可局部缓解细粒尾矿堆坝难的问题，但无法有效解决细粒尾矿堆坝坝体稳定性差的根本性问题。模袋法在水利等行业应用已经有 50 余年历史，近年来，其挤压排水、固砂透水等特性对于细粒尾矿堆坝的适用性逐渐被尾矿库领域的工程、技术及研究人员认识到，进行了库内分隔坝等初步尝试。2012 年我院经过技术吸收及创新，将模袋法堆坝技术率先引入尾矿堆坝行业之中，开发出“尾矿库细粒尾砂模袋法筑坝技术”，采用模袋法固结尾砂，交错堆筑子坝，提高坝体安全可靠性，有效防范尾矿坝溃坝事故。

随着当前选矿工艺水平和回收率的提高，进入尾矿库内的尾砂粒径越来越细，而细粒尾矿堆坝会带来坝体排渗不畅、稳定性差等各种问题。模袋法可以较好地解决细粒尾矿堆坝的问题，在针对选厂尾砂特点及库型条件的坝型设计及配套措施的综合工程条件下，可有效保障尾矿坝的安全，并且其具有广泛的应用前景。

北京矿冶研究总院在探索将模袋法应用在尾矿坝堆坝的过程中，开展了相关理论研究和工程实践，通过模袋堆坝室内力学性能试验研究及模袋坝体室外大尺度模袋堆坝试验，得到了灌袋固结后模袋体内尾砂抗剪力学参数较自然沉积滩面尾砂提高 10% 以上的结论；固结模袋体的单轴抗压强度可达 29. 5MPa，模袋体层间摩擦系数为 C＝40kPa，提出模袋法堆坝技术通过增加“坝壳”及粗粒区厚度，对坝体稳定性提高具有明显作用。同时，开发了适用于模袋法的稳定性计算方法，计算结果表明：通过优化模袋体的堆坝尺寸及堆坝形式，可实现坝体整体稳定性安全系数提高30%以上。

这些研究成果，不仅从理论上揭示了模袋法细粒尾砂堆坝有效性的机理，并且解释了模袋法增强坝体稳定性的根本原因；通过分析模袋法堆坝增强坝体稳定性作用的机理，研究模袋体改变滑动破坏方式作用机理，进行模袋堆坝室内力学性能试验研究、模袋坝体室外大尺度模袋堆坝试验及开发适用于细粒尾矿模袋法坝体稳定性计算的计算方法研究，形成了一整套细粒尾矿模袋法堆坝安全稳定关键技术研究成果，为模袋法在不同尾矿库的应用提供了理论支撑。

四、工程应用

大平掌尾矿库是云南思茅山水铜业有限公司原选厂生产配套的尾矿库，属山谷型尾矿库。尾矿库原设计总库容958万立方米，总坝高150m，为三等库。大平掌尾矿库于2005年初建成并投入运行，后期坝拟采用上游法尾矿堆坝。尾矿库建成初期，矿山选厂生产规模为1000～2000t/d，2008年选厂实施改扩建，生产规模增加至4000t/d，带来了很多问题，总体来说，可概括为以下两点：①由于尾矿平均粒度偏细，同时子坝上升速度过快，达到平均每月上升一级子坝（2m），堆坝极为困难；②干滩长度短，沉积滩坡度缓，安全超高小，坝内浸润线高，坝体稳定性差，安全风险大。

北京矿冶研究总院根据大平掌尾矿库尾砂粒径级配曲线及现场试验，选取大平掌尾矿库模袋法堆坝所用模袋孔径为0.052mm，模袋经加工后运至现场铺放安置。按照具体的工艺进行堆坝过程的实施（模袋铺放→尾矿浆的造浆输送→模袋的挤水固结→模袋体交错堆坝→排渗措施+加筋措施的铺设，即：将模袋坝前10～20m范围外干滩面作为取砂区，通过水力充填设备造浆充灌模袋，尾矿浆在压力排水作用下快速形成固结充填体，固结充填体尺寸可根据库型条件及堆坝过程有序调整实现，最后由多个固结充填体的连续交错堆筑形成模袋坝体。从2012年12月至2014年1月，大平掌尾矿库共堆筑5级模袋子坝，模袋法实际堆坝高度20m；在保证堆坝坝体安全的情况下，较好地满足了生产要求的坝体上升速度要求。

五、成效

本项目在大平掌尾矿库形成了“模袋法堆坝技术、联合排渗技术、坝体加筋技术、模袋法堆坝条件下的安全监测技术”等特色鲜明的安全、高效、可行的细粒尾矿堆坝方案，实现了模袋法在工程上的成功应用，生产规模由一个选厂生产，变为二个选厂生产，取得了明显的经济效益。同时，该技术的成功实施还具有显著的社会效益：首先，模袋法尾矿堆坝技术成功解决了尾矿粒度偏细时产生的坝体固结速度慢，无法满足正常生产的难题，确保了细粒尾矿矿山企业的生产运行；其次，通过模袋法等一系列关键技术的实施应用，成功摘除了大平掌尾矿库重大安全隐患的帽子，为地方安全和发展作出了突出贡献；第三，模袋法堆坝技术的成功应用，为国内矿山上游式模袋法堆坝开创了先河，工程示范作用显著，为该技术在全国范围内大力推广提供了应用基础。基于“细粒尾矿模袋法堆坝安全技术”工程实例的成功实施，该技术 2012 年被国家安全生产监督管理总局确定为第一批安全科技“四个一批”中的“一批推广的安全生产先进适用技术”项目，在非煤矿山领域推广。

六、展望

近年来，随着选矿工艺水平和回收率的提高，矿山排放的尾矿粒度日益偏细已成为趋势。针对细颗粒尾矿，采用传统方法筑坝往往会面临较大困难，并可能引发一系列的安全问题。模袋法堆坝是解决细颗粒尾矿筑坝难题的一种新的有效方法，具有筑坝效率高、综合成本低、坝体稳定性好、施工工艺简便等特点，具有广阔的推广应用前景。

47 案例

北京矿冶研究总院

研发推广生态修复技术　努力建设绿色矿山

一、背景

北京矿冶研究总院成立于1956年，是我国以矿冶科学与工程技术为主的规模最大的综合性研究与设计机构，隶属于国务院国有资产监督管理委员会，核心主业为与矿产资源开发利用相关的工程与技术服务、先进材料技术与产品以及金属采选冶与循环利用，是国家首批创新型企业之一。主要开展新技术新装备及系统工程的科学研究、技术咨询、论证评价、产品开发、工程设计、工程承包和项目管理等。拥有工程设计、工程咨询、环境影响评价、安全评价和地勘地质实验测试甲级资质。我院1986年成立了专门从事矿山废弃地生态修复研究的机构，针对金属矿山生产过程的重金属污染、酸碱污染以及典型废弃地生态修复科学方面的重大关键性理论和技术问题，重点进行应用基础和工程化技术方面的研究，承担了20多项企业委托、省部级、国家级和国际合作项目，为实现矿产资源开发与环境保护协调发展提供了技术保障，模范履行了企业社会责任。

二、问题

在我国，仅有色金属工业，尾矿每年增加约1.1亿吨，赤泥产生量达3000万吨，酸性废石的排放量约5000万吨。固体废物大量产生与堆放，造成土地浪费、资源浪费并带来潜在的环境风险，严重制约了我国金属工业的可持续发展。针对上述问题，矿冶总院利用自身的人才和技术优势，以典型有色金属矿山废弃物堆场——尾矿库、酸性废石堆场和赤泥堆场为对象，以建设绿色矿山为目标，研究开发出污染控制和生态修复技术，并在国内多家矿山成功推广实施，显著推进了有色金属矿山生态恢复综合治理技术水平提高，积极推进有色金属矿山废弃地生态修复体系的建设，并促进有色金属矿山生态修复工作纳入科学、规范、标准化的轨道，对全行业的矿山生态重建和走可持续发展道路发挥显著作用。

三、解决方案

针对有色金属矿山尾矿库、酸性废石堆场和赤泥堆场三类典型污染型堆场的不同特点，我院研究开发了不同的技术处理措施，治理效果良好。

1. 尾矿库无土复垦生态修复技术

（1）技术简介。

尾矿库无土复垦生态修复技术通过物理、工程力学、环境工程、生物等综合治理技术措施，改善尾矿种植基质，建立人工复合基质，使之不用覆盖土壤，也能实现重建植被、场地稳定、植被正常生长，解决目前尾矿库植被恢复的关键问题。该技术成果获得国家科技进步二等奖，并被列入国家环保部最佳实用推广技术进行推广应用。成果将显著推进金属矿山尾矿库生态恢复综合治理技术水平提高，其成果辐射面广，对全行业的矿山生态重建和走可持续发展道路发挥显著作用。

（2）成果转化应用情况。

该成果已在铜陵有色金属集团股份有限公司冬瓜山铜矿累计完成50hm^2的尾矿库无土复垦示范基地，实现了生态护坡、稳定坝体、控制水土流失的全部坝体复垦任务，形成了可持续自我维持体系，堆场及边坡植被稳定已达三年以上。

YSC 尾矿库复垦示范工程

2. 酸性废石堆场生态恢复技术

（1）技术简介。

该技术依据控制酸性废石堆场的产酸机理，从源头减少酸性废水的产生，隔离或减少水和空气对矿体的接触，从而抑止酸性废水的产生或改善酸性废水的水质，结合基质改良与植物的优化配置，营造植物正常生长所需的物质基础，实现酸性废石堆场生态恢复，解决了目前酸性固废堆场植被恢复的一大关键问题。研究成果获得了部级科技进步二等奖，并获得国家专利两项，其中发明专利一项。

（2）成果转化应用情况。

2011 年该技术在江西铜业股份集团公司德兴铜矿得到应用，截至目前已建成 $10hm^2$ 的酸性废石堆场生态恢复示范基地，实现了生态护坡、稳定坝体、控制水土流失的全部坝体复垦任务。建立了人工复合基质层和结构；有效地改善了植被立地条件，堆场植被稳定，植被覆盖度 80% 以上；减缓酸性水产生 80% 左右；边坡稳定，水土流失减少 85% 以上。

平台复垦前后对比图

水龙山废石堆场边坡复垦前后对比图

3. 强碱性赤泥堆场边坡植被恢复技术

（1）技术简介。

首先通过对赤泥的基质改良，营造植物正常生长所需的物质基础；通过辅助隔离层有效控制强碱污染，降低对植物生长的直接影响；最后结合植物的优化配置模式，实现强碱性赤泥堆场边坡植被恢复。以该成果为基础而立项的相关项目多次获得部级科技进步二等奖。已获得国家授权发明专利一项，形成具有自主知识产权、自主创新，可供大规模推广的先进技术。

（2）成果转化应用情况。

该技术已在中国铝业股份有限公司广西分公司平果铝土矿累计完成 $10hm^2$ 的强碱性赤泥堆场边坡示范基地，实现了生态护坡、稳定坝体、控制水土流失的全部坝体复垦任务。该复垦成果已形成植被可持续自我维持体系，堆场及边坡植被稳定已达 3 年以上。

四、履责成效

我院通过对三类典型废弃堆场综合治理技术开发与示范，研发出了适合我国有色金属矿山尾矿库及其边坡的无土复垦生态修复关键技术以及酸性废石堆场和碱性赤泥堆场生态修复与污染控制的关键技术，极大提高了我国有色金属工业大宗矿山固体废弃物综合治理水平。“十一五”期间建设完成的示范基地运行良好，堆场植被稳定，植被覆盖度 90% 以上，水土流失减少 85% 以上；其中酸性废石堆场生态修复减缓酸性水产生 80% 左右，尾矿库无土复垦技术，将比常规传统覆土工程节约覆土土源 $5000m^3/hm^2$，节约覆土土源成本 10 万元/ hm^2 （未含取土、覆土的工程费）。

生态修复的实施将极大地改善矿区生态环境，减少堆场对水体、土地、生态环境污染；为矿山企业、特别是中后期矿山企业经济转型提供机遇；为当地增加新的就业机会，减少矿山企业与周边社区因环境问题引起的矛盾，有利于社会稳定，资源综合利用和企业的可持续发展。

既要“金山银山”更要绿水青山

一、背景

从化钽铌冶炼厂（以下简称：从化厂）是我国最早专业从事钽铌冶炼的五家工厂之一，具有成熟的生产技术和完善的设施装备，为钽铌国际研究中心（TIC）成员、是全资国有企业，始建于1960年，原名723厂，1970年更名为从化钽铌冶炼厂，曾先后隶属于冶金工业部军工局、中国有色金属工业总公司、国家有色金属工业局以及中国稀

从化钽铌冶炼厂

有金属集团公司。全国有色金属工业体制改革后，隶属广东省广晟有色金属集团有限公司。企业坐落于享有广州后花园之称的广州从化区，占地面积2094亩，工厂依山而建，三面群山环绕，环山树木葱郁，飞禽走兽众多，富有原生态气息，厂区环境优美，景色宜人，绿化率高达90%以上，被原中国有色金属工业总公司评为“环境优美工厂”。厂与周边环境和谐相处，塑造了“环境友好型”的生态企业形象。

二、增强企业履行社会责任意识，树立科学发展观，保持企业生产经营与生态环境协调发展

企业与社会环境永远是一种互为牵制、互为促动的和谐互动的关系。从冶厂始终坚持以科学发展观统领发展全局，坚持可持续发展战略，奉行“节能减排”的发展理念，积极探索代价小、效益好、排放低、可待续发展的新路子，坚持在发展中保护，在保护中发展，树立环境保护的自觉性和自律性，主动承担环境保护的责任，实现企业向“环境友好型、资源节约型”的绿色经济方向发展。多年来，企业持续开展以“节能降耗创效益，节约减排促发展”的主题活动，围绕主题，科学谋划，不断推进环境保护的向前发展。

废气处理设备

三、强化技术改造，促进工艺设备革新

科学技术是第一生产力，基于这一认识，重点引进先进工艺设备，淘汰高能耗或落后工艺产能，实现清洁生产。近年来，从冶厂实行了多项目改造的“双加工程”，即“加大技术改造力度，加快技术改进步伐”。开展四年来，更换了一批老旧高能耗设备，投入高达700多万元将地烘炉改为热循环风箱、旧转炉更换为新式回转炉、钽粉脱气炉更换为全自动化的卧式脱气炉、球磨机更换为新式雷蒙机等，新设备综合能耗仅原来的三分之一。改造后不仅达到节能减排，更提升了产能效率，实现企业经济与环境的“双赢”。企业还通过优化生产工艺，达到节能和节约资源的目的。例如：中间产品调洗工序采用热水改成常温水交替调洗，省去了耗用大量柴油加热水，节约了资源，减少了燃油废气排放，用水量也减少了50%；矿分解工序进行改进，改用大槽体分解后，省去了用蒸汽保温的过程，大量减少能耗，提升分解效率，减少渣的排放。仅此两项工艺改进每年节约柴油消耗60t、水消耗3.2万吨。更多技术改造不胜枚举。

四、三废处理，管理细化，环境重点常抓不懈

企业建立了完善的安全环保生产责任制度，根据自身实际，强化安全环保主体责任，厂领导与各单位领导及安全员签订《安全环保生产责任书》，各车间领导再与下属班组签订，形成安全环保责任全员覆盖。领导干部实行“一岗双责”，形成厂领导抓落实，各部门主要领导分层管理的监督、监管体系。制定常态化巡检制度，检查做到横向到边，纵向到底，不留死角的原则。企业拥有完整的安全环保管理组织机构，配备了九名安全主任和多名现场巡查员，为环保工作的顺利开展提供了坚实的组织保障。

对三废排放实行重点管理：废气除常规处理工艺外，采用了生物监测方法，利用桉树对废气敏感性的特征，在废气处理排放点附近种植大量桉树作为环境影响检测的晴雨表，观察其生长状态，及时对废气处理状态做出调整，从而保证了废气对周边环境产生

较小影响。废水排放口安装了在线监控装置，实时监控废水的各项指标，保证废水的达标排放。通过自建废水回收系统，将回收后废水作为制石灰乳用水，使70%的废水得到了重新利用，年废水排放量减少2.8万立方米。废渣通过综合回收处理，重新返回分解处理，节约资源，减少废渣排放。

五、加大社会责任项目资金投入，积极承担环境责任

企业高度重视环境保护社会责任，不会为了企业的经济效益而忽视环保责任，更不会以牺牲环境为代价，这是从冶厂发展的基本原则。企业要发展，环保需先行，发展首先要处理好环保问题，为此企业每年投入近百万元用于环保设施的升级改造。近年较大的项目如：2013年投入70万元对分解废气处理进行了整体的改造，引进全新的一套处理设备，项目完成后使废气处理程度得到空前提升，现场环境得到全面改观；同年投入45万元对磨矿系统进行了改造，提升分解效率，减少废渣的排放。2012年投入近50万元对尾砂库进行扩容加固改造，坝堤稳固性得到进一步提升；2010年将燃煤锅炉更换为燃油锅炉，年减少燃煤800t，大幅减少二氧化硫等废气的排放。

六、大力开展企业社会责任“正能量”宣传，形成齐抓共管氛围

通过开展形式多样的安全教育和培训活动，大力倡导节能环保。每年定期开展“安全环保宣传月活动”“环境保护之我见”“应急演练”等活动，宣传企业社会责任，将可持续发展的观念深深扎根于员工心中，使企业社会责任与企业的文化融为一体，产生潜移默化的柔性影响，渗入每个成员的价值取向中，保证员工自觉遵守环保法律、法规和规章，主动参与企业的环保管理工作，形成一种齐抓共管的氛围。

环境保护是一项长期而艰巨的工作任务，在全球环境保护呼声高涨的大背景下，在贯彻可持续科学发展观的宏观政策下，全厂员工深深意识到履行环境保护社会责任，功在当下，利在千秋。

当前，全球气候变暖的速度日益加快，直接影响北极冰山融化速度，从而使得海平

面提高，造成部分岛屿国家不久的将来被淹没。极端气候的出现直接影响人类的生存。造成这些问题的元凶就是人类向地球过度的索取，乱采滥挖、“三废”排放不达标等等。恶劣的环境使地表植被减少，土地沙漠化严重，生物多样化受到破坏，严重威胁了人类可持续发展。可见，综合治理环境，使其环境指标达到人类生存的最好状态，是企业义不容辞的责任和义务。

坚定不移　做生态文明建设的先行者

一、背景

紫金矿业集团股份有限公司初创于1986年，从1993年紫金山金矿开发至今20余年，目前在国内20多个省和七个国家有投资项目。公司在上海和香港两地（A+H股）上市，为中国金属矿业领先企业，位居2013年美国《福布斯》全球2000强企业第1390位、全球有色金属企业第23位、全球黄金企业第四位，财富“2014年中国企业500强”第117位。紫金山金铜矿是紫金矿业集团的核心企业，矿山长期秉持“要金山银山，更要绿水青山”的环保生态理念，走可持续发展道路，把生态文明建设工作融入到公司发展的各个环节，成功地实施了矿山工业生态旅游，被国土资源部确立为首批国家矿山公园和第四批绿色矿山试点单位。

二、问题

紫金山金铜矿是我国探明的特大型有色金属矿产基地之一，为全国著名的金矿区，位于福建省上杭县城北的紫金山，矿区范围约25km^2，已成为全国采选规模最大的金矿之一。紫金山金铜矿自1991年开始组建金矿中试站，随着开采工艺的不同改进提高，紫金山金铜矿的开采规模由1993年的5万吨/年，增加到现在17.8×104 t/d，其中，金矿露天开采规模为11.5×104t/d，铜矿坑采规模为0.5×104t/d，露采规模为5.8×104t/d。紫金山金铜矿大规模露天开采，不仅破坏土地，剥离的表土、开采产生的废土石以及选矿后尾矿的堆积大量占用矿区土地，而且还导致地表错动、塌陷、表土裸露，加速土壤侵蚀，污染环境，不可避免地引起植被、土壤等生态环境破坏。因此，如何恢复大面积的紫金山金铜矿尾渣废弃地植被和改善矿区的生态环境成为当前环境科学界亟须解决的重大环境问题。

三、解决方案

1. 依靠科技进步，铸牢生态防线

企业环保必须依靠科技创新，加大科研投入，以重金属废水处置研究为重点，通过综合回收有价元素、废水处理循环利用、尾矿综合回收利用等多种科技途径，提高矿山废水、固废处理和利用能力，提升环保管理水平。

紫金山金铜矿近年来投入8.3亿元对安全、环保、水保设施进行了新建、改造、优化和完善，大大地加强了矿区的废水处理能力和防洪能力。以“清污分流”为目标，按照矿区本体水质及功能区域，采取直接引流、分区分片治理的方式，建设排水、排洪设施。两年来，共建设完成截洪沟约25km，新增排洪硐约20km。对矿区边坡采取喷浆、喷播绿化等方式进行治理，有效减少了含铜废石边坡污染源及水土流失。对铜湿法厂废水处理系统进行改造，使其处理能力增加一倍。进一步完善环保处理和在线监测系统，新增17个应急加药系统，新增八个在线监测点，监测因子由原来的四种提高到八种。在矿区外围的汀江水域建立鱼类生物监测网箱，建立汀江流域生态观察区，铸起全新的生态防线。

2. 完善水土保持设施，恢复矿山植被

紫金山金铜矿遵循稳定一块、恢复一块的原则逐步恢复，根据矿区生产技改的发展，制定了中长期的植被恢复规划，有计划、分步骤地实施，采用工程措施与生物措施并举的快速植被恢复技术，完善边坡排洪设施，对堆场、废渣、尾矿边坡、开挖边坡等

进行综合治理，恢复自然生态环境。

采取“分层治水、截短边坡、土壤改良、植物选择”工程措施与生物措施并举的快速植被恢复技术，并与生产规划设计相结合，避免重复建设和前种后毁、边种边毁现象，提高绿化保存率。同时，以保土治水为中心，遵循自然规律，植被恢复先整治边坡和治理水路，在完善排洪设施和边坡相对稳定的前提下，对堆场、废渣、尾矿、道路、边坡、沟壑等实行综合整治，采取工程措施和植被措施相结合，且以工程措施为主，植物措施为辅的工作思路，有计划、分步骤地做好矿山水土保持工作。

工程措施上，主要建设了截水排洪设施，防止雨水形成沟流的冲刷，建成了拦渣坝、拦水拦泥坝、尾矿坝、挡土墙；植物措施上，筛选出适宜矿区生长的草本、地被、灌木、藤本、棕榈、竹类和乔木等100多种植物，并建立矿山植物园为种源库。废弃渣场地形再造后，采用先草本后乔灌植被营造方式，在稳定弃渣场形成草、灌、乔、藤四位一体的植被体系，使其逐步形成自然的森林生态系统。另外，结合矿山地形地貌，采用园林造景的手法，高标准设计、打造生产生活区绿化景观和矿山公园旅游景点，并利用矿山处理的生活水循环完善绿地浇灌系统。

截至2014年底，矿山共投入植被恢复资金9041.5万元，实施绿化作业面积13402.73亩，种植树木111.34万株，成活率均在80%以上。各项水土保持措施实施后，弃渣得到妥善处置，蠕动不稳定体的水土流失基本得以控制。为保证稳定的矿山复垦资金来源，根据上级要求设立了闭矿生态恢复准备金，2003年至今共提取生态准备金6439.15万元。

3. 建设绿色矿山，发展生态矿业

建设绿色矿山是矿业企业生态文明建设的核心，也是企业落实社会责任，加强行业自律，保证矿业健康发展的重要手段。为了使有限的矿产资源变为无限的旅游资源，使紫金山资源永续利用，矿山实施了紫金山矿区工业旅游项目，通过开发和建设矿山景点，于2004年元旦成功开园。2004年7月，经国家旅游局批准，紫金山工业旅游景区成为全国第一批“国家级工业旅游示范点”；2005年7月，紫金山工业旅游区被国土资源部确认为首批“国家矿山公园”。2011年11月26日由国土资源部给紫金山国家矿山公园授牌，并举行隆重的开园仪式，目前，矿山已形成一条以矿山公园主碑、副碑，露采观景台、铜矿观景台、一天门观景台、一天门植物园，铜矿浮选、湿法提铜、地质博物馆、高尔夫练习场、游艇码头等旅游产业。现在每年接待游客达5万人次。2014年7月，紫金山金铜矿被国土资源部确定为“绿色矿山试点单位”。

4. 履行企业社会责任，营造和谐社区

在发展经济、保护生态的同时，紫金山金铜矿秉承“矿业立企、报国惠民”的企业宗旨，主动承担社会责任。加强与矿区周边居民的协调沟通，建立良好的企地磋商机制，努力寻求与社区共赢的项目合作模式，使企业的发展带动地区社会经济的发展，营造和谐、稳定的矿区环境；加强对员工的人文关怀，增强员工责任感，规范企业管理，充实企业文化；按照“企业、员工、社会协调发展”的理念，企业主动加强与驻地周边乡村的沟通联系，积极支持新农村建设，加大对基础建设及公益事业的投入，为周边乡村修路建桥；每逢节日对学校和周边乡村60老人进行慰问；招收当地农民入矿就业，引进当地有资质的工程公司参与矿区生产建设，为农民就业提供了保障，形成了矿山、地方和谐共赢的良好局面。

四、展望

紫金山金铜矿作为首批国家矿山公园，地质、采矿、选矿等工业旅游资源得到较好的开发，被人简单地称作“黄金之旅”，吸引了各方游客前来。紫金山金铜矿将继续以矿山旅游为契机，延伸矿山公园旅游的产业链，因地制宜、合理规划，“宜林则林，宜农则农”，不断完善矿区的水土保持设施，恢复矿区植被和生态，通过林地、农田、果园、茶园的复垦，使紫金山矿山公园成为集农业、旅游、休闲于一体旅游观光项目，进一步加强紫金山生态环境的保护，将把紫金山矿区建设成为“绿色模范矿山”和“工业生态旅游矿区”，成为一座永远挖掘不尽的“金山”。

50 案例
中国恩菲工程技术有限公司

点燃的是垃圾，输出的是能源

一、背景

随着社会的发展和人民生活水平的提高，特别是近年来城市化进程的加快以及人口的不断增长，我国城市生活垃圾快速增长，“垃圾围城”问题日益严峻，并且造成了严重的环境污染。在巨大的垃圾压力下，垃圾处理行业受到了广泛重视并快速成长起来。党的十八大提出“建设美丽中国”，倡导发展循环经济。破解垃圾围城，让垃圾变废为宝，是“建设美丽中国”的一项重要工作。

目前我国城市生活垃圾处理方式仍以卫生填埋为主，占比逾70%，垃圾处理方式结构失衡。随着生活垃圾总量的不断增加以及城市土地资源的日渐稀缺，卫生填埋处理方式的经济性越来越低。同时，随着技术的不断进步和完善，垃圾焚烧不单单可以处理垃圾，而且还可以焚烧发电发热变废为宝，因此，垃圾焚烧将成为垃圾处理未来发展趋势。

中国恩菲以技术优势在垃圾焚烧发电领域崭露头角，从1998年承担我国第一家千吨级垃圾焚烧发电厂的设计工作起，中国恩菲就将自身有色冶金工程设计优势与垃圾焚烧发电所需技术相结合，逐渐形成了系列化的垃圾焚烧发电技术，尤其在烟气净化、污水处理、灰渣处理和余热发电方面拥有独特优势，以国家“863”项目和中冶集团重大科技专项为依托，持续进行技术研发。

目前，中国恩菲已设计垃圾焚烧发电厂20余座，其中规模超过千吨的15座，垃圾日处理能力总和超过24000t，占当前全国在建和已建成的垃圾焚烧发电项目日处理能力总和的近三成，位居国内设计行业首位。2008年起，中国恩菲开始从事垃圾焚烧发电投资业务，至今已先后获得四个垃圾焚烧发电BOT特许经营项目，每天总处理规模近6000t，已跻身国内超大规模垃圾焚烧发电厂行列。

二、责任行动与成效

1. 保持垃圾焚烧发电技术领先优势，跻身行业内领先的综合服务及投资运营服务商

垃圾焚烧发电技术是中国恩菲在处置固体废弃物方面的一项技术专长。中国恩菲将先进的垃圾焚烧技术应用于垃圾焚烧发电厂的设计工作中。经过十多年固体废弃物焚烧处置项目的实践，积累了丰富的工程设计经验。

面对垃圾焚烧发电技术标准的不断提升，中国恩菲也持续深化对垃圾焚烧发电技术的研发。2012年，垃圾焚烧研发项目“863”课题计划项目“垃圾焚烧废物（气）处置与稳定化控制技术”及中冶集团三五重大专项研发项目“垃圾焚烧关键工艺及装备研发”正式启动。同时，借助于公司投资运营的垃圾焚烧发电厂与公司内其他专业室的支持，中国恩菲在垃圾处置方面的技术得到进一步优化。其中，襄阳垃圾焚烧发电厂开展了冬季垃圾仓加热技术研究，为我国低热值垃圾冬季焚烧技术做出了有益的研究。水处理设计研究室研究垃圾渗沥液处置的各种工艺流程及装备，并根据承担的垃圾处置项目的特点有针对性地提出渗沥液处理的不同方式，使垃圾处置过程中产生的污水能够得到合理的处置，防止二次污染或污染转移。襄阳垃圾焚烧发电厂、无锡锡东垃圾焚烧发电厂、哈尔滨双琦垃圾焚烧发电厂等为“垃圾焚烧净化试验室”提供了非常有利的试验和中试条件。

依靠垃圾焚烧发电专有技术，中国恩菲由只从事垃圾焚烧发电工程设计咨询服务，逐渐转变成了垃圾焚烧发电项目的BOT投资主体，完成投资超过10亿元人民币，并以

投资主体为依托，积极开展了垃圾焚烧相关的研究工作，给恩菲带来了新的发展空间和收益。

2. 襄阳垃圾焚烧发电厂进入运营，取得良好的环境效益

在中国恩菲投资建设的垃圾焚烧发电厂中，襄阳垃圾焚烧发电厂于2013年投入商业运营，实现了襄阳市城区及部分周边县市生活垃圾处理的无害化、减量化和资源化。

（1）前沿技术保障，实现环境效益。

中国恩菲在襄阳垃圾焚烧发电厂的建设中，将国内外先进技术和国内优质设备相结合，保证了工程的先进性和焚烧处理垃圾的环保、可靠、稳定及自动化程度。特别将保证环境效益放在首位：

一次建成总容积达18564m^3的垃圾仓，节省了总占地面积，增强了垃圾的调度调节能力，尤其减小了运营前期因垃圾需存储较长时间而造成的垃圾负荷冲击；针对区域生活垃圾含水率高，南方夏季雨水充沛的特点，中国恩菲一次建成日处理量为250m^3的渗沥液处理站，保证实现最佳处理效果。

为确保垃圾仓内渗沥液通畅排放，通过设置隔栅门和导流管、渗沥液收集站和回喷站，使之回喷入炉燃烧；设立除臭系统，在焚烧炉正常运行、停炉时实施不同臭气控制方案，采取多重防护，保证厂区环境和附近清洁无味，居民生活环境不受影响。

目前，电厂已建成污水管网，渗沥液经过处理后由余家湖污水处理厂进行二次处理，消除了环境风险隐患；垃圾经焚烧发电后的炉渣可以制砖，实现了环保再利用；飞灰处理工艺采用进口的螯合剂加水泥稳定化技术，处理达标后送至填埋场填埋。

二期扩建完成后，襄阳垃圾焚烧发电厂处理生活垃圾将达40万吨/年，每年减少垃圾填埋用地约40亩，年发电量1.3亿度以上，可节约标准煤达1万吨以上，实现年二氧化碳减排11万吨/年，将大力完善襄阳市的城市功能，促进全市的环境、经济和谐。

从当前襄阳垃圾焚烧发电厂的良好运营成果来看，该项目在诸多方面体现了行业最好水平：

襄阳垃圾焚烧发电厂的实际烟气排放不仅能够达到《生活垃圾焚烧污染控制标准》，部分指标还高于标准，满足了襄阳市现代化发展对环境保护的需要；

针对襄阳垃圾焚烧发电厂所处理生活垃圾热值低、高灰分、高水分和分拣程度低的特点，对渗沥液采用“除渣预处理 + UBF 厌氧 + 外置式膜生化反应器 + 纳滤”处理工艺，使该厂排水达到《污水综合排放标准》三级标准和《污水排入城市下水道水质标准》；

襄阳垃圾焚烧发电厂的烟气净化系统采用“半干法脱酸反应塔 + 活性炭吸附 + 袋式除尘”的工艺流程，烟囱高 90 米，在烟道上设有与环保部门联网的烟气在线监测装置，确保烟气达标排放，其中二噁英的排放达到了欧盟 2000 标准。

深秋时节鸟瞰襄阳垃圾焚烧发电厂

（2）同理心亲民，责任心送电。

随着垃圾焚烧发电技术的推广，发电厂的建设和运营，除了需要资金、人力和技术、设备等方面的保障，还要获得所在地居民的接纳和支持。作为有社会责任感的工程企业，中国恩菲在襄阳垃圾焚烧发电厂项目中将人与环境作为首要考量因素。

一方面，从可行性研究到设计、建设、运营阶段，中国恩菲通过领先的技术和先进的环保措施，在所有指标达标的基础上，力求通过技术和设备的持续进步与更新，使工艺不断优化，装备不断升级，竭力实现比标准更为严格的指标，将污染降至最低甚至实现完全消除。

另一方面，中国恩菲将项目的建设与地方的和谐发展、民生幸福视为一个整体，充分彰显“人本”理念。在襄阳垃圾焚烧发电厂建设初期，为消除附近居民的忧虑，以获得接纳、理解和支持，项目负责人与地方政府协同努力，深入民众，积极沟通，客观介绍项目情况和相关专业知识，以专业树立威望；通过“零距离”了解居民所想，竭诚满足居民所需，以同理心获得信任；项目负责人不仅长期居住在项目现场，还以挂职的形式融入地方组织，凭借在地方建设体现的高度责任感赢得居民支持，……所有努力不仅为地方政府消除了矛盾隐患，为中国恩菲赢得了地方百姓的理解和政府多种形式的支持，更为项目的后续建设打下了牢固基础，营造了和谐融洽的发展环境。

小学生参观襄阳垃圾焚烧发电厂

（3）垃圾焚烧发电厂上建光伏电站，双绿色环保理念先进。

2011 年国家审批通过在襄阳垃圾焚烧发电厂建设光伏发电建筑一体化示范项目，这是当年唯一一个通过审批的光伏与垃圾焚烧项目相结合的“新能源与环保组合示范项目”，已于 2012 年 6 月 30 日并网发电。所发电量全部供厂区负荷自用，既节约了厂区自用电的运营成本，又起到减少二氧化碳等温室气体及二氧化硫等污染气体排放的作用，为美化厂区、打造“绿色襄阳”锦上添花。

三、展望

垃圾焚烧发电业务是中国恩菲的重要的业务板块之一。未来，伴随国内垃圾焚烧发电的推广与普及，中国恩菲也必将在此领域不断进步，创新技术，拓展市场，以节能减排，发展绿色经济和循环经济为目标，以建设资源节约型环境友好型社会为方向，加速实现垃圾减量化、无害化和资源化，为推进清洁能源的推广普及和环境的可持续发展贡献力量。

51 案例
中国恩菲工程技术有限公司

水务资源开发寄托碧水情深

一、背景

中国恩菲工程技术有限公司（以下简称中国恩菲）已将水资源开发作为重点培育和发展的业务，并被确立为恩菲战略性业务板块之一，不同类型的污水处理项目总处理规模达到一百余万吨/日。未来还将建设回用水（中水）处理供应项目，开展污泥深度处理与综合利用研发，开发城市供水业务，实现供排水一体化，以进一步减缓市政供水压力，提高水资源的循环效用，实现环保新能源领域相结合，为实现可持续发展贡献力量。

二、责任行动与成效

1. 起源于有色矿山废水处理

中国恩菲拥有国内有色行业内首个水处理专业科室和水处理领域专业实验室，从事对有色矿山及冶炼厂的重金属废水处理技术的试验和研究，并取得了多项领先研究成果。

在江西德兴铜矿二期三期项目中，中国恩菲在国内首次提出“矿山废水综合治理技术”，并以此为支撑建立我国首个矿山废水综合处理站，该技术还获得国家科技进步奖二等奖；针对此项目，中国恩菲对特大型矿山废水开展了环境影响评价工作，这在行业内也开创了先例，成果获得部级科技进步奖；

中国恩菲尝试将物理法技术运用到水处理技术中，研发制造了具有自主知识产权的静电水处理器与电子水处理器并成功向市场推广，打破了添加药剂的化学法处理传统也使水处理技术运用领域从有色行业逐渐扩展出去。

2. 致力于水务资源开发

（1）投资运营污水处理厂。

为更好地投身到水资源保护及水处理工艺技术的研究、开发和应用中，中国恩菲于2001年12年成立了北京恩菲环保股份有限公司（简称“恩菲环保”）。2002年开始进入污水处理行业。2002年当年，中国恩菲第一个污水处理BOT项目良乡卫星城污水处理厂正式通水运营。随后，中国恩菲紧跟水务市场的发展趋势，以市场化机制参与竞争，在污水处理能力、业务收入、经营利润、经营活动现金净流量及资产规模均保持持续稳定增长，持续十年保持连续盈利纪录，取得较好的经济效益与社会效益。

北京市房山区良乡卫星城污水处理厂BOT项目、湖北孝感污水处理厂BOT项目、浙江省富阳市污水处理厂BOO项目、兰州市雁儿湾污水处理厂BOT项目、常州市武进污水处理厂TOT项目……中国恩菲投资兴建的一个个污水处理厂遍布祖国大江南北。

北京市房山区良乡卫星城污水处理厂是恩菲环保获得的第一个BOT投资项目。并且，在2011年初，恩菲环保充分利用中国恩菲在新能源领域的资源优势，结合良乡污水处理厂的实际情况，申请了《建设部太阳能光电建筑应用示范工程》。良乡污水处理厂经过污水、中水处理、光伏发电以及污泥处置项目的相继建设，未来将成为集污水处理、中水回用、光伏发电以及污泥处置为一体的环保新能源综合示范项目，为公司水务业务模式的创新发展奠定基础。

北京市良乡卫星城污水处理厂工程

浙江春南污水处理回用工程由恩菲环保以BOO方式投资建设，造纸废水处理规模25万吨/d，中水回用规模17.5万吨/d，是目前国内规模最大的造纸废水处理项目。在工程建设过程中，恩菲环保充分利用专利专长技术，精心组织、科学管理，只用了16个月就建成了全部工程，为富阳市政府造纸行业环境污染整治“摘帽”、改善当地环境、促进造纸行业健康发展作出了重要贡献。春南污水处理厂自投产运营后，各项指标全年均达标排放，在国家、省、市环保部门的各项检查中都达到了国家及地方标准。春南污水处理厂的突出表现，得到了地方政府及相关生产企业的充分认可和高度评价。

湖北孝感污水处理厂是孝感城区唯一的污水处理项目，该项目的成功运营对于保护孝感市的自然环境、改善生活、投资环境和促进城市发展具有重要的意义。孝感污水处理厂自投产以来，运行稳定，各项指标均达标排放，2011年获孝感市人民政府授予的“2011年总量减排暨环保专项行动先进单位”称号，2012年获湖北省“全省‘十一五’主要污染物总量减排工作先进企业”称号。

甘肃省兰州雁儿湾污水处理厂是目前恩菲环保在城市污水处理领域战略投资规模最大的项目，同时也是当时国内省会城市在建污水处理厂中规模最大的项目，市政污水处理改扩建一期建设规模26万吨/d，远期36万吨/d。

湖北省孝感市城区污水处理厂一期工程

该项目的建成投产，不仅是恩菲环保水务战略规划发展的体现，同时改善了兰州市的水资源环境，对兰州市的节能减排任务做出了突出的贡献，而且提高了当地人民生活质量，对促进城市的发展具有重要的意义，其经济效益、社会效益十分显著。

武进纺织工业园污水处理厂生物池

武进纺织工业园污水处理厂位于常州市武进纺织工业园内，该项目的成功获得不单是恩菲环保业务的增加，更重要的是恩菲环保成为常州水务战略合作方，可以为当地提供优质、定点的区域服务。

2013 年，中国恩菲运营的各污水处理厂共处理污水量 1.5 亿吨，相当于 75 个昆明湖的水量，COD 消减量 10.8 万吨。

（2）不断进行技术创新。

在对污水处理技术创新上，中国恩菲不断探索。悬挂链曝气技术与工艺、活性污泥法污/废水生化处理工艺、生物膜法污/废水生化处理工艺、垃圾渗沥液处理工艺、造纸废水处理工艺、中水回用技术与工艺、生物复合高效菌污水处理及污泥减量技术、矿山酸性废水处理技术、重金属废水处理技术……一系列的专长技术印证了中国恩菲污水处理技术的不断进步与拓展。

2002 ~ 2005 年，恩菲环保承担了“国家 863 十五‘水专项’”污水处理及回用物化——生化组合技术及设备项目的研究开发和成果转化工作，主要负责自控系统的研究和生活污水回用的物化生化组合技术与设备示范工程的实施；同时还承担一项关键单元技术设备（经济高效澄清反应器）的研究工作。2005 年，通过对单元技术设备（经济高效澄清反应器）的研究，成功获得专利两项：套筒式变流速旋流组合反应器及高效复合沉淀池、套筒式变流速旋流组合反应器。

截至 2012 年年底，恩菲环保获得专利 13 项。许多新型专利已经推广应用，例如实用新型专利“污水处理装置”已经在浙江春南污水处理厂推广应用，并取得了良好的经济和社会效益。“曝气装置”在无需将曝气池内的污水放空的情况下，能够实现对曝气器进行维修、更换，从而能够最大限度地减小污水处理厂停产检修的时间。

（3）优化运营管理模式。

通过对不同工艺、不同规模的污水处理厂管理模式的不断探索，恩菲环保形成了独具特色的以设备日常维护为重点、工艺控制为核心、安全为保证的管理模式，通过推行质量管理体系，使运营管理流程、程序、记录优化、固化、标准化。同时，远程信息化系统的应用，将各种数据、信息进行科学的存储、统计、分析，并实时传送给相关人员，有效提高了监督管理和业务指导效率和针对性，进一步加强了对各项成本目标的控制力度，通过规范工艺管理、生产材料采购管理、库房管理等措施，在降本增效方面取得了显著成效。目前，已经有三个子公司使用了远程信息系统，两个子公司正在推广建设中。

三、展望

中国恩菲将创新融资模式，引进外部投资，突破发展瓶颈，以BOT、并购投资模式实现污水、中水、供水、污泥等业务并举发展，加强公司在水务行业的竞争优势，持续增强公司盈利能力，为中国的节能环保事业添砖加瓦。

第五章

公平运营

公平运营实践是组织实践社会责任的核心主题之一。公平运营实践涉及组织与其他组织交往过程中的道德行为，包括组织与政府机构、社会团体、合作伙伴、供应商、承包商、顾客、竞争者等之间的合法而又富有成效的关系，是不可或缺的。公平运营实践核心主题下包括四个社会责任议题：反腐败；公平竞争；在价值链中促进社会责任；尊重产权。

建设老挝 Sepon 矿山社会责任实践

一、背景

中国五矿在全球运营中，本着“互利共赢、共同发展”的原则，积极融入当地社会，坚持海外履责。下属海外企业 MMG 老挝 Sepon 矿区在运营过程中积极建立与所在社区的友好协作关系，为当地人员提供培训和就业机会，保障本地员工权利，注重保护当地生态、文化环境，积极扶植当地经济，为当地经济、社会和环境的可持续发展做出了积极的贡献。

随着经济全球化的发展，坚持“走出去”战略也早已成为国内大型矿业企业的共识。2008 年以来的国际金融危机席卷全球，跨国贸易受到严重打击，但金融危机给国内企业实施海外投资并购创造了良好的机遇。伴随着经济全球化的浪潮，越来越多的国际先进矿业企业将社会责任提升到战略竞争高度，融入公司使命、战略决策、企业文化、组织架构和日常运营管理，成为建设有国际竞争力企业集团的重要举措。矿业企业海外投资并购已不是简单地“投项目、拿资源”，坚持海外履责、主动融入当地社区、为当地可持续发展做贡献，已成为当今企业实施“走出去”战略的必要条件。

中国五矿在全球运营中，以“互利共赢、共同发展”为原则，以“全球视野，本地运营”为指导，坚持“珍惜有限、创造无限”的核心价值理念，珍视利益相关方的权益，积极支持公司所在地经济社会可持续发展，与公司所在地共享企业发展成果，切实履行联合国千年发展目标要求，努力实现经济、环境、社会的价值最大化。

二、责任行动

MMG 为中国五矿下属海外公司，其矿区分布于澳大利亚、老挝、刚果（金）等地。其下属 Sepon 矿区地处老挝南部 Vilabouly 地区，该地区矿产资源丰富但贫穷落后，曾为老挝人民民主共和国 47 个最贫穷地区之一。中国五矿在开发该矿区的过程中，保障员工权益、保护当地环境、尊重当地风俗习惯，因地制宜制定各种措施促进当地社区发展。

1. 开发社区发展潜力，促进社区可持续发展

中国五矿认为，企业的永续发展离不开运营所在地社区的支持和认可。中国五矿高度重视维护与社区的友好关系，珍视社区各利益相关方的支持和尊重，帮助所在社区提高自身发展能力，促进社区可持续发展。

Sepon 矿区在运营过程中，十分注重运营所在社区居民的利益，支持和参与社区活动，积极推动社区建设，通过实施本土化采购扶植当地商业发展，极大开发了当地社区自我发展潜力，实现企业与社区的和谐共生。

（1）实施本地化采购，致力贡献当地经济发展。

不可否认，矿山开发的确会给所在地居民的生产、生活造成一定影响。但与此同时，矿山的运营也会为当地居民提供大量的就业岗位和商业机遇。矿山实行本土化采购就是一个显著的案例。

为使老挝当地社区从矿山开发中获得最大的现实利益，公司自矿区开采以来坚持实施本地化采购战略，帮助当地居民建立小的商业团体，使其通过为矿区提供商品和服务实现自身发展。目前共有 17 个当地商业团体为 Sepon 矿区提供物资及服务，涉及餐饮、洗衣、场地管理、家居清洁等诸多领域，矿区内的酒吧、商店等也由当地居民经营。2012 年，Sepon 矿区在本地采购的商品和服务，为矿区所在地居民创造超过 240 万美元

的收入。

MMG在老挝的运营为当地带来了丰厚的税收，极大促进了当地经济的发展，提升了当地居民的生活水平。据老挝《经济社会报》报道，Sepon矿区2003~2009年间贡献了老挝全国约8.2%的GDP和20%的国民预算，累计向老挝政府上缴税费4.3亿美元。

（2）设立社区发展基金，助力基础设施建设。

“Sepon发展信托基金”每年给运营所在社区75万美元的资助，用于社区建设，包括修筑公路、搭建电缆、提供医疗设备，促进当地教育、旅游、手工制造业和老挝妇联的发展等。

基金成立了一个由地区代表、省政府代表及MMG组成的委员会，负责决定有关资金的用途。2012年该基金共完成65个信托资金项目，包括扩大供电范围、建设公路、桥梁及学校。这些项目符合老挝政府的中期发展计划，且受惠区域不限于矿山作业地区。

“Sepon发展信托基金”不但为当地居民提供了更完善的基础设施和更多教育机会，而且减轻了社区居民对自然资源的过度依赖，提高了自身发展能力，增加了收入，促进了当地社区的可持续发展。

（3）推动社区教育事业发展。

教育和科技是社会发展进步的基础，中国五矿始终将支持科教事业发展作为履行社会责任的重要内容。Sepon矿区所在地经济落后，教育资源也极为匮乏。矿山开采以来，公司在为当地居民提供矿业相关知识培训，同时投入大量人力、物力、财力支持和赞助社区发展教育项目，提高当地教育水平和发展潜力。

矿区附近Latdengyai村原没有小学，儿童需每天步行2.5km上学，学生家长非常担心孩子的安全。社区早在2009年就向政府提出在村里修建学校，但由于缺乏资金和师资未能实现。Sepon矿区通过募集5600万基晋（人民币46666元）的乡村发展基金，于2012年建成学校，并向地区教育局申请师资，使当地儿童享受到了便捷的小学教育。目前该校有43名学生，其中13名为女生。

（4）促进文化保护与交流。

为了避免资源开发对当地原生态文化带来负面影响，Sepon 矿区在决策和运营过程中严格遵守运营所在地原住民相关法律法规，主动采取措施保障原住民发展权益，保护原住民文化遗产，尊重原住民文化、传统、宗教信仰等具有社区特性的多元化价值，促进原住民文化的可持续发展。

2007 年，Sepon 矿区就和老挝政府的国家遗产部以及信息文化部签订了“谅解备忘录”，并于 2010 年 8 月进行了修订。“谅解备忘录”中，Sepon 矿区承诺对运营所在的 Vilabouly 地区原生态文化进行识别和保护，并促进其健康发展。

2012 年 10 月，Sepon 矿区在开采中发现了有 1500 多年历史的四艘木船和古代矿井，这是矿区在考古方面的最重大发现。发现后，矿区立刻停止作业，同时邀请 Sepon 地区文化遗产机构调查研究，并迅速组成了包括澳大利亚 James Cook 大学、老挝文化遗产部、老挝国家博物馆等有机构专家在内的工作组赴现场进行文物保护和发掘工作。

2. 保护生态环境，促进环境可持续发展

中国五矿认为，矿产资源的开发过程会对当地生态环境造成一定的影响，但相信可通过努力将影响最小化。

Sepon 矿区自开采以来致力于将“绿色矿山”理念贯穿生产经营的每个环节。矿区通过新技术应用、新标准实施，促进采矿升级，提高矿产资源综合利用率，在生产与施工环节降低能耗、减少排放，同时注重保护生物多样性，实现地区环境的可持续发展。

（1）建设绿色矿山，实施闭坑复垦。

Sepon 矿区坚持预防为主、防治结合的原则，在采矿方法上优先选择不破坏地表生态环境、地表不塌陷的充填采矿法；在尾矿库的表面进行覆土植草，利用尾矿充填滩涂，覆土后改造为良田、绿地、树林，致力于建设绿色矿山。

将矿山改造成高产土地是 Sepon 矿区 2012 年的复垦工作，包括对 15. 6ha 土地的复垦和对已复垦的 37. 8ha 土地的维护。公司组织当地政府官员实地考察矿山，并将矿山闭坑工具手册和闭坑计划执行概要翻译成老挝语，供其阅读，增强其对矿山闭坑过程的了解。公司利用当地降雨量大的特点，在矿山土地上覆盖表层土，播撒种子，发酵自然废物，培育肥沃土地，并用竹子将其围住，种植果树与经济木材。2012 年，矿区种植了 67000 颗种子，其苗圃培育了 53 种植物。

（2）推广节能减排技术，打造低碳矿山。

Sepon 矿区在运营中提升员工节能减排意识，积极推广节能减排技术，倡导绿色办公，在办公、生产中尽量使用水电、太阳能等清洁能源。

2010 年 9 月至 11 月，老挝南屯一座二级水电站（年发电量 1000MW）和两座小型水电站（年发电量 40MW/座）相继运行。Sepon 矿区与三座水电站签署了购电协议，以及水电站的维护和运营协议，矿区的能源安全得到了有效提升。通过物质平衡计算，2010 年至今，Sepon 矿区可再生水电使用量占能源使用总量始终保持在 90% 以上。

（3）保护生物多样性。

Sepon 矿区在运营中重视生物多样性的保护。项目开始前，矿区对当地野生动植物栖息地和野生动植物可能受到的影响进行评估，制订保护计划。项目开始后，在开采、冶炼等各环节注重落实专项保护措施，努力减小运营对生物多样性的影响。

Sepon 矿区积极实施生物多样性管理，对 Namkok Headwaters 地区进行了调查，确定了在国际自然保护联盟名录的濒危物种，与野生动物保护协会共同开发了生物多样性实施计划，保护当地的苏拉、水獭、叶猴、麂和长臂猿等珍稀物种。

我们还保护了最后仅存的暹罗鳄的生存环境。这种鳄在老挝境内相当于中国的扬子鳄，几乎就要绝迹。它的特别之处在于肉中含有一种强有力抑制肿瘤新生细胞的因子，对癌症的抑制能力是其他动物的几万倍，所以遭到了大量捕杀。为切实保护这种濒危动物，我们会同当地野生动物保护协会，认真开展“确定栖息地范围”和“设立保护区位置”的研究，并投资数百万澳元建设环保处理区和环保工厂，对生产废水进行“先处理、后排放”，有效改善了这种珍稀野生动物的生存繁衍环境。此外，我们还发现了新的鸟种——秃头夜莺。通过保护生物多样性，我们给后代留下了宝贵的遗产。

3. 珍惜员工奉献，促进员工可持续发展

中国五矿始终坚持“人是企业发展第一资源”的理念，尊重和维护国际公认的保护人权的规范和标准，将尊重人权和劳工实践原则融入公司战略和日常运营活动中，促进员工全面发展，努力实现员工与企业的共同发展，共同创造幸福五矿。

在海外运营中，中国五矿保障员工合法权益，积极开展员工关爱，实施员工本土化战略，大力推动海外员工发展，履行跨国公司企业责任。

（1）实施员工本地化，促进社区就业。

中国五矿在收购 OZ 主要资产成立 MMG 之后，认真兑现此前承诺，坚持沿用公司原有员工和管理团队，保留资产涉及的所有工作人员，包括勘探、生产、管理、运营、销售等，实现了人员方面的平稳对接。这一做法保障了当地居民就业、维护了社会稳定，得到了当地政府和社区的肯定。

Sepon 矿区坚持中国五矿"公司国际化、员工本地化"原则，根据运营所在地的实际情况，积极制定有效措施为 Sepon 当地居民提供就业机会。2012 年，Sepon 矿区 4907 名员工中老挝本地员工占 95.05%，比此前提高了约 8%。

（2）提升本地员工管理能力。

在实施员工本地化的同时，Sepon 矿区致力于提升本地员工管理能力，培养更多的本土员工进入矿区管理层。

矿区通过制定公开透明的晋升机制，为本地员工进入管理层提供了制度保障。同时，矿区还在当地发起了本地员工管理发展项目，旨在通过该项目提高本地员工技能，帮助本地员工获得更好的职业发展能力。2012 年，约 50 名本地员工参加了本地员工管理发展项目，进入管理岗位的老挝本地员工数量不断增加。

（3）保障员工安全，维护员工权利。

保障员工安全始终是中国五矿开展一切工作的前提。Sepon 矿区通过完善安全管理体系，提升员工安全健康意识，全力打造平安矿区。矿区开展了"微睡眠"行动，倡导员工保证充足睡眠，一旦作业疲劳，可以申请短暂休息。公司为这一活动制作了主题动画片，并将光盘分发给所有员工和承包商，也希望其家人、朋友观看后，督促其保持良好作息，保证作业安全。

此外，Sepon 矿区恪守国际人权标准和老挝相关法律法例，建立符合老挝当地要求的用工制度，坚持提供平等就业机会及合理劳动报酬，绝不使用童工及无工作许可的人员，反对任何形式的强迫或强制劳动，致力于消除工作场所中一切歧视行为。

三、履责成效

MMG Sepon 矿区自开采以来主动承担社会责任，为当地经济、社会、环境的可持续发展做出了持续的贡献。国际矿业与金属理事会（ICMM）2011 年 6 月发布的《矿产资源促进老挝可持续发展》报告称，采矿业对老挝地方及全国发展贡献良多，并对 MMG 在老挝的 Sepon 矿区给予充分肯定。

在经济方面，自 Sepon 矿区投产至 2009 年，Sepon 地区的人均平均收入已增长 7 倍，矿区贡献了老挝全国约 8.2% 的 GDP 和 20% 的国民预算，累计向老挝政府上缴税费 4.3 亿美元。此外，矿区通过本地采购，持续为当地企业提供商业机会，2012 年，矿区本土采购额上升至 240 万美元，自矿区投入运营以来累计达 1270 万美元。

在社会方面，Sepon 矿区公开、透明运营信息，与社区建立了友好协作、共同发展的关系。矿区坚持员工本土化，为原住民提供经济援助和教育就业支持，切实提高了社区的自我发展能力；尊重原住民社区文化，使运营对社区社会、文化的影响最小化。发展信托基金，给予当地 29 个村落共计 75 万美元的资助，用于教育、文化、医疗卫生等方面的建设，修建学校 1 所，桥梁 4 座，资助 27 名学生完成教育培训。

在环境方面，Sepon 矿区坚持生物多样性保护计划方案和复垦计划，通过创新技术和能源研究，提升能源效率，减少温室气体和废水、废渣排放量。2012 年矿区废气、废水排放量总体呈下降趋势，单位产值能耗降低。在闭坑复垦计划中，2012 年复垦土地 15.6 ha，维护已复垦土地 37.8ha，种植了 67000 颗种子，其苗圃培育了 53 种植物。

四、结语

以 Sepon 矿区为代表的中国五矿海外企业，在既往的运营过程中积极建立与所在社区的友好共赢关系，公开运营信息，积极征求社区意见，开发社区发展潜能，为当地提供培训和就业机会，同时注重保护当地环境，为实现当地社区经济、社会、环境的可持续发展做出了积极持续的贡献。

在经济全球化的浪潮中，中国五矿将继续本着“全球视野，本地运营”的原则加强社区融合，坚持海外履责，努力成为广受尊重的金属矿产企业；将继续本着“互利共赢、共同发展”的原则，不断完善社会责任管理体系，加强与利益相关方的沟通，积极实施多样化的发展项目，提升履责绩效，与各界共同努力，促进自身和利益相关方的可持续发展。

53 案例
中国五矿集团公司

开发建设北秘鲁铜业项目社会责任实践

一、背景

随着央企“走出去”的步伐不断加快，经营管理全球化的跨国公司对于央企提出了全新的要求和挑战。中国五矿秉承“珍惜有限，创造无限”的可持续发展观，积极履行社会责任，在全球经营和竞争中树立负责任的企业形象，得到了广泛的认可和好评，创造了良好的外部经营环境。北秘鲁 E1 Galeno 铜金矿项目作为中国五矿海外履责的典范，为央企海外经营中积极履行社会责任的模式和意义做出了良好的诠释。

中国五矿集团公司坚持以科学发展观为指导，多年来秉承“珍惜有限，创造无限”的可持续发展理念，不断加快“走出去”步伐，持续优化海外资源配置，初步形成了多层次的全球资源保障体系。在这一过程中，中国五矿积极支持当地经济发展，促进当地居民生活水平提高，认真履行企业应承担的全球公民责任，受到了当地政府和公众的欢迎与认可，树立了负责任的企业形象。北秘鲁 El GALENO 铜金矿项目就是其中的典型代表。

秘鲁北部 El GALENO 铜金矿项目属于中国五矿与江西铜业共同成立的 LUMINA COPPER S. A. C. 公司，该项目创造了我国企业海外资源开发的多项第一。GALENO 铜矿探明资源量为铜741.1万吨，金165.7t，银4981.7t，钼20.1万吨；预计项目建设总投资为38.967亿美元左右，可望2020年建成投产，服务年限22年。目前项目已进入可研、设计阶段。该项目所在区域位于秘鲁北部，主要为农村。这里贫困程度高，项目所在区域的家庭平均收入约为每月49美元。当地文盲率高达30%，儿童营养不良率高达47%。

作为联合国全球契约组织成员，中国五矿积极促进联合国千年发展目标的实现，使利益相关方获得实在和可持续的好处，切实提高当地居民的生活水平和发展潜力。

二、责任行动

LUMINA COPPER S. A. C. 公司始终将履行社会责任、与利益相关方共同成长作为公司发展的重点，积极探索与社区和谐共赢的道路。

1. 对员工的责任

由于从事矿业工作具有一定的危险性，公司为每位员工提供了医疗保险和意外保险，并为在矿山作业的所有员工配备齐全的工业安全防护装备，定期进行安全知识教育讲座，确保员工的健康和安全。员工日常工作语言为英语和西班牙语，公司根据每个人的具体情况，有针对性地开展语言培训，帮助员工尽快掌握这两门语言，便于其更好地生活和工作。每逢员工生日，公司都会发祝贺邮件、准备精美可口的生日蛋糕，让员工感受到关爱与温馨。此外，由于很多专家和管理人员来自美国、英国、新西兰等国，公司根据具体情况，积极帮助员工安排住所，办理家属探亲、签证等事宜。

2. 对社区的责任

EL GALENO 项目影响的村庄有20个，大约4500人。公司将社区工作作为项目开发的第一重点，成立了专门的社区工作小组，由公司副总裁带队，深入到每家每户了解情况，从而制定了如下工作方案。

（1）定期召开秘鲁能矿部、LUMINA 公司和周边社区代表对话会议。

公司尽可能将社区政策及时透明地传递给每一位居民。2009年7月1日在QUENGO MAYO 村子召开了一次社区代表对话大会，旨在建立能矿部、公司和社区之间畅通公开的交流渠道。社区代表110人，分别来自矿山周边20多个社区和村庄。会议主要就社区投资计划、环境保护、公司劳工政策、社区劳工聘用等问题与各代表进行了沟通。LUMINA公司表示将不负众望，切实为社区居民的利益着想，保护大家共同的环境，实现各方共赢。2009年，公司对社区的投资达到近400万美元。

（2）提供工作岗位。

由于当地的宗教信仰和落后的教育、医疗水平，导致很多单身母亲出现。她们没有工作和经济来源，还要抚养孩子，面临巨大的生活压力。为此，公司的食堂全部聘请单身母亲，并对她们进行培训，配发专业的卫生装备，确保食堂的一切操作流程严格遵守食品安全卫生标准。

（3）支持社区教育。

因项目所在地远离城市，且周边多为贫困落后的村庄，教育基础条件非常落后。一盏昏暗的灯泡悬挂在密不透风的屋子里就构成了一间教室。即使如此，很多学生仍然坚持每天早起，走2个多小时的山路到附近的学校去上学。公司非常重视社区教育事业发展，向学校赠送基础教学设施，给孩子们赠送学习用具，确保教学活动更加高效地开展。

（4）为社区居民提供医疗服务。

矿区周边社区普遍发展落后，没有医院。大部分居民生病了，都只能在家休养，以致小病拖成大病，甚至死亡。公司在矿区的营地修建了一个诊所，配有医生护士，长期备有各种急救和应急药品。除了为公司员工服务，还为附近的所有村庄提供尽可能的医疗服务，甚至为当地的一位母亲接生。为了能让周边的居民接受专业的医疗诊治，公司每年还会请美国的医生来矿区进行义诊。今年6月来自美国的一个医疗小组在离矿区最近的ENCAÑADA市进行了义诊，诊治患者120多人，公司派车接送就诊患者。除此之外，公司还会定期请CAJAMARCA市的医院派医生为矿区周边学校的孩子们体检，对孩子进行龋齿预防教育以及牙齿检查和矫正。每年的医疗会诊项目能为周边社区超过1500人提供诊治和帮助。

（5）社区扶持计划。

公司秉持互惠互利的原则开展社区培训计划，从 CAJAMARCA 市聘请技工学校的老师进行授课，既提高了当地居民的生存技能，也为项目未来的运营储备了人才。公司优先聘用项目所在地的居民，力求为改善当地居民生活质量做出努力。公司还为当地居民提供修建社区公共设施的原材料；帮助周边社区组织演出；请专家向当地居民传授土豆的科学种植方法，等等。

（6）老年人扫盲项目。

2010 年 10 月，LUMINA 公司同 CAJAMARCA 大区教育局及 G&C 咨询公司携手启动了老年人扫盲项目。该项目在公司周边 12 个社区教育机构开展。主要形式为小组授课，每次两小时，老年人可以分享经验，并进行团体学习。之后的强化学习通过家庭辅导课程进行，每位老人由其儿女和家人辅导读、写、算数的巩固练习。在提高老年人文化修养的同时，促进了家庭和睦，也大大改善了公司同社区的关系，树立了良好形象。

3. 对环保的责任

水资源的保护是项目所在地最重要的环保工作，也是周边居民对矿区开发最担心的问题。为了尽可能降低对水资源的污染，公司将与当地居民生活相关的河流都予以保护，并且所有的建设和运营都充分考虑到对水资源的保护。公司还邀请周边各个社区派出代表，对其进行培训，合格后聘用为环境监督员。此举在保证当地居民有安全水源的同时，有效加强了同当地社区的沟通，建立互信。

三、履责成效

经过不懈努力，LUMINA 公司在当地政府、社区居民、各矿业公司间已基本建立起负责任的国际矿业公司的形象，形成了社区工作网络，为项目的顺利建设和运营奠定了基础。

在创造就业岗位方面，尽管本项目还处于可研设计阶段，但已经向周围社区提供工作岗位 216 个，并为上岗员工提供了相应的社会保障和技能培训。

在教育发展方面，LUMINA 公司同 CAJAMARCA 大区教育主管部门紧密联系，对

San Juan Bautista 村的学校建设进行了招标，此举将改变 San Juan Bautista 村没有学校的历史，结束村里的孩子们每天步行两个多小时去周边学校上课的局面。LUMINA 还不定期地向周边学校的孩子们提供书包等学习用品，帮助学校改善教学设施。

在基础设施发展方面，2009 年 4 月 20 日，LUMINA 公司与 MINAS CONGA 公司共同和秘鲁国家能源和矿业部签订协议，由两公司共同承担技术调研费用，为 CAJAMARCA 市的 12 个区建设供电线路。LUMINA 公司将承担 43.4 万美元的技术支持费用。该项目将会使 12 个区、215 个村子、41780 户居民受益。LUMINA 公司还积极同大区政府、大区卫生局共同合作，对 CHORRERA 社区建立医疗中心项目进行研究，提供支持。除此之外，在 Quengomayo 村子中建立卫生站也是同当地政府成功合作的典范。公司各项促进当地发展的履责行动都得到了很高的赞誉。当地省政府高度评价 LUMINA 公司，指出“LUMINA 公司是最值得信赖的合作伙伴”。

四、总结与展望

中国五矿集团公司坚定贯彻国家“走出去”战略，积极进行海外资源开发。尽管遇到了诸多的困难和挑战，但中国五矿坚持“珍惜有限，创造无限”的可持续发展理念，切实采取有效措施，主动承担社会责任，在促进当地经济发展、基础设施建设、教育、卫生事业发展等方面发挥了积极作用，受到了项目所在地居民和地方政府的欢迎，也为企业的发展创造了良好的环境。LUMINA 公司在北秘鲁的履责实践是中国五矿海外履责的一个缩影，同时也为我国企业探索海外矿产资源开发的模式进行了有益的尝试，积累了宝贵的经验。

公司将继续推进在全球的履责行动，通过自身的不懈努力，与项目所在地社区、企业、公众、地方政府建立良好的沟通与合作，促进企业与利益相关方的互利共赢，实现经济、社会和环境综合价值最大化。

54 案例
中国铝业遵义氧化铝有限公司

加强与利益相关方沟通，突破运输瓶颈，解决沿线群众出行难问题

一、背景

中国铝业遵义氧化铝有限公司地处遵义县尚嵇镇。规模为年产 80 万吨氧化铝及配套的 170 万吨铝土矿，主要产品为一级品冶金砂状氧化铝。项目于 2006 年 4 月奠基，2008 年 2 月正式建设，2010 年正式投产。

二、问题

公司所在地周边无铁路运输线，公司大宗原燃料及产成品进出完全依靠遵义县域境内的团金公路和南楠公路。公司投产以来，原燃料进厂和产成品出厂运输量加大，致使该路段通行车辆增多，严重超出了团金公路和南楠公路的设计承载能力，致使公路路面损毁严重，路基常出现垮塌现象，给公路沿线群众的出行带来了困难。沿线群众多次到县交通部门要求对公路进行维护以解决出行难问题，均因资金困难而未得到解决；同时，交通执法部门为了抑制道路损坏程度的加重，加大了超限检查执法力度，对行驶在团金公路和南楠公路上的超限超载车辆进行重罚，致使公司的大宗原燃料进厂和产成品

的出厂运输车辆资源紧张。

三、解决方案

为了有效解决公司大宗原燃料进厂和产成品出厂运输车辆资源紧张及沿线群众出行难问题，中国铝业遵义氧化铝有限公司多次与当地政府、交通运输部门进行沟通，并征求各铝土矿企业、煤炭供应商以及产成品运输车主意见，倡议企业、政府、车主三方联合行动解决问题。在中国铝业遵义氧化铝有限公司的倡议下，各铝运输车主自愿出资对团金公路、南楠公路进行日常维护保养。中国铝业遵义氧化铝有限公司每购进1t铝土矿出资一元，各煤炭、碱、氧化铝产成品运输车主运送1t煤炭、碱、氧化铝产成品出资一元。这些资金用于团金公路和南楠公路日常维护。出资资金由县交通局实行专户管理，专款专用，县交通局负责组织专业队伍对团金公路、南楠公路进行日常维护，同时接受县监察局、审计局和出资企业的监督。中国铝业遵义氧化铝有限公司和3家铝土矿企业以及部分煤炭运输车主自愿加入了此项活动。

四、成效

自2011年组织此项活动以来，已收集资金约100万元，对团金公路和南楠公路损毁路面进行维护保养10多次。由于有专项维护资金作保障，团金公路和南楠公路损毁路面和垮塌现象得到了及时的修复，道路运输状况、社会运输车辆资源紧张现象得到改善，团金、南楠公路沿线群众的生产生活出行难问题得到了解决。

五、展望

公司将在实现自身发展壮大的同时，探索履行社会责任的新途径，加强在供应链中履行社会责任实现公司与客户、社会、环境等利益相关方的和谐共赢。

55 案例
山西华圣铝业有限公司

以企业发展带动地方产业园区发展实现和谐共赢

一、背景

山西华圣铝业有限公司（以下简称华圣铝业）位于山西省永济市东南部约7km处，2006年3月7日正式注册成立，注册资金10亿元，系中国铝业与关铝股份按51∶49的比例合资组建的电解铝企业。公司投运当年即完成全面启动，并实现盈利一亿元，2007年实现盈利七亿元，上交税费2.7亿元，使当年永济市财政收入翻了一番。截至2011年末，公司拥有资产总额22亿元，用工总数2130人，投运不到六年期间，累计生产铝锭123.41万吨，实现工业总产值178.72亿元，利润9.7亿元，基本赚回了股东的原始投资；上缴各种税费7.37亿元，连续六年位居永济市纳税大户。为地方经济发展做出了积极的贡献。

二、问题

永济市是一个工业欠发达的县级市，华圣铝业所处地区是山西缺电较严重的地区之一。华圣铝业组建当时，22万吨的铝产业规模属当时国内同行业中等规模水平，没有自备电厂，且没有完整的上下游产业链。企业生产经常受到供电不足的制约，且用电成本偏高，生产的铝锭全部需要发运到东南沿海地区，运输费用高，增加了成本。同时，企业规模不大，如何保障在行业竞争日趋加剧的环境下实现更好生存和持续发展，是企业需要研究和解决的一个重要课题。

三、解决方案

1. 推动产业链延伸

华圣铝业的发展与永济市的发展具有共同利益。华圣铝业成立以后，永济市以华圣铝业为龙头，规划了永济市循环经济产业园铝深加工产业区（以下简称循环园区）。为了促进园区发展，永济市政府成立循环经济产业园管委会，积极筹划园区建设，市政府多名领导十多次到江浙、广东一带进行招商引资，华圣铝业主要领导还利用自己在铝行业多年的人脉关系，多次协助永济市政府参与招商引资。经过多年努力，吸引到了广东广亚铝业、江苏南京云海、无锡麟龙铝业、浙江恒泰铝业等 16 家深加工企业入驻循环园区，累计总投资 70 多亿元，已形成 45 万吨加工规模，产品有铝锭、铝型材、铝镁合金、汽车配件、电极箔等 5 大系列 60 余种规格型号，提供了 5000 余就业岗位。截至 2011 年底，园区实现年工业总产值 67. 5 亿元，铝液的就地转化率已达到 70% 以上，已经形成集铝—铝深加工为一体的现代化支柱产业体系，特别是正在建设中的广银铝加工产业及服务园区，将进一步促进园区的功能完善和集群形成。华圣铝业正在积极争取控股建设园区自备电厂，从根本上解决电的问题，同时适时扩大主业，保证园区铝液供应。华圣铝业将利用闲置的土地等资源，积极参股有发展潜力的铝加工业，推动电解铝深加工产业链条不断向上向下快速延伸。

2. 创新客户服务

为方便周边铝加工企业直接从华圣铝业购买铝液进行深加工，华圣铝业采取抬包车租赁方式为客户拉运铝液，同时还积极按客户对铝液不同质量的要求科学组织出铝配铝，努力满足客户对铝液质量的要求。为避免绕道运输，华圣铝业还专门打通厂区东北角围墙，为海丰铝业开设了铝液运输专用通道。华圣铝业的努力，实实在在地带动了产业园区发展，也为自身降本增效和可持续发展打下了基础，因此获得了“山西省纳税信用 A 级单位”“经济发展突出贡献单位”等多项荣誉。

3. 改善园区环境

为了创建环境友好型企业，推动企业可持续发展，华圣铝业高度重视环境保护工作。2008 年投资 1622. 92 万元，建成了企业污水处理站，日处理污水能力 150t，全面实现了污水零排放。一方面，减排污水避免了对邻近的伍姓湖的污染，为永济市保护和开发伍姓湖湿地自然保护区创造了条件。另一方面，在减少企业排污费的同时，通过污水处理后再次回用，使企业每天取用新水量减少 400t，大大减少了新水用量，节约了水资源。为了保护地下水资源，企业原设在伍姓湖区的 4 口自备水源井于 2010 年 12 月份彻底停用，还节省了该系统运行维护费用。企业也因此获得了运城市环保局颁发的“环境保护工作先进企业”、运城市水务局颁发的“节约用水先进单位”等奖励。在烟气排放治理方面，2008 年投资 1056. 2 万元对炭素焙烧烟气净化系统进行了改造，实现了焙烧烟气达标排放。同时，公司不断加强电解、炭素整个生产区域环保设备运行管理工作，把环保设备运行提升到了与生产设备同等重要的位置，强化日常运行监管与维护。2011 年环保设备综合运转率为 97%。在固废物排放方面，华圣铝业从 2006 年建厂初期即投资 1048. 3 万元建设占地 50 亩的渣场，对限制排放的电解槽大修渣等固废物全部集中堆放，按规范进行管理，避免对环境造成危害。

四、成效

1. 经济效益

2011 年，华圣铝业电解铝产量 22. 38 万吨，其中外销铝液 16. 25 万吨，占到总产量的 72. 6%。粗略计算，直接销售铝液与销售铝锭相比，由于减少了铸造损失、铸造成本、仓储费、运输费等成本支出，每吨可增加获利 300 余元，按此计算，年可增加收入近 5000 万元。而下游加工企业由于没有重熔铝锭环节，也大大节省了重熔过程的电能消耗。按重熔每吨耗电 1200 度和 10 ‰烧损计算，加上其产品外运增加的成本等因素，每吨可降低成本约 700 元。累计售出的铝液可为下游厂家节约生产成本 11373 万元。

2. 环境效益

由于华圣铝业与下游加工企业分别减少了铝液铸锭和铝锭重熔过程，由此吨铝可节电 1235 度左右，按照 0. 997kg/度折算系数，仅以 2011 年全年计算，年度累计减少 CO_2 排放量 200663t。

3. 社会效益

由于周边企业的发展壮大，为地方创造就业岗位 5000 个，为解决失业和增加当地农民收入做出了积极的贡献。同时周边企业的发展也为当地政府增加了税收，2011 年，以华圣铝业为龙头的铝工业循环园区累计完成工业总产值 67. 5 亿元，实现利税 5 亿元，很好地支持了地方经济的发展。而产业园区的不断发展壮大也为进一步招商引资，完善产业链条奠定了坚实的基础。

2010 年以来，山西省委书记袁纯清先后两次到华圣铝业视察，对华圣铝业以往所取得的成绩给予了充分肯定，对华圣铝业建设国内一流煤电铝一体化企业的发展目标给予了关注和期望，称赞华圣铝业是催生和培育壮大所在工业园区的“孵化器”。

五、展望

华圣铝业通过积极的努力，在稳定中求生存，在共赢中谋发展，在追求企业稳定生存和可持续发展的同时，积极与地方政府携手，努力为工业园区的发展贡献积极力量。

第六章

消费者权益

消费者问题是组织实践社会责任的核心主题之一。组织向消费者提供产品和服务，就对他们负有责任。社会责任背景下的消费者问题与以下几个方面有关：公平的营销实践；健康和安全保护；可持续消费；争议解决和赔偿；信息和隐私保护；基本产品与服务的获取；满足弱势群体的需求以及消费者教育。

义利兼顾　厚德载物

一、背景

中铝国际贸易有限公司（简称中铝国贸）成立于2001年，是中国铝业公司主要的对外营销和贸易窗口，依法自营和代理各类商品的进出口业务，经营范围涉及铝及非铝金属贸易、煤炭贸易、铁矿石贸易、境内外期货保值服务、货运服务、大宗原辅材料采购业务，运营区域覆盖全国，横跨亚洲、欧洲、美洲、大洋洲、非洲等地区，有员工220名为客户提供服务。在全国有色金属集中生产及消费地设立近20家分支机构，氧化铝、电解铝占国内市场份额分别达到30%和25%。

二、问题

据中国有色金属工业协会统计，2011年，国内氧化铝产量为3408万吨，电解铝产量为1806万吨，分别比2001年增长6.2倍和4倍。其中，山西、山东、河南三省的氧化铝产量为2636万吨，占全国总产量的77%，而这三个省份的电解铝产量为687万吨，仅占全国总产量的38%；广西、重庆、贵州三省区的氧化铝产量为772万吨，占全国总产量的23%，而这三个地区的电解铝产量为164万吨，仅占全国总产量的9.1%。相对而言，上述铝资源丰富地区的氧化铝约过剩1700万吨，产品结构不平衡势必造成资源的长距离调配，从而消耗大量的人力、物力、财力，增加客户流通环节的成本。如何帮助上下游客户不断降低物流成本，并获得充足的资源供应和最大限度的产品增值服务，是中铝国贸面临的重大课题。

三、解决方案

一是着眼当前，优化物流，保障客户利益。公司充分利用覆盖全国的市场及销售网络，尽量为客户供应货源，如西南过剩的氧化铝，主要通过开辟当地下游客户加以消化，对氧化铝稀缺的东北、内蒙、西北等地，主要通过科学调节流向，合理配置公路、铁路运力，按就近、低耗、高效的原则让客户收益。

二是着眼长远，完善体系，增强综合效益。公司的业务涉及国内十多家氧化铝企业，六十多家电解铝企业，以及石油、化工、煤炭、钢铁等行业的几百家客户单位，每年流转的货物总量高达几千万吨，蕴藏着巨大的物流节能、节效潜力。公司已经着手实施面向全国，服务中铝、服务全社会的大物流体系建设，旨在为广大客户提供低成本的营销增值业务。

四、成效

目前，公司大物流体系建设工作已取得一定成绩。例如，包头铝业有限公司的氧化铝原来由山东、河南调运，在公司的积极协调下，大部分氧化铝改由晋北供应，使包铝承担的运输费用年节约3000万元以上。同时由于运距缩短，也为当地腾出了宝贵的铁路运力。

河南中孚是一家电解铝企业，原来依靠进口氧化铝满足生产。通过公司的积极协调，就近从当地解决货源问题，2011年直接节约运费2000余万元。同时由于采用罐装运输，为上游企业节省包装费用上百万元，并节约了大量人工成本，也间接减少了对木材等自然资源的消耗。

五、展望

未来三到五年，公司将发展成为中铝旗下世界一流的国际化基础材料贸易公司，构建起中铝跨产品、跨地区的统一营销平台、采购平台和物流平台，为海内外广大客户提供质量上乘、成本最优的贸易服务。展望未来，公司将努力打造四个“世界一流”：规模一流、人才一流、地位一流和价值一流，氧化铝、电解铝继续保持国内市场绝对领先地位，铁矿石、煤炭、铝土矿、铜精矿等在国际海运贸易市场占有一席之地，掌握稀缺的物流、仓储资源，建立跨行业、跨地区购销运一体化的物流体系，风险控制达到国内领先、国际一流水平，做海内外客户的忠诚合作伙伴，做经济社会平稳较快发展的承担者、实践者、促进者、奉献者。

57 案例

西南铝业（集团）有限责任公司

致力品质改进　提供用户满意的产品与服务

一、背景

西南铝业（集团）有限责任公司（简称（西南铝）是中铝公司加工核心企业，主要生产军、民用铝及铝合金板、带、箔、管、棒、型、自由锻件、模锻件和深加工材，形成了航空航天、交通运输、包装、电子家电、印刷、建筑装饰用铝材6大系列支柱产品。生产的“白云牌”“西南铝牌”“燕牌”铝材已连续多年产销量居全国第一，产品出口欧美、东南亚、中东等40多个国家和地区。为我国数十项航空航天、国防军工和国家重点建设项目，如“长征”系列火箭、“神舟”系列飞船、“嫦娥”系列卫星、“天宫一号”飞行器、北京正负电子对撞机等提供了上千个品种三十多万吨优质铝材，填补了多项国内空白。

二、问题

近年来，由于装备更新换代、工艺技术调整、客户需求变化、原料质量不可控以及自身责任等方面的问题，造成部分产品质量不合格，不仅带来了退货降价损失，而且影响了公司声誉和效益，导致客户对西南铝产生不满情绪，影响了市场开拓。因此，解决好质量问题，不仅仅是满足客户要求、为企业挽回经济损失，创造效益，更重要的是为企业树立良好形象、为拓展更广阔的市场奠定基础。

三、解决方案

保证产品质量是企业的生命和用户至上的宗旨，西南铝致力于品质的持续改进，严把产品质量关，为用户提供优质的产品与服务。

1. 详细分析质量外异情况，对质量外异逐单分析、考核及整改

每月对当月下达的退货降价单逐单查明、分析外异的具体原因，落实责任单位和责任人，进行考核，针对原因制订有效的整改措施，严格工艺规程，加强工艺监督为质量管理，加大现场产品质量控制力度，对各生产厂整改措施的落实情况进行督促和检查。

2. 加强对售后服务工作的监督，保障优质服务

高度重视客户投诉，及时参与并督促营销系统售后服务部门与客户沟通，根据分析和掌握的实际情况，及时向客户提交问题原因分析、处理意见及整改措施，并根据需求派出技术或检查人员参与现场质量问题的确认和处理。通过现场处理，掌握一线问题，及时制定改进措施、调整现场质量控制力度并将情况归类总结，信息及时传达到相关单位及部门，形成有效的整改措施。

3. 加强重点品种管理，创新服务模式

通过定期与重点客户召开电话会议、定期派主管技术人员和检查人员现场沟通、交流等方式，进行技术交流，及时掌握用户对产品质量需求的变化。针对客户提出的问题，公司成立工作组，组织开展了质量攻关，调整了成品验收尺度，杜绝了批量质量外异事故，增强了客户与西南铝的合作信心。

4. 强化质量运行管理，督促跟踪产品质量问题

定期组织召开了质检例会、工艺质量监督审核，对不符合项整改措施要求的落实情况进行了监督和检查，对各生产厂质检工作运行情况和质量外异情况进行分析、总结；加强各质检站之间的信息交流，推广各质检站中取得成效的管理措施；对质检业务中存在的问题及时进行协调和处理。

5. 在生产经营过程中进一步巩固质量控制流程

制订“质量损失考核办法”，以制度管理为抓手，加大质量攻关、产品工艺流程优化力度，减少废品损失，提高产品成品率及生产效率，降低能源、物料消耗。

强化工艺纪律执行力，推广实施重点品种、重点客户1对1服务模式，2011年，西南铝质量外异损失同比减少583万元，实际综合成品率较计划指标提高了1.22个百分点，减少金属投入7976t。同时，通过积极市场服务和拓展，深化与中航、商飞、空客、庞巴迪、赛峰等航空企业的合作，打开了民用航空市场领域，成为国内首家空客航空铝材供应商，为保障中国航空航天材料供应做出了贡献。西南铝荣获国家科技部“火炬计划重点高新技术企业”称号。“西南铝”商标获“中国驰名商标”。

四、展望

遵循《中国铝业公司“十二五”发展规划》总体定位，通过深化结构调整，实现西南铝向“高合金化，高品质化，专业化，规模化”细分转型，进一步提高航天航空、交通运输等领域的高精尖铝材研发生产能力，为用户提供高品质的产品和服务，实现企业“六个一流”目标。

58 案例
中铝华中铜业有限公司

客户的要求就是我们的追求

一、背景

中铝华中铜业有限公司（以下简称公司）地处华中腹地——湖北省黄石市，下行达长江三角洲，南行到珠江三角洲，北达东北环渤海等经济发达地区，水、陆交通便利。公司（原中铝大冶铜板带有限公司）于2005年9月28日成立，2009年9月，正式更名为中铝华中铜业有限公司，2010年元月转入正式生产，成为我国铜加工产业示范化项目。

二、问题

近年来，公司在业界声名鹊起，生产的多项优质产品引起了同行的普遍关注。一个新建企业，靠什么在激烈的市场竞争中取得先机，展现出良好的企业形象？

三、方案

坚持“国际领先、国内一流”的质量标准，采用大锭连续铸造、热轧在线淬火、二机架冷连轧、六辊可逆精轧、可控气氛光亮连续退火、拉弯矫直、高精度分切及自动包装等技术集成，实现了高精电子铜带生产的专业化、规模化生产。

（一）以市场为先导，满足客户个性化需求

3G 时代的来临，不仅给通信行业带来了前所未有的商机，也给电子信息制造行业造就了难得的发展机遇。公司密切跟踪国际科技发展前沿技术，以市场为导向，大批量研发 3G 通信用超长射频电缆铜带及电力变压器铜带。3G 通信等电子行业对铜带含氧量要求严苛，为保证信号不失真，电路传导迅捷稳定，客户要求含氧量须小于 5PPM。按照工业标准，铜材含氧量 20PPM（1PPM 即为百万分之一）标称为无氧铜，10PPM 质量已属上乘。5PPM 以下为国际先进水平，设备要求高，熔铸难度极大，此材料我国主要依赖进口。公司捕捉到市场需求，为满足客户这一要求，在设备采购时严格按照要求进行招标采购。无氧铜熔铸工序采用微还原气氛预热、虹吸转注、底吹 N_2/CO 混合气体熔体脱氧净化、全连续铸造等技术，保证了产品的高纯、低氧、高导电率。经过反复论证，决定先期研发长度大于 5km 的超长带，并选定合适的 8km 为攻关目标。在研发中，公司不断完善、改进高精度超长无氧铜电缆带熔铸、加工生产的关键工艺，解决了电缆铜带的轧制、退火、处理、精整剪切过程中诸种影响带材的问题，尤其中间退火工序对带材内部的影响问题，控制带材的抗拉强度、屈服强度等指标至最优范围，终于成功开发出厚 0. 18mm、长 8000m 的 C10100 无氧铜电缆带，保证了产品的高纯、低氧、高导电率。采用 AGC 和 AFC 非接触式板型闭环控制、薄带精确的小张力控制和自学习优化系统，实现电缆带超长超薄的稳定轧制；采用五段式连续光亮退火技术，获得高表面质量和性能均一的电缆带；采用计算机自动配刀软件和小张力卷取控制技术，实现了电缆带无压痕、无卷边、无错层的剪切。产品经 SGS 检测，氧含量≤5PPM、抗拉强度 220 ~ 260MPa、导电率 > 101% IACS。

（二）以质量为中心，保证产品质量和信誉

近年来，国内铜板带市场竞争加剧，高端客户对产品质量的要求日益趋高从严。为进一步稳步拓展市场，抢占市场份额，公司持续开展了“我生产的产品质量最优”活动，按照客户的特殊要求，重点对市场畅销的框架材料 C19210、C19400 表面质量等进行攻关，增强产品核心竞争力，提升综合成品率。公司确定了“五查”方针：查质量意识、查质量水平、查质量管理体系运行状况、查现场管理、查质量管理工作中存在的问题。每周至少组织一次质量检查，制订检查计划，落实人员、时间及重点检查内容，并对检查情况及时通报。组织各机台、班组兼职质量管理员学习 ISO 9000 标准，认真分析客户反馈意见建议，使质量战线的人员学会运用先进的质量管理理念和质量改进方法。开展机台结对质量竞赛，各机台、班组自愿结对，比质量意识、比动作标准化、比清洁生产、比表面质量，积极倡导以质量好为荣的理念。

四、效果

公司无氧铜生产技术填补了国内铜加工领域的空白，优质的质量和服务受到客户的高度好评。

五、展望

“十二五”期间，公司将进一步以打造一流的低碳基材产品加工基地为总目标，坚定实施专业化生产高端产品战略，加快提升太阳能光伏铜带、LED 用 C19400 框架材料两大主打产品质量，开发海外市场，出口高端产品达 30% 以上。预计到“十二五”末，公司将实现年销售收入 100 亿元，年利税总额 1.5 亿元，产销规模达到设计规模，综合成品率达到 65%。

第七章

社区参与和发展

社区参与和发展是组织实践社会责任的核心主题之一（社区不仅是企业经营所在社区，而是指与组织活动有关联的更大范围的区域）。组织活动时，注重社区参与增加互动与沟通，组织为社区发展做贡献，与社区共享社会发展成果。社区参与和发展核心主题下包括七个社会责任议题：社区参与；教育和文化；创造就业和技能开发；技术开发与获取；创造财富与收入；健康；社会投资。

惠民工程助推项目建设*

一、背景

中铝公司在海外开发中努力践行“点石成金，造福人类”的承诺，积极为项目所在社区的经济进步和居民生活水平提高作贡献。2007 年 8 月，中国铝业公司以 8.4 亿美元成功收购加拿大铜业公司 Peru Copper Inc.（PCI）全部股权，获得了 PCI 在秘鲁的全资子公司秘鲁铜业公司（后改名为“中铝秘鲁矿业公司”）拥有的核心资产——特罗莫克铜矿（Toromocho）的开发选择权。2008 年 5 月，中铝公司正式行使特罗莫克铜矿项目的开发权。收购和开发秘鲁特罗莫克铜矿，是中铝公司积极实施“走出去”战略的重要举措。在秘鲁铜矿项目规划建设中，中铝公司主动承担社会责任，投资建设污水处理厂，确保了在资源开发的同时最大限度地惠泽当地社区和原住居民。

* 此案例被世界经济论坛评为“2012 年全球矿业最佳责任实践案例”，被中国扶贫基金会评为“2013 年中外企业履行国际社会责任优秀案例”。

二、问题

特罗莫克铜矿位于秘鲁胡宁大区（Julin）亚乌利地区（Yauli），利马东部142km，其所在的莫洛科查镇是传统矿区，自20世纪初，多家矿业公司就在该地区开展采矿活动，采矿废水通过一条修建于1934年的金斯米尔（kingsmill）隧道直接排入亚乌利河，造成水质污染，直接影响当地居民的生产生活。70多年来，这一问题一直困扰着当地政府和居民。

三、解决方案

1. 铜矿开工建设前，先行规划修建污水处理厂

中铝公司完成特罗莫克铜矿项目的收购后，向秘鲁政府承诺修建金斯米尔水处理厂，从根本上治理水污染。中铝公司认真研究了金斯米尔隧道所处的地区生态环境、社会经济环境，根据一系列社会、环境及经济标准，确定了建设金斯米尔水处理厂的位置和方案。

2. 按照一流标准，完成污水处理厂的设计和建设

2008年，金斯米尔水处理厂正式开工修建。公司先后投入5000多万美元，聘请了世界顶级的工程咨询机构AMEC进行工程设计，秘鲁知名建筑承包商COSAPI进行施工，并由一流工程公司GMI对工程进行监理。高水平的设计、工程、施工及监理团队保证了工程的高质量和建设的高效率。经过不到两年的建设，2010年4月，金斯米尔水处理厂竣工。经过一段时间的试运行，水厂正式投入使用，水质达到政府检测标准，彻底解决了金斯米尔隧道排水的污染问题。

四、效果

生活及生产用水水质的改善，极大地推动了当地居民生活的改善和生产的发展，促进了当地经济的繁荣。金斯米尔水处理厂投运后，亚乌利河的水质得到明显改善，困扰当地近百万居民长达近80年的污水问题得到了根本性的解决。

秘鲁媒体曾多次报道金斯米尔水处理厂的建设情况，赞扬该水处理厂的建成及运行将极大地改善当地环境，并称赞中铝公司真诚承担社会责任、促进当地民生发展。秘鲁时任总统阿兰·加西亚也多次询问水处理厂建设的进展情况，对中铝公司承担企业社会责任给予高度评价，亲自参加了金斯米尔水厂的运营剪彩仪式。

促进了中铝秘鲁铜矿项目建设。中铝公司在特罗莫克铜矿尚未开工建设之前，就投资5000多万美元修建污水处理厂，使秘鲁各界和当地居民认识到中铝公司主动承担社会责任、做优秀企业公民的可贵品质，为中铝公司赢得了广泛的赞誉，促进了特罗莫克铜矿项目的开发和建设。2010年12月，项目的环境与社会影响评价（EIA）获得批准；目前项目已经建成投产。

五、展望

特罗莫克铜矿是全球拟开发建设的特大型铜矿之一，拥有铜当量金属资源量约1200万吨，并伴生银、钼等金属，项目投资超过20亿美元。项目计划于2013年投产，年产铜金属可达20万吨至25万吨，开采寿命超过30年。该项目建成投产后，还将新增2500个永久性工作机会，提供超过7000个间接就业机会，对当地经济的发展将起到积极的推动作用。

特罗莫克铜矿是我国迄今对秘鲁最大的矿业投资项目，作为我国海外开发战略的重要实践之一，具有很强的示范作用。同时，该项目对提升中秘两国经贸合作水平具有十分显著的战略意义，得到了中秘两国政府的高度重视，成为中秘两国在矿业领域合作的典范。

60 | 案例
中国铝业公司

把希望播撒在红土地上*

一、背景

作为中央直接管理的国有重要骨干企业，中国铝业公司始终把社会责任理念和要求全面融入公司发展战略、生产经营和企业文化之中，积极开展资助教育、扶贫帮困、援藏援疆等社会公益活动，积极履行社会责任。自 2002 年公司承担湖北省阳新县定点扶贫任务以来，公司将湖北阳新的扶贫开发作为自己的事业来办，先后派出六名优秀干部到阳新县挂职扶贫，突出抓好产业扶贫，增强贫困地区自身“造血功能”，为群众拓宽脱贫致富之路。目前扶贫工作已持续 12 年。

二、问题

湖北省阳新县是一个集老区、库区、山区、贫区、疫区五区于一体的全国扶贫开发重点县，也是一块红色的土地，革命战争年代有 20 万英雄儿女为了新中国的解放事业血洒沙场，是全国著名烈士县。全县人口近百万，其中 20 多万贫困人口分散在生存环

---

* 此案例在 2012 年“中国社会扶贫创新行动”中被评为“社会扶贫创新优秀案例”。

境恶劣、发展基础欠缺、开发难度大的高山区、湖区和库区。麻、腊米、油茶为该县传统产业，但由于苎麻品种老化，腊米种苗短缺，油茶品质不优，产业发展一直没有大的突破，种植规模不大，辐射带动能力不强，农民自我致富能力弱，技能水平亟须提高。

三、解决方案

1. 扶智扶技，科教扶贫

公司一改简单的送钱送物的“输血”方式为送技能的“造血”途径，支持阳新县发展教育，帮助开展技能培训，取得了实实在在的效果。经过对阳新教育资源全面考察，公司以投资改造校舍和筹措资金资助的方式改造了教学楼并完善配套了实验室、微机室、多媒体教室等教学设施，并向100名贫困学生资助了书包、图书、文具等学习用品。同时依托黄石第一技工学校开展技能培训。一方面积极组织贫困户劳动力开展油茶、柑橘种植等实用技术培训，培养造就了一批“田秀才、土专家”等技能型人才，另一方面对山库区贫困家庭的中学毕业生实行订单、定向培训，培训期间对学员实行“三包”，即包每个学员每学期补助500元，包学到一门技能，包学成转移安置就业。

2. 创建基地，服务产业发展

2002年初春时节，公司扶贫工作组人员跋山涉水走访群众、了解实情，确定扶贫方案：利用阳新优势，突出产业扶贫，增强“造血功能”。公司突破传统扶贫模式，从解决种苗入手，创办扶贫基地，实行种苗扶贫，带动苎麻、腊米、油茶产业发展，促进千家万户增收脱贫。在荒滩荒地荒坡建大王下堰500亩苎麻综合科技示范园、白沙红星100亩苎麻苗圃基地和枫林坳上100亩腊米苗圃基地，三个基地直接为贫困户服务，年出圃优质麻苗520万株，优质腊米苗80万株，所有种苗无偿或以低于成本价提供给贫困村。全县油茶、泥鳅产业以及淡水养殖、泥蒿种植、桑蚕养殖也呈现多元化发展，成为促进千家万户脱贫增收的富民产业。公司让利于民，每年为贫困户节约生产成本200余万元。近五年来，共为贫困村提供种苗2000多万株，新发展产业面积5万多亩。

3. 心系群众，开展困难救助

公司始终关注老区人民，千方百计为老区人民办实事、解难事，坚持每年开展送温暖、献爱心活动。十年来共为贫困户送去慰问金90多万元，大米、面等生活物质10万多斤，食用油一万斤，棉被1000多床，全县共有5600多户贫困户得到中铝公司的救济。同时公司对贫困家庭学生总是伸出援助之手，共资助贫困学生281名，资助金额14万元。另外，公司支持阳新县留守儿童服务中心的建设和发展，与福利彩票一道建立“亲情屋”，让留守儿童与在外打工的父母实现“亲情连线”。

4. 发挥优势，扶持新农村建设

公司一方面扶持基础设施建设，另一方面为阳新经济发展积极招商引资，牵线搭桥。先后投入20万元帮助王英村、大湖村、法隆村、东山村、玉堍村实施“六改五通”工程，改善人居环境。特别是2009年在公司亏损情况下，仍拿出109万元扶贫资金，支持王英、浮屠、木港、洋港四个老区镇建设，为当地道路修建和自来水贯通提供援助。为打造“中国铝业公司希望村庄”，从精神文明建设、民主管理、生产发展、村庄整治四个方面实行整村推进，改变了当地群众的精神面貌。另外，积极为阳新经济发展招商引资，引进资金2000万元，重点实施王英仙岛湖风景区码头建设和发展万亩泡桐种植。

四、成效

自2002年公司对口扶贫阳新以来，中铝公司先后投入扶贫资金2200余万元，引进社会资金8000多万元，大力支持阳新经济社会的发展，昔日贫穷落后的村镇发生了巨大变化：当地学校教育质量逐年提高，阳新二中过去生源不足800人的县级重点中学，现在突破了2000多人；技能培训转移安置就业，1000余学员全部被上海、苏州、温州、东莞等地企业聘用，在2010年培训的1150名学员中，已有830人实现了对口安置就业；阳新也成为油茶产业大县，桑蚕产业、淡水养殖、泥蒿种植等长足发展。

从2002年到2010年，阳新县贫困人口每年以一万人的速度下降，农民年人均收入以19%的速度递增。公司先后被国务院扶贫开发领导小组和中国扶贫基金会分别授予“中央国家机关等单位定点扶贫先进单位”“中国民生行动先锋”称号，中央电视台《新闻联播》等媒体报道了阳新扶贫开发工作成效。2011年，中铝公司派驻阳新扶贫干部陈立彬被评为全国扶贫工作先进个人。

五、展望

建设好中铝公司系列扶贫工程，打造对口扶贫新亮点，充分发挥典型示范带动作用，助推阳新脱贫致富目标实现，树立中铝公司优秀企业公民形象。

一是打造若干“中铝公司希望文明村庄”。在主要交通干道旁、在省市新农村建设示范镇（区）和知名旅游景区内选择若干具有一定基础的村组，统一从精神文明建设、民主管理、生产发展、村庄整治等方面实行整村推进，经过2～3年，打造一批以“生产发展、生活宽裕、乡风文明、村庄整洁、管理民主”为特色的“中铝公司希望文明村庄”。引导产业发展，建立产业扶贫示范基地，打造温暖群众的“致富工程”，引导群产业众因地制宜发展经济，增加收入。

二是坚持智力扶贫，继续开展“中铝公司实用技术培训、送科技下乡”等活动，成立有关实用技术专业合作社，授人以渔，做到培训一人、解决一户的贫困问题，打造培训技能的“人才工程”。

三是坚持扶贫创新，拓展扶贫空间，推动发展地方旅游产业，打造新型扶贫的“创新工程”，让旅游项目成为老区、库区群众脱贫致富的新途径。

四是坚持扶危济困，继续开展爱心助学活动和走访慰问困难群众、关心爱护留守儿童的活动，继续打造一批得民心、暖人心的“民生工程”。

五是坚持互联互动，打造助推阳新科学发展的“联合工程”，充分发挥驻点挂职扶贫的优势，不断联合创建互联互动的“大扶贫”格局，开展招商引资、争取有关政策和其他社会各界的支持。

61 案例
中国铝业公司

参与妇女慈善　彰显中铝情怀

一、背景

中国铝业公司在发展过程做到三个注重：注重服务服从于国家与人民的利益，注重回报回馈社会建设与发展，注重实现经济效益和社会效益和谐增长。公司将企业战略与国家战略紧密结合，在创业发展、快速发展和转型发展的各个阶段，为祖国的繁荣昌盛和人民的幸福安康提供坚实保障，以优秀的责任意识与实际行动，树立起负责任、有原则、讲信用的优秀企业公民形象。积极支持全国妇联“大地之爱·母亲水窖”工程以及援藏、扶贫、抢险、救灾、支教、助学等活动，带动企业所在地发展，累计向社会捐赠总额近5亿元，努力回报社会，增加社会福祉。

二、问题

由于历史原因，我国西部地区经济欠发达，人民生活水平较低，教育、卫生等条件落后，尤为突出的是妇女和儿童的健康问题。如何提高当地人民的生活水平，成为全社会关注的问题。中铝公司所属企业有一半以上分布在贵州、云南、西藏、甘肃、内蒙古等西部地区。公司在追求企业自身发展的同时，积极寻求社区参与和发展最佳方式，做出自己的努力。

三、方案

近年来，在社会各界的大力支持下，中国妇女发展基金会实施了一系列惠及广大妇女的公益项目，如“母亲水窖”“母亲健康快车”“母亲小额循环”等，为社会发展服务。“母亲健康快车”项目在中国妇女基金会的推动下，在社会各界的大力支持下，秉承“送健康理念、送健康知识、送健康服务”的宗旨，在保障妇女儿童权益方面发挥了独特的作用。

长期以来，中国铝业公司一直积极参与妇女慈善事业，累计向中国妇女发展基金会捐赠1200万元人民币，修建了50口“母亲水窖”，发放74辆“母亲健康快车”。

2011年，在公司成立十周年之际，公司决定将原计划举办十周年庆典等系列纪念活动的全部经费五百万元捐赠给全国妇联中国妇女发展基金会，用以支持开展“母亲健康快车”公益项目，促进妇女儿童健康事业的发展。公司总共捐赠33辆快车，除常规设备外，还额外配备了数字B超仪、心电图机和妇科急救箱，集中服务于甘肃、贵州、新疆三个省区和新疆生产建设兵团，它不仅仅是服务妇女的救护车，而且像一辆辆流动的宣传车，温暖着群众、传递着和谐，体现出中铝公司对共创和谐社会、共促协调发展的社会担当。

2012年，在“三八”国际妇女节即将到来之际，在全国妇联和中国妇女发展基金会搭建的公益平台上，公司又捐赠500万元购买41辆救护车，装备了基本救生器械，发送到河北省的41个县，免费为乡村妇女“送健康知识、送健康咨询、送健康服务”，送去社会各界对革命老区和贫困地区的关心与支持。以此为契机，公司进一步加深了与全国妇联、河北省以及社会各界的合作、沟通与交流，为河北建设“经济强省、和谐河北”助力，为“母亲健康快车”公益项目向偏远农村的延伸助力。

四、成效

十年来，中铝公司先后被民政部、全国妇联授予“中华慈善奖”“中国妇女慈善奖”等荣誉称号。参与妇女慈善事业，体现了中铝公司对共创和谐社会、共促协调发展的社会担当，是对中铝公司“诚信为本，回报至上”理念的诠释。

五、展望

今后，公司将继续恪守“点石成金，造福人类”的承诺，积极履行中央企业社会责任，探索和建立更多的社区参与和发展的路径，为国民经济和社会发展做出更大的贡献。

62 案例
中铝云铜集团迪庆矿业开发有限公司

在履行责任中寻求共同发展

一、背景

中铝云铜集团迪庆矿业开发有限责任公司的前身为云南铜业集团、云南南方地勘工程有限公司羊拉矿区项目部。公司是中铝云铜集团目前在高原藏区资源开发利用和循环经济构建的最佳典范，曾获国务院国资委中央企业先进基层党组织，云南省劳动关系和谐企业获得单位，全国“安康杯”优胜企业，中央企业青年文明号，云南省工人先锋号，云南省首家高新技术矿山企业，云南省创新型企业示范单位，中铝公司科技进步一等奖等近60项荣誉。

中铝云铜集团迪庆矿业公司羊拉铜矿的建设，被列为云南省政府“十一五”重点工程之一。公司共探明两个矿段，五个矿体。迄今，羊拉铜矿远景资源量120万吨，现探明资源量80万吨，可采地质储量32万吨，可实现年万吨级规模生产30年。

在公司的基本建设中各建筑施工队所用的员工以藏族员工为主，公司铜精矿运输和货物流通全部承包给当地运输队伍，为当地藏族每年增加就业岗位500余个。除此之外，迪庆矿业公司的开发建设，还创造了2000多个农民工就业岗位，带动了当地服务行业的发展。

二、问题

1. 政治环境方面

藏区是中国信教群众最多的区域之一。在国家宗教信仰自由的政策下，信教氛围自由浓厚。由于地区教育基础落后导致藏区群众接受党的政策、国家方针、政治教育的机会少，部分藏族群众对国家的政策、方针、路线了解不全面、不透彻，导致其行使权利有所偏离。

2. 经济环境方面

云南迪庆藏族自治州的经济近年得到了较快发展，甚至树立起了“全国最好藏区”的标杆。但与国内发达地区相比，各方面基础还相对滞后。主要表现为：一是工业化道路起步较晚，工业化水平还相对滞后；二是城市、城镇化水平低；三是农业、农村、农民工作相对滞后；四是科技创新工作相对滞后；五是水电等助推经济发展的基础较为落后。

3. 文化环境方面

迪庆藏区教育面临比较突出的难题：一是教学基础设施落后；二是师资力量匮乏；四是文盲群众较多；五是学习意识不强；六是“不患贫而患不均”的传统文化束缚较为严重。

4. 社会环境方面

主要面临的问题：一是构建维护大局稳定形势较为复杂、任务较为繁重。二是改善民生及基础设施建设任务重。三是维护民族团结与发展区域经济和谐统一任务重。

5. 区域资源开发利用

迪庆地区的资源开发利用主要存在以下问题：一是资源的科学整合，利用和开发力度不足。二是资源勘探条件较为恶劣和复杂。三是处理企地关系面临较大困难。四是资源开发与环境保护之间的矛盾较为突出。五是科学生产布局有待完善。六是复杂矿体、矿石性质的采、选、冶等技术攻关难度较大。

三、解决方案

中铝云铜集团迪庆矿业总体遵循“企地协同协作协助，共赢多赢双赢、共同协调循环发展”的思路。企业在基建、投产达产、持续发展过程中，将羊拉的扶贫开发与企业的发展同步推进。2011 年，迪庆矿业将扶贫开发与企业的“十二五”发展规划进行同步规划，并按照云南省人民政府扶贫工作的总要求，进一步推进扶贫工作取得实效。

为切实有效地开展扶贫工作，公司成立了扶贫领导小组，建立领导班子联络扶贫点制度，确保组织领导到位、责任落实到位、工作开展到位。

具体工作措施有：

第一，强化认识，加强领导，不断增强做好企地共建工作的责任心和自觉性。

中铝云铜集团迪庆矿业作为迪庆藏区的国有企业，是该地区工业和国民经济的中坚力量，在加快自身发展的同时，积极参与社区建设。为加强企业与属地藏区的共建工作，公司成立了“矿地联合党建中心”“公司安全执法大队”等，通过各种沟通、支持、协调、联动来为企业改革发展创造良好的社会、治安环境，促进国有经济持续发展和社会的长期稳定，符合中央总体部署，也是企业拓宽社会治安综合治理特别是防范工作新领域的重要举措。

第二，坚持“政府政策支持，企业发展经济”的原则，不断实现地方与企业共同发展。

公司在迪庆藏区推动发展的过程中，积极依靠党政支持，营造和谐发展环境，推动企地共同发展。2007 年投产至 2010 年共计上缴税金 7460. 39 万元。企业的改革、发展过程中坚持资源效益、生态效益、经济效益和社会效益高度统一。秉持“在开发中保护，在保护中开发”的理念，从安全生产、节能减排、规范管理、资源利用、技术创新、企业文化、环境保护、土地复垦、矿区和谐等九个方面推进绿色矿山建设工作，在打造“羊拉循环经济产业链”同时，以打造“安全高效型、节能环保型、生态绿色型”的花园式矿山建设为核心，瞄准“零排放、零污染、零浪费”和创建“资源节约型、环境友好型、本质安全型、和谐进步型、集约效益型、学习创新型”的全方位“绿色”标准。

第三，重视科、教、文、卫的全方位扶贫，深层次推进扶贫构筑和谐。

在羊拉的扶贫开发中，迪庆矿业通过企业的发展，从经济力、文化力等方面推进迪庆藏族地区经济社会的全面发展；从科、教、文、卫、交通等全方位地对矿山周边的藏族农村开展扶贫。

兴教育——矿区农村教育条件得到稳步推进，观念得到根本转变。公司采取的措施：一是通过“企地协作和谐新农村示范点”“企地协同党建示范点”的建设，实现企地和谐发展。二是投资新建两所希望小学，并通过节日慰问的形式，改善企业学校的教学设备设施，为学生提供相对较好的学习环境，同时让学生接触、初步了解、认识现代企业的模样，形成印象，树立好好学习改变自己命运和改变家乡的思想。三是企业通过培训和一对一的帮学，为在公司就业的 62 名牧民设计制定实施脱盲计划，目前已有 31 人脱盲。

强基础——矿区农村基础设施条件得到明显改善。“要想富，先修路”被传为佳话，迪庆矿业公司党委本着这样的理念，除过去在艰难的条件下为矿区农村及喇嘛寺开挖了多条公路外，2009 年先后为当地修路投入了资金 1600 多万元，加固拓宽了从中甸通往羊拉的土石公路 80 余公里。据不完全统计，几年来云铜集团单独为当地修路就投入了近 3000 多万元。公司还投入技术和资金解决了村民饮水困难和安全用水问题。

解就业——矿区农民生活水平得到明显提高。几年来，迪庆矿业公司在推动地方经济发展方面，政策、措施倾斜，特别是在拉动当地就业方面，迪庆矿业本着建设和谐矿区的宗旨采取积极有效措施，招收了当地的藏族群众到迪庆矿业公司就业，以此来为他们创造走上致富的良好条件。当地两个村每户保证一人在迪庆矿业公司就业，这部分人的就业总数基本占到了公司总人数的 40% 以上。这大大地带动和提高了当地农村的经济发展和农民家庭收入。另外，公司的发展带动了当地的运输和服务业。公司每年支付的运输费用约为 3500 万元。农民增收渠道不断拓宽，收入结构进一步优化，农民收入稳步增加，部分农民生活基本达到小康，贫困人口逐渐减少。每户农民人均年纯收入达到 45000 元左右，有的家庭通过做生意，搞运输年收入甚至已经达到 20 万元左右，人均收入年递增在 20% 以上。

强组织——本着关心、帮扶、促进矿区农村发展的人本理念，公司成立了“迪庆矿业、里农村、路农村党员活动中心”。中心重点任务是：一是畅通沟通机制。做好来信、来访、来电接待并提供相应的咨询服务，协调落实有关事项，保障人权。二是热线求助解忧。设立求助热线，开展谈心和互助活动。三是困难党员的帮扶。为生活困难的党员、退休老党员以及体弱多病的特殊群体党员提供服务和帮助。四是党员义工服务。组织党员义工积极开展各种有效的为民服务活动，同时为党员义工参与党内互助活动提供沟通和协调服务。五是党员就业帮助。为下岗失业党员提供就业信息，帮助协调有关事项，创造就业机会。六是党务政策咨询。提供党员教育、管理、发展工作的各类政策咨询。七是党员情况收集。及时收集并定期上报党员之家的动态情况以及党员对党内服务需求的变化。八是群众社团的指导。

保医疗——羊拉乡藏族群众的医疗得到保障。由于羊拉没有现成的医疗机构，交通闭塞，离县医院和州医院都在200km左右，藏族群众的医疗问题得不到根本保障，为此，迪庆矿业将改善藏族群众的医疗卫生条件作为扶贫的又一重要措施。一是加强职工医院的建设，注重医疗设备的配置、医疗人员的引进，在医疗设备的配置上，目前是德钦县县域内最好的设备，在医疗人员的引进上，注重引进全科医生，引进具备医疗资格的医护人员，在医疗条件方面充分保障了员工和周边藏族群众的就医。二是降低医疗和药品费用，对企业周边的藏族群众到职工医院就医，医疗和药品费用比员工低10%，在保障医疗条件的同时对藏族群众进行扶贫。

四、成效

从全局上看，企业的发展推动了地区经济社会的全面发展。至“十一五”末期，企业对社会的贡献总额就达到两亿多元，其中，共缴纳税金17527万元；缴纳资源补偿费1176万元；支付当地车辆运费5891万元；缴纳社会保险费3704万元；共提供就业岗位3000多个，有效缓解了地方政府的就业压力；投资2600万元，改善乡村公路，有效改善了沿线的交通运输、文化交流、商品流通和促进矿区和谐。

从局部看，企业的发展带动周边群众脱贫致富奔小康，在企业发展的直接带动下，周边里农、路农两村人均年收入从“十一五”初期不足1000元，达到了“十一五”末期的1.69万元。农民年人均收入达到云南省职工人均年收入水平，收入水平已跃升至云南省乃至全国前列。

送技术——矿区农村经济得到持续增长。公司选派有一定技术水平的员工到村里宣传、讲解高原栽种大棚蔬菜等相关农业生产技术，培养一大批当地农村藏族农民懂得公司采、选、冶等相关生产技术，以此来帮助提高藏族农民的农业综合生产能力，让他们的农业产业结构进一步优化，现在他们除了种青稞、找野生菌、药外，学会了种植大棚蔬菜、养殖家禽、参与企业生产等技术。所有的农产品大部分销往迪庆矿业，由此，矿区两个村的农业综合效益明显提高，农民收入从过去人均不到1000元增加到2011年的1.69万元（不含农业收入）。

促村风——矿区村容村貌得到明显改观。本着新农村建设乡风文明，村容整洁的方针，几年来，迪庆矿业公司为促进矿区的路农村、里农村村容，修建乡村公路近40余公里，为藏族村庄每户人家架通了自来水，为他们架通了高压电，使祖祖辈辈没有见过电灯泡的藏族兄弟姐妹看到了光明，看到了彩色电视；为他们安装了优质太阳能，使藏族群众在雪域沐浴到迪庆矿业公司发展带来的“温暖”；为他们送去部分电器及其他生活必需品，让藏族同胞共享企业发展成果；过去公司还分批给当地藏族群众每年每户相应的资金补贴，帮助他们发展经济。矿区所在地的两个村的房屋院落富有特色，村容村貌整洁卫生，农民人居环境明显改善，实现了有一条宽敞的卫生路、有一股清洁卫生的饮用水、有一所人畜分开的宽敞明亮的住房和具有民族特色的房屋。

优环保——矿区农村环境得到协调发展。由于当地海拔高，峡谷深，气候干燥，年降雨量还不到130mm。因此，当地的生态环境十分恶劣，用“寸草不生”“不毛之地”来形容这里恶劣的生态环境是毫不夸张的。几年来，迪庆矿业公司拨出大笔款项，用于改善矿区环境上，由专门人员负责引进适合降雨量小、高原寒冷和气候干燥特点的树种，花大力气栽植在整个矿区，包括离矿区较近的藏族村庄。共计植树215200余株，种植了白茨花草40余亩，三叶草10余亩。同时还进行了垃圾和废水的处理，到目前为止共修建封闭式垃圾池20多个，公用旱厕九个，水冲公厕七个，修建污水处理池六个。

由此，两个村的环境质量明显改善，农村饮用水源水质达到安全标准，矿区绿化率迅速提高。

五、展望

1. 企地协同发展

中铝云铜集团迪庆矿业将紧紧抓住历史机遇加快推进战略转型，把服务地方经济、社会、文化、政治、生态等得和谐发展基础进一步夯实，努力打造“藏区现代和谐一流旗舰企业”。具体目标是：到 2015 年，按照“12334456”党建目标和思路以及“四个高于”的考核标准，落实“维护员工群体利益，打造藏区旗舰名企，共建和谐新农村”的发展愿景，坚定不移地走绿色、循环、高效、可持续发展之路。在未来五年，至“十二五”末，实现“123666”发展战略目标，做到六个“新”，带动地方同步发展。

（1）生产经营实现新跨越。实现规模总产值七亿元，控制铜资源 50 万吨，年产两铜 10000 吨以上，实现利润一亿元以上，上缴税金 9000 万元，社会贡献总额 2. 4 亿元以上。

（2）核心竞争实现新突破。打造国内同类矿山企业中获利能力强、高盈利型矿山企业，实现高原藏区难采选矿多金属回收选冶技术领先，伴生金属金、银、硫、铁综合利用率稳步提升。

（3）队伍建设打造新势力。把迪庆矿业建成云铜集团的人才培养输送基地。即：打造一支精通经营管理、熟悉生产业务、具有大局意识和协作精神的管理人才队伍；打造一支理论扎实、作风严谨、具有较强技术创新和科技攻关能力的技术人才队伍；打造一支爱岗敬业、技术精湛、勇于实践、作风过硬的技能人才队伍。

（4）改革发展树牢新标杆。将公司培养成地矿和谐发展的教导型、学习型矿山企业。树牢六个标杆，即：企地协作和谐新农村示范点、企地协同党建示范点、云南省矿山高新技术企业示范点、高原循环经济示范点、国有企业在藏区高海拔开发矿山示范点、国家级绿色矿山示范点。

（5）综合保障实现新提升。把迪庆矿业建成一个绿色、循环、高效、和谐的现代化矿山企业。提升六个体系，即：有力的矿产资源和人力资源保障体系；严密的制度保障和执行体系；创新发展的科技保障体系；和谐稳定的文化保障体系；诚实互信的公共关系保障体系；安全和谐的职业健康保障体系。

（6）科学发展创出新境界。通过推进4S1P管理及运营转型，将迪庆矿业打造成为具有高原藏区特色和个性特征的学习创新型、资源节约型、环境友好型、本质安全型、和谐进步型、集约效益型企业。以“六型企业”的创建为依托，为羊拉高原循环经济工业走廊持续科学发展创出新境界。

2. 扶贫开发及和谐建设

2012年，迪庆矿业按照上级和云铜集团公司关于扶贫开发的部署要求，重点做好以下扶贫工作：

进一步在科、教、文、卫、交通等方面上新台阶，取得新进展。按照“实际、实用、实效”的要求，从项目、技术方面扶持，2012年重点扶持里农和路农村民种植大棚蔬菜，即可以帮助藏民增收，又可以解决员工的蔬菜供应问题；继续选派政治觉悟高、工作能力强、业务技术精的骨干任新农村建设指导员，支持矿区服务业的发展，为藏族群众提供优质的生活用品、干净卫生的餐饮服务。依托“村企党建活动中心”，加强对村民中的藏族党员的培训，培养带头致富的自觉性和能力；通过植树种草，美化矿区和改变村民的生活环境，构建人与自然和谐共处的生态环境。

63 案例
山西华泽铝电有限责任公司

提供优质铝液服务　助推地方转型跨越

一、背景

山西华泽铝电有限公司（以下简称华泽铝电）位于山西省河津市境内，是由中国铝业股份有限公司和山西漳泽电力股份有限公司共同出资设立的大型铝电一体化企业，2003年3月成立，2005年6月建成投产，目前产能为35万吨电解铝、10万吨铝合金棒、20万吨阳极炭素及2×300mW燃煤发电机组，总资产57亿元。投产以来，华泽铝电在全力搞好自身生产经营、为股东创造较好投资回报的同时，积极承担社会责任，支持带动河津市铝加工业的发展，繁荣了河津市经济，在企地和谐发展中实现了共赢。

二、问题

中铝华泽铝电所在的河津市，煤炭资源较为丰富，长期以来，经济支柱产业主要以煤焦化、钢铁铸为主，资源消耗高，环境污染大，可持续发展存在困难。随着国家节能减排政策力度的不断加大，如何实现经济转型成为河津市面临的一个重大问题。

三、解决方案

（1）满足河津市铝加工业发展对铝液的需求。

从2007年河津市铝加工业起步开始，铝加工企业所需铝液几乎全部由华泽铝电提供。截至2011年底，华泽铝电共向河津市各铝加工企业提供优质铝液23万吨。同时，华泽铝电通过加大对铝液的销售跟踪、完善提货程序、加快提货速度，不断提升铝液服务质量，充分满足了铝加工企业的原料需求。

（2）发挥国有大企业的带动效应，助推地方延伸产业链。

几年来，华泽铝电始终全力支持河津市政府招商引资，推动河津市铝加工业快速发展，并加快产业升级进步。2010年，在华泽铝电董事长、总经理王全家的积极推动下，以华泽铝电提供优质铝液为重要条件，直接促成了河南省郑州铝业股份有限公司15万吨铝板带箔项目在河津市开工建设，显著提升了河津市铝加工业的档次。

（3）帮助小企业共同成长。

华泽铝电自身具有10万吨铝合金棒的年产能，作为中央企业，许多外地企业认同华泽铝电的品牌。河津市民营铝加工企业由于起步晚、规模小，产品很难得到外地企业的认可。为此，华泽铝电发挥品牌优势，采取委托加工的形式，帮助民营铝加工企业打开了销路。

四、成效

（1）带动了地方经济增长。

在华泽铝电的带动下，几年来，河津市铝加工业得到迅猛发展。截至2011年底，河津市铝加工企业已经发展到18家，产能规模达到30余万吨，工业总产值达40亿元左右，在河津市经济发展中发挥了重要作用。同时，河津市铝产业已开始向深加工迈进，产品附加值不断提高，提升了河津市经济发展的质量。在华泽铝电的集聚效应下，几年来，大量的铝加工企业向华泽铝电周边集聚，河津市已初步形成了由中铝山西分公司220万吨氧化铝、华泽铝电35万吨电解铝以及部分民营企业形成的30余万吨铝加工组成的产业集群，提升了区域产业整体竞争力。

（2）带动了地方就业和农民增收。

截至2011年年底，河津市民营铝加工业从业人数已达到数千人，员工绝大多数是当地的农民，据调查，河津市铝加工企业员工月平均工资达到2000元左右，直接促进了农民增收。

（3）为地方节能减排工作作出了贡献。

华泽铝电通过直接销售铝液，减少了因铝锭二次重熔所消耗的能源，据测算，几年来华泽铝电通过直接销售铝液共为地方节约能源约265万吨标煤。同时，由于铝产业链条的延伸，提升了产品附加值，降低了河津市万元工业产值综合能耗，为下一步发展节约了环境容量。

五、展望

目前，山西省被国家确定为资源型经济转型综合配套改革试验区，以此为契机，山西省确立了打造煤电铝循环产业链、建设国家级铝合金制品基地的目标。华泽铝电所在的运城河津市，已经确立了加快铝及铝深加工产业发展的总体思路，把加快铝工业园区建设作为经济腾飞的龙头，计划到“十二五”末，形成铝合金30万吨、铝深加工产品10万吨、精铝两万吨，铝加工总产值达到100亿元。为满足运城河津市快速发展的铝加工业原料需求，华泽铝电将积极与山西省、运城市政府合作，搞好晋南地区铝工业发展规划，打造成本领先优势，加大节能减排力度，运用双赢的思维获取煤炭资源，努力赢得资本的青睐，创优发展的环境，在地方政府的强力支持下，力争煤电铝一体化35万吨高科技示范项目尽快开工建设。届时，一个产业链完整、抵御市场风险能力较强的特大型铝工业集群将在晋南地区形成，将为推动地方经济的转型跨越发展作出应有的贡献。

64 案例
中国铝业广西分公司

技术输出　实现双赢

一、背景

中国铝业广西分公司（以下简称广西分公司）是集矿山开采和氧化铝、电解铝生产于一体的特大型铝冶炼联合企业。根据中国铝业公司“走出去”战略，中国铝业广西分公司大力支持中铝公司实施海外项目建设。

越南林同氧化铝项目是中铝国际成立后在国际市场上承揽的第一个完整的氧化铝工程总承包项目。广西分公司 2009 年 4 月与中铝国际签订了越南林同项目氧化铝技术服务合同，负责越南林同氧化铝项目技术资料的编写、人员培训、生产启动及性能考核等技术服务内容。该项目是广西分公司继电解铝技术输出印度后，氧化铝技术服务走出国门的第一个海外技术输出项目。

二、问题

据美国地质勘探局（USGS）2010 年最新调查数据显示，在全球铝土矿资源储量中，几内亚的铝土矿储量最大，约为 74 亿吨，澳洲铝土矿储量排第二，约为 62 亿吨，越南位于第三位，储量为 21 亿吨。虽然越南的铝土矿储量世界排名第三，但是越南的铝工业几乎是一片空白。

2007 年，越南政府将铝土矿开采和铝加工行业确定为该国优先发展的行业，并于 2008 年正式实施林同项目的建设。由于越南的铝土资源主要集中在越南的中部地区，这一地区目前的主要经济财政来源是咖啡、茶叶等农产品，工业发展十分落后。

在面对这样一个虽然铝土矿资源丰富，铝工业却是一片的空白的国家，如何实现氧化铝技术及相关标准成功输出，实现双赢，成为对广西分公司的挑战。此外，广西分公司还面临着外派员工在生活中如何与项目所在地社区民众和谐相处的难题。

三、解决方案

1. 强化管理，规范制度

越南的工作生活环境与国内不同，给项目技术服务工作带来了诸多困难与风险。广西分公司以项目现场实际进度为依据，灵活应对，并对技术服务工作可能遇到的风险点进行全面排查，从多方面进行梳理，找出政治风险、工作风险、财务风险、安全风险、保密风险、生活风险等六个关键风险点并做好风险防范措施和预案，强化管理，规范技术人员工作制度，要求工作人员严格遵守越南的法律法规，在工作及生活中尊重项目所在地的民族风俗习惯，树立良好企业形象。

2. 通过与当地居民合作建设驻地，使当地社区居民得到实惠

广西分公司在离项目现场不远的地方和当地居民采取合建的形式建设驻地，即由当地居民提供土地并按广西分公司的要求建盖房屋供广西分公司技术人员生活及办公，广西分公司支付驻地建设费用的一半，广西分公司技术人员撤离后，房子留给盖房的当地居民。这样，广西分公司既节约了驻地建设的投入，当地居民也得到了实惠，实现了双赢。

3. 制订详细的培训计划，并把培训内容与设备试车有机结合起来

结合越南项目及人员的具体情况，广西分公司制定理论培训、中国工厂培训、现场操作培训三个阶段并有序展开。同时在各工序试车过程中，广西分公司把培训内容与现场试车结合起来的形式，使学员的培训工作更贴近实际生产情况，让学员在实际操作中接受培训。

四、效果

（1）尊重项目所在地的民族风俗习惯，严格遵守越南的法律法规，不仅展现了中铝公司对外技术输出良好的企业形象，而且赢得了业主及当地居民的尊重；

（2）以合作的形式实施的驻地建设，不仅拉近了与当地居民的关系，而且节约了资源，实现了双赢；

（3）采取贴近实战形式的培训方式，不仅检验了设备，发现了问题，而且以实战形式的操作进一步提高了学员的操作技能。

五、展望

国内铝土矿资源日益减少，可开发利用的铝土矿资源面临枯竭，同时国内各氧化铝生产企业面临激烈的成本竞争压力，在这种情况下，将国内成熟的氧化铝工艺技术输出海外，拓展海外业务领域，具有十分重要的现实意义。

越南拥有丰富的铝土矿资源，其铝土矿所具有的特性与优势决定了其氧化铝生产成本比我国氧化铝生产成本低三分之一以上。林同氧化铝项目建成以后不仅能为越南提供1500个直接就业机会和3000个间接就业机会，而且还可以带动机械加工、化工、铝型材等一系列的铝下游产业，对越南的经济发展将发挥重要的作用。

65 案例
中国铝业重庆分公司

保障当地农民权益　推动项目建设发展

一、背景

中国铝业重庆分公司是中国铝业股份有限公司的全资子公司，于2006年7月7日正式成立。项目历经汶川大地震、全球性金融危机的冲击，2010年年底完成建设，2011年2月打通全部氧化铝生产流程，选矿工程已于2011年10月转入正常生产。

重庆分公司所属的80万吨氧化铝项目主要利用重庆区域高硫低铝硅比铝土矿石冶炼氧化铝，该项目是中铝公司和重庆市政府合作开发重庆市铝土矿资源的战略合作项目，是中国铝业氧化铝板块可持续发展规划的重点项目，对开发利用我国含硫、中低品位铝土矿具有十分重要的战略意义。

二、问题

中国铝业重庆公司80万吨氧化铝项目所在的水江镇在项目动工前，当地经济落后，整体生活水平不高，当地农民大多以农耕为主要生存方式，而且交通不方便，生活条件较差。如何保障所占用土地农民生活，如何保护当地生态环境，如何担负企业责任，对重庆分公司来说是一个挑战。

三、解决方案

1. 加强与地方政府和当地居民的沟通

重庆分公司高度重视与当地维持和谐稳定的共存局面，制定了有效的应急预案预防各种突发事件，同时保证重庆分公司正常生产运营秩序。此外，分公司总经理带头，鼓励和倡导干部员工，深入附近村庄开展慰问交流，力所能及地为当地居民提供帮助，主动在当地社会、经济发展中做出自己的贡献。

2. 帮助改善农民生活质量

重庆分公司始终坚持“新厂新办、管理扁平、机构精简”的原则，劳动定员精简至1300人，相当于传统同类企业的十分之一，在精简定员的同时，将保洁保安、清理、运输、检修等工作外委给地方企业，并要求优先考虑当地农民，为地方增加了大量就业机会；同时，分公司严格监督各外委单位用工情况，要求按照《中华人民共和国劳动法》中要求缴纳“五险”，确保农民工权益；分公司还自筹资金，为当地农民建设自来水管网、修路，改善当地近600户农民的生活条件。

3. 注重当地生态环境保护

重庆分公司高度重视环境保护工作，充分考虑项目各种可能破坏当地生态的因素，加大环保投资力度。环保直接总投资近三亿元，间接投资近五亿元，全面实现清洁生产。建立了废水处理站，保证生产生活用水循环利用，实现了“零排放”；熔盐加热和焙烧采用天然气，降低环境污染；选用了先进的收尘设备，废气实现了合格排放。

四、成效

1. 带动地方经济发展

重庆分公司落户南川区以前，南川区是以农业、旅游为主导产业的西部普通地区，2006年全年GDP为69.52亿元，增长12.35，人均不到1620美元。项目入驻后，极大地带动了当地经济发展，2010年GDP达到138亿元，增长20%，人均突破4000美元。

2. 给当地提供大量就业机会

一是重庆分公司内部提供了大量辅助岗位。氧化铝主厂区劳务清理、检修、运输等创造了968个工作岗位；矿山六大采区及575运输主平窿等创造了约1400个工作岗位。二是重庆分公司的到来带动了当地机械加工、运输、餐饮等相关行业的繁荣发展，间接创造了大量岗位。

3. 保护生态环境

2011年，公司实现了零排污，当地生态环境未因项目遭受破坏。全年废水处理站处理生产废水近60万立方米、生活废水10余万立方米，确保实现真正意义上的“零排放”；同时，各类炉窑产生等含硫等废气均达到国标控制范围之内。

重庆分公司积极履行社会责任，在当地民众中获得了良好的口碑，项目顺利完成基础建设，推动项目试生产工作。2011年以来，重庆市、南川区等多位领导到重庆分公司视察时，高度评价了重庆分公司对保障农民工权益、环境保护等方面所做的工作，肯定了项目到来对当地经济发展的推动作用。

五、展望

重庆分公司一直坚持“点石成金、造福人类”的理念，履行企业职责。随氧化铝生产流程逐步完善，新产品研发也已提上日程，重庆分公司的发展将进一步扩大就业量，刺激地方经济发展。

66 案例
中国铝业遵义氧化铝有限公司

仪表检定社会化 企业社会谋双赢

一、背景

中国铝业遵义氧化铝有限公司是中铝公司在贵州遵义的一家专业氧化铝生产企业，生产规模为年产 80 万吨氧化铝，采用最先进的管道化溶出技术，管理扁平化，人员结构优化。公司电力系统由 110kV 外供线路、总降压站、10kV 配、低压 380V 配电室及用电设备构成；计量仪表系统由过程控制热工仪表、电工仪表、贸易结算、安全防护、分析化验仪器构成，全公司有仪器仪表近 12000 台，涉及贸易结算、安全防护、分析化验的计量仪器仪表 120 台（件）。

二、问题

遵义氧化铝有限公司是新建企业，全面对标先进民营企业，大幅精简机构，优化人员配置，按照市场经济规律办企业。公司集中精力办主业，把可由社会承包的矿山开采、产品运输、安全保卫、仪器仪表检定等业务领域均实现社会化合作，企业不但节约大量资金投入和降低各种风险，而且为社会创造了更多的就业机会，实现了双赢；如仪器仪表检定工作，要实现所有计量仪器仪表自己检定，需要投入大量资金配备标准检定设备，建立标准检定室，设置检定员岗位，每年的运营费用在50万元以上。通过社会化合作方式，既解决企业设备和人员配置负担，又为地区其他单位发展提供机会。

三、解决方案

对开展的社会化合作领域，公司采用不同的方式与途径：对国家强制性检定的A类计量仪器仪表合作单位采取有资质有检测能力与优价比较选择，企业周围有遵义县技术质量监督局、遵义市技术质量监督局和贵州省技术质量监督局具备检测资质，经过检测能力与价格比较，选择遵义市质量技术监督局为合作伙伴，由该局质量技术检测院负责公司A类计量仪器仪表的检定工作，双方加强合作，遵义质量技术监督检测院增加了收入，公司完成一年一度的检定任务，保证A类计量仪器仪表的有效、合法，确保大宗原材料和产品贸易的公平公正，维护客户利益。

四、成效

截至2011年年底，公司实现A类计量仪器仪表全检定，贸易结算、安全防护、质量检测和化验分析仪器仪表运行符合国家规范性，完成检定费用10万元，比自己建立检定室配备检定人员节约成本费用40万元，同时为遵义质量技术监督检测院创收10万元，实现了合作双赢。

五、展望

遵义氧化铝公司开展社会化承包合作以来，各领域工作合作较好，管理有序，计量仪器仪表由过去老企业自己检定改为社会化检定，年节约费用40万元，更重要的是转变观念办企业，不再大包大办，实实在在全面对标先进民营企业，走社会化道路，节约资金，降低风险，同时履行了社会责任，解决了社会就业问题，公司将总结经验，进一步完善好社会化承包合作，认真履行好社会责任，做优秀的企业公民。

67 案例
中国五矿集团公司

四年坚守　点亮聋哑孩子的希望

一、背景

没有社会责任感，企业将失去前进的精神动力。只有将企业的发展，员工的教育与服务社会民众密切结合起来，才能真正践行“奉献是五矿的精神境界”的企业精神。五矿集团财务总部从2008年开始，与北京市启喑实验学校建立纽带，搭建起了扶助社会弱势群体的平台，为聋哑孩子点亮了希望。

北京启喑实验学校是北京市集学前教育、小学、初中、普通高中和职业高中为一体的招收纯听力障碍学生的学校。学校位于西城区西内大街东校场胡同，前身是北京第二聋人学校，1919年建校，是北京市最古老、最大的一所聋校。这所学校犹如一块璞玉，饱含着凝重的价值，这价值是责任，是不言放弃，是不断进取。

真善美自有相通处。多年来五矿集团财务总部始终把社会责任放在发展的首位，树立了责任效益共发展的理念，充分发挥自身优势，扶助弱势群体。从2008年起，为响应五矿集团工会支持各单位举办“好活动”的倡议，财务总部全体职员秉持集团公司“诚信、责任、创新、和谐”的价值观，按照“打造责任五矿，共铸美好未来”的可持续发展愿景，决定利用这笔资金启动关爱弱势群体的活动。财务总部搜集了解了几家残疾人学校和敬老院的资料，并积极与各方联系。2008 年恰逢举行北京残奥会，开幕式上一对聋人姐妹花的表演让我们深深感动和震撼。这对聋人姐妹花所在的北京第二聋人学校也是我们正在联系的单位之一。经过沟通，财务总部选择了这所学校进行扶持建设。从此，我们的日常工作和生活中多了一份对这些孩子的惦念。

二、主要做法

1. 构建扶持机制，倡导责任理念

为做好对北京启喑实验学校的扶持建设，五矿集团财务总部专门组织领导亲赴启喑实验学校了解学校存在的问题和困难，竭力帮助解决落实。另外，财务总部还将启喑实验学校的扶持工作列为每年的工作重点之一，定期对捐赠形式、捐赠物品、活动内容、责任机制和活动感想等进行广泛讨论，并提倡将此项活动长期坚持，发扬光大。

和启喑实验学校建立“好活动”联系以来，财务总部一直积极宣传五矿集团长期以来所形成的“珍惜有限创造无限”的可持续发展观，倡导职工们树立社会责任理念，号召并创造机会使各部门的每一位职工都能都参与到“好活动”中，补造化之功、行人伦之义，积极关爱社会弱势群体。

和谐共赢是五矿集团实现可持续发展目标的重要内容。财务总部积极响应集团促进社会和谐的社会责任政策，助公益、献爱心、送温暖的同时，也把扶持启喑实验学校的活动作为提升自己、改造内心、思考企业和人生价值的一个途径，积极为建设和谐社会贡献力量，并实现自身的可持续发展。

2. 捐赠急需物品，解除燃眉之急

北京启喑实验学校的学生们大部分来自远郊县和打工子弟，三分之一是低保户。本身就不富裕的孩子们又被残疾所困扰，是极需要社会关爱的弱势群体。自 2008 年财务总部开展“好活动”以来，我们每年都来看望这里的学生们，并送来他们最需要的物品。四年来，我们给学生们送过漂亮的演出服装，配合多媒体教学的液晶电视，还有保温水杯、手靶、脚靶、篮球、排球、足球，羽毛球拍、乒乓球拍等各式体育健身用品。每一年，我们都会向学校仔细询问学生们最迫切需要的物品，并尽可能地满足他们的要

求。购买这些物品时，我们都会精挑细选，真诚地帮助聋人学生们实现梦想。今年我们正在筹办将公司闲置的部分电脑捐助给他们。

3. 共享文化生活，丰富精神世界

在每年探望聋人学生的过程中，我们都会参观学校展览室，欣赏孩子们钢劲的书法、精美的手工艺品以及惟妙惟肖的绘画作品。在惊叹于孩子们乐观的天性和对美追求的同时，我们由衷的欣赏和赞叹也给这些学生们带来了巨大的鼓励。得到社会认可和他人的鼓励，是这些特殊的学生们健康成长的催化剂，会使孩子们觉得他们的能力是被社会认可的，他们也可以像正常的孩子一般用自己的力量为社会做出贡献。爱的呵护与赞美为孩子们打开了一扇窗：他们不仅获得了“输血式”的物质帮助，还收获了“造血式”的精神鼓励；他们不仅增强了自信，还激励了自我发展的能力。他们以强大的内心，战胜自然之不足，不断改变着自己的命运，振翅翱翔于蓝天之上。

4. 扶助教育相长，提高生活本领

每次看望聋人学生时，我们都会欣赏孩子们表演的节目，并为他们精湛的才艺而喝彩。他们的世界里没有音乐，寂静无声，为此学校专门为他们开设了舞蹈律动课，并且组织了踢踏舞的表演。聋人孩子们为大家表演的同时，也感受到了来自社会的关怀。我们还在操场上参与到学生的活动中来，和他们互动聊天，让他们感受到还有这么多人关心着他们的成长点滴。那对参加北京残奥会开幕式演出的双胞胎姐妹刚入学时，听力水平几乎为零，经过在这所学校数年的学习，目前已经可以与他人正常地交流。这对姐妹花告诉我们，明年他们打算报考去天津理工大学，她们希望能多在外面锻炼，让自己变得更加坚强，更能适应社会。在和她们交谈的过程中，我们几乎察觉不到她们的听力障碍，能感受到的只是她们发自内心的快乐，对未来满满的自信，以及对社会给予他们关爱的感谢之情。

三、成效

1. 增强了职工的社会责任意识，提升了企业的社会形象

财务总部通过开展关爱社会弱势群体的“好活动”，进一步增强了职工的凝聚性，同时也将五矿集团长期以来所形成的“珍惜有限，创造无限”的可持续发展理念深入人心，使每一位职工都树立了践行社会责任的意识。同时，五矿的企业形象也随着本活动的开展得到了一定的提升。

2. 激发了学生的学习兴趣，生活本领

每年启喑实验学校有搬迁仪式等重大活动时，都会邀请财务总部的领导和职工代表参加。学校已经把财务总部当作一个重要的社会群体，来告诉学生他们并不孤单，社会上还有很多人关爱着他们的成长。每次看到财务总部的职工们来看望自己，学生们都会异常的兴高采烈。收到财务总部给他们送来的教学仪器、生活用品、文体用品，孩子们的脸上更是荡漾着难以言表的快乐。

花开无声，宁静致远，这些在宁静中生活的聋哑孩子们，在财务总部以及社会其他群体的共同关爱下，健康茁壮地成长着。在这种关爱和鼓励下，也激发了学生们的远大志向，唤醒了他们好好学习，回馈社会的感激之情。带着这种感激之情，他们一定会以坚强的毅力征服自然的先天不足，努力成为社会有用之人，为祖国建设尽心尽力。

3. 促进了职工的自我提升，净化了心灵

上善若水，大爱无疆。四年的坚守，不仅点亮了聋哑孩子的希望，也不断地净化和改造着我们的内心世界。看着这些不健全的孩子们朝气蓬勃的身影，看着他们跳舞、绘画、书法所取得的成就，感动之余我们深受鼓舞，极大地激发了我们对工作和生活的热情。财务总部的一位职工曾在活动感想中写道："我们一次次受到教育，一次次受到震撼，我们去帮助社会，社会却往往给了我们意想不到的收获，让我们再一次反思人生，反思自身，学习前人，提升自己。"

4. 提高了社会对扶助弱势群体的关注

通过开展这一活动，一些其他的社会组织和个人也对弱势群体有了进一步的了解和关注，越来越多的人在我们的影响和感召下加入到了扶助弱势群体的大军中。与此同时，在大家的共同帮扶下，启喑实验学校的软硬件水平都得到了大幅度的提升，可以为更多的聋人学生提供受教育的机会。

有言"功同造化，增益其所不能"。先天的缺陷，给聋校孩子们带来了痛苦和不便，但是社会的长期关爱帮助，必能弥补他们先天的不足造化，使其成为社会有用之人。五矿财务总部也会继续坚持对启喑实验学校的帮助，并希望能够扩大其社会影响力和感召力，带动身边更多的团体和个人投入到关爱弱势群体的活动中来，为构建社会主义和谐社会做出应有的贡献。

结对帮扶“留守儿童”志愿者行动

一、背景

成立于1964年的洛阳有色金属加工设计研究院，创建之初主要承担全国有色金属及其合金加工企业的设计任务，现为中国铝业公司成员单位，持有有色金属加工工程咨询、工程设计、建筑工程设计等13个国家甲级资质证书。目前设有洛阳、苏州两个基地，从业人员2200余人。

二、问题

自2005年始，院团委在参与对口扶贫工作中，发现留守儿童的生活和教育是个比较突出的社会问题，需要妥善解决。院团委依托该院对口扶贫汝阳县十八盘乡申庄村这一平台，组织开展了向留守儿童捐款捐物、送知识送温暖系列活动。如何将这项帮扶行动持续深入开展下去，成为该院开展青年志愿服务活动的课题。

三、解决方案

2010年5月，借助团中央启动“共青团关爱行动”的契机，院团委决心将留守儿童关爱行动推上新台阶，加大了与申庄村干部的沟通力度，对该村及其小学情况进行了详细的调研。在此基础上，院团委及时征得院党委和行政部门的大力支持，最终明确和形成了“以对口扶贫为平台，以结对帮扶为重点”的关爱行动工作新思路。

1. 加强组织保障

为确保“关爱留守儿童”志愿服务行动取得实效，院团委成立了“洛阳有色院志愿者服务队”，并由院团委、各团总支、团支部负责人和部分青年员工组成了青年志愿者工作小组。工作小组具体负责志愿服务活动的组织、协调、宣传工作。2012 年，首次建立了“一对一”结对帮扶档案，由院团委负责登记管理，使结对帮扶信息清晰可查。

2. 寻求资金支持

院团委依托对口扶贫工作平台，积极向院行政争取资金支持，获得每年不少于 3 万元的基础建设帮建投入资金。利用这笔资金，三年来，院团委为该村修桥补路，并建设了文化健身广场，还为村小学修缮了篮球场，捐助了电脑室。以此为平台，青年志愿者们搭建起开展“关爱行动”的平台和载体。

3. 创新活动方式

按照结对帮扶工作计划，每个志愿者每年定期资助一名“留守儿童”，给予 400 元的助学金；每年“六一”儿童节，志愿者们都会到学校和留守儿童一起欢度节日，为他们送去图书、文具，并与他们同台表演文艺节目。活动开展后，带动了部分员工家庭也加入进来。院团委根据员工意愿，在 2012 年新增设了志愿家庭“一对一”帮扶项目，志愿家庭与“留守儿童”家庭结为对子，每年资助 600 元。截至目前，共资助“留守儿童”15 对，“一对一”志愿家庭六对。

志愿者们还十分关注村小学音乐课程设置、课外活动的开展，并努力予以帮扶。2011 年的“六一”儿童节，志愿者们为全校学生上了第一堂音乐课，教学生们唱国歌，并举行了第一次升旗仪式；他们还把城里孩子们玩的游戏和拓展项目教给孩子们，受到了孩子们的欢迎。

四、成效

洛阳有色金属加工设计研究院团委持续开展的关爱留守儿童活动，有效地把企业和员工的爱心传递到了这个深山小学。几年来，累计捐款、捐物达 28.7 万余元，支教 56 课时；结对帮扶留守儿童 54 人。

数年不离不弃的帮扶，使洛阳有色院青年志愿者与申庄村留守儿童成为心心相印的一家人。2013 年春节，18 名留守儿童的家长委托村干部把他们的感谢之情带到了洛阳，当志愿者们看到 18 份各异的土特产时，不禁流下了热泪。这项活动也受到了社会各界的热切关注和良好评价。《中国铝业报》、洛阳电视台、洛阳广播电台等媒体都对此做了报道。该项活动 2012 年度被评选为“中央企业金牌志愿服务项目”。

五、展望

奉献无止境，关爱无终点。留守儿童关爱行动贵在坚持，功在长久。作为中央企业，中铝洛阳有色金属加工设计研究院团委将继续履行社会责任，一如既往地开展关爱行动，用爱凝聚起点点滴滴的关怀，去呵护、滋润那些急需帮助的留守儿童，让他们能够感受到社会大家庭的和谐与温暖，并能够健康成长、早日成才。

69 案例
中国铝业股份有限公司青海分公司

积极组织开展“百企联百村”项目援建

一、背景

中国铝业股份有限公司青海分公司（其前身为原青海铝厂），是国家“七五”“八五”期间重点项目，是我国的大型电解铝企业之一。公司1985年4月动工新建，1987年12月投产。经过近30年的发展，目前电解铝产能达到40万吨，铝产量在2002年至2005年连续四年位居全国第一。

截至2011年年底，分公司累计生产并销售铝产品509万吨，完成工业总产值702亿元，实现利税100亿元，连续21年被评为青海省财政支柱企业或利税大户，始终位居青海企业50强前列。

二、问题

“百企联百村”活动是青海省推进“跨越发展、绿色发展、和谐发展与统筹发展”，加快推进城乡一体化进程的一项重大举措，是一项惠及农牧区千家万户的民生工程。

“百企联百村”活动实施方案，要求每个企业对口支援一至两个村，开展企村结对联建工作。青海分公司的结对村庄是海晏县金滩乡岳峰村、道阳村两个村。

三、解决方案

分公司高度重视该项工作，把“百企联百村”活动作为一项政治任务，以高度的社会责任感，严格、规范、高效、有序地推进该项工作，努力把实事办好，把好事办实。树立中央企业讲政治、负责任、求真务实的良好形象。

在村企联建伊始，青海分公司就专门成立了“百企联百村”项目工作领导小组，多次召开村企联建专题会议，研究部署村企联建工作，要求项目管理部门“优化项目设计、严格招投标管理、确保工程质量”，积极参与和支持新农村牧区建设。

4 月下旬，在接受了海晏县金滩乡岳峰村、道阳村项目援建任务后，青海分公司充分发挥公司在项目设计、管理等方面的自身优势，立即责成项目管理部门负责设计、组织、实施。在项目设计阶段，项目管理人员先后多次前往结对村实地调研和勘察，并与海晏县委县政府、金滩乡政府交换意见，深入联系点的村民家中，促膝交谈了解实情，掌握村民急需解决的实际问题。

在项目招投标阶段，分公司根据招投标管理规定，成立了专门的招标小组。先后编制招标文件、项目招标文件报审会签；邀请符合要求的多家施工企业进行资格预审并发放了招标文件和施工图纸。6 月中旬，按照程序进行公开开标，项目总投资 200 万元。

在项目施工阶段，分公司严把工程质量关。施工现场指定专人作为项目负责人，进行全程监管。安排专业技术人员进驻现场，实施工程监管和协调工作。

四、成效

经过三个月紧张有序施工，分公司圆满完成了援建项目，共完成了 2070m 围墙改造、2175.6m^2 墙体粉刷、127 个厕所和 127 个大门的联建项目。通过双方共同努力，实现了联建项目资金使用、项目建设和群众受益三个方面效益的最大化，使得周边环境整洁一新，焕发出新气象，满足了农村牧区建设新家园的新要求、新期待，展现了央企履行社会责任的良好风范，达到了使群众满意、政府满意、企业满意的联建目标。由于分公司在企村联建中的突出表现，被青海省“百企联百村”活动领导小组评为先进企业。

饮水思源，富而思进。自建厂以来，分公司始终保持与地方政府良好合作关系，积极支持地方经济建设，连续21年被评为青海省财政支柱企业或利税大户，为地方GDP增长做出了积极贡献。分公司每年都要与县劳务派遣公司签订劳务用工协议，为周边乡村剩余劳力提供400多个用工岗位，不断扩大务工渠道，增加农民收入。仅2010～2011年，就为700余名劳务工支付劳务费、社会保险等各项费用2300多万元。

2007年，分公司积极参与青海省新农村建设，由中铝公司捐资1000万元支持周边11个贫困村建设，帮助周边村镇改善基础设施、文化卫生事业、村容村貌整治以及发展优势产业、科技推广、人才培训等工作，改善农民生活条件，提高农民生活质量。从2007年起，分公司文明办与大通县长宁乡上岗冲村结为精神文明帮扶对子，签订了城乡共建协议书，帮助上岗村建立乡村文化站，为周边村镇捐赠了农村科技图书、电脑、学生课桌篮球架等文体活动设施，受到当地政府和群众的称赞。

2010年青海玉树地震发生以后，分公司党委组织召开紧急会议，全面部署物资筹集和抗震救灾工作。一方面筹集了10万元救灾物资，紧急赶赴灾区第一线；另一方面向全体员工发出为灾区同胞捐款倡议书，短短两天时间，捐款40余万元，以实际行动演绎着血浓于水的人间大爱。

五、展望

服务社会，回馈社会，推动地方经济建设又好又快发展，是青海分公司义不容辞的社会政治责任。青海分公司将在奉献社会高品质产品、取得辉煌业绩的同时，积极参与地方经济建设，发挥好中央企业的表率作用，促进青海社会经济文化事业的发展，为建设富裕、文明、和谐新青海作出了积极贡献。

基层管理实行“五同”促和谐劳动关系

一、背景

中国有色金属工业第十五冶金建设公司（以下简称中国十五冶）成立于1953年，是以建筑业为主，房地产业、矿业开发和物资贸易业多元发展的大型企业集团。一直以来，中国十五冶先后在全国30多个省（直辖市、自治区）、100多个县、市建成各类大中型项目400多个，工程质量合格率均达100%；中国十五冶还积极实施“走出去”战略，在赞比亚、安哥拉、阿尔及利亚、沙特、缅甸、蒙古、俄罗斯等20多个国家承接了一百多亿元的施工任务，在海外展示了中国建筑业铁军风采。中国十五冶充分发挥冶炼工程总承包特级资质的优势，先后建成湖南铅锌基地、湖北大冶铜基地、江西铜基地、安徽铜陵铜基地和山东祥光铜基地。

二、问题

自2012年以来，十五冶坚持在各基层项目部深入推行以外联队员工和公司管理人员“同劳动、同学习、同生活、同参与、同活动”为主要内容的“五同”管理，将最具人文关怀气息的亲情管理向一线作业人员延伸。以亲情化的管理调动外联队伍的积极性，充分发挥其在施工生产中的作用，为工程形象的树立及工程质量的提高提供了保障。

三、解决方案

1. 人文关怀激发劳务人员工作热情

“我们要切实转变用人观念，扎实推进‘五同’管理，将外聘员工、外联队员工、国外劳务人员当作公司自有员工对待，在工作上多帮助，在生活上给予更多关心和爱护，让他们充分感受到企业的关怀和温暖。”在外联队伍的管理上，我们既要有严格的制度规范，又要有相应的人文关怀，这样才能激发出劳务人员的工作热情。”

实施“五同”管理以来，项目部领导、管理人员和外联队人员共同作业，改变了过去劳务人员弯腰“干”、管理人员站着“看”的现象。增进了双方的了解和信任，为齐心合力推动项目建设奠定了感情基础。

2. 工地的夜晚欢声笑语

十五冶武汉公司阜新项目部的外联队员工与管理人员早早地就聚集到一起，在观赏项目部为他们播放的露天电影——《唐山大地震》的同时热烈讨论剧情，场面十分活跃。十五冶三公司广西梧州项目部每隔一段时间就抽出一个晚上为外联队员工播放露天电影。影片给百忙之中抽空休息的外联队员工带来了欢声笑语。

3. 同学习、共进步、形成和谐氛围

十五冶一公司四川资阳项目部开展了颇具特色的业务讲坛活动。他们根据多年来在一线作业中摸索积累出的丰富经验，同时结合现场的实际施工情况，依次从分户验收的标准流程、施工过程中的质量控制点等方面进行了详细、全面的讲解。自工程开工以来，该项目部始终重视与作业队的协作，组织了多次安全及文明施工培训，并充分利用业务讲坛等机会，联合作业队进行“双向学习”。正是这种坚持“同学习、共进步”的心态，让项目部形成了一种“和谐”氛围，为达到“共赢”目标创造了良好局面。

4. 深入细致　解决国外劳务生活问题

十五冶七公司俄罗斯项目部由于地理位置偏远、气候严寒，生活条件相对艰苦。但

该项目部想尽办法，采取各种措施改善外联队员工的生活条件：为让员工们能够吃上新鲜蔬菜，项目部专门从国内运来塑料大棚自己种植蔬菜；为保证供暖，项目部派专人烧锅炉，确保24小时暖气不断；为解决员工日常用品购买难的问题，项目部派人派车按期集体采购；为解决员工与国内亲人联系难的问题，项目部在生活区还设置了一部专用电话，员工可限时付费拨打国际长途。

5. 其他

除了以上项目部外，十五冶其他基层项目也将“五同”管理落到了实处。哈尔滨天滋项目组织“送疫苗，保健康”活动，为前期参加工程建设的135名劳务人员每人免费注射了一支森林脑炎灭活疫苗；云南镇雄项目部组织员工对家庭出现意外的外聘员工捐款献爱心；黄石紫新苑项目部想方设法为外联队解决生活用水难题……通过落实“五同”管理，外联队人员深切地感受到了来自中国十五冶这个大家庭的温暖，激发了外联队与企业同呼吸、共命运的热情，充分调动了他们的积极性，从而促进了他们为施工生产和企业发展“助力”。

71 案例
中国有色矿业集团有限公司

扶贫先扶智　扶智先育人

一、背景

1. 梁河县基本情况

梁河县是云南省73个国家扶贫开发工作重点县之一，是德宏傣族景颇族自治州唯一的扶贫开发县。

2011年末全县总人口166637人，其中农业人口146517人。按新标准农民年人均纯收入低于2300元的贫困人口有132633人，占农村人口的90.5%。

该地区交通落后、财政困难，具有贫困面大、人口多、贫困程度深的特点，是集边疆地区、民族地区和贫困地区于一体的连片特困地区之一。大部分山区群众普遍存在就医难、上学难、饮水难、行路难、住房难、增收难等问题。贫困人口主要分布在偏远山区、少数民族地区，生存环境差、地质灾害频发，远离集镇，交通不便，信息闭塞，基础设施脆弱，公共服务水平低，生产力发展滞后。贫困分布广泛又相对集中，绝对贫困现象突出，脱贫又返贫的不稳定性是梁河县主要特点。

2. 中国有色集团定点帮扶梁河县的情况

根据党中央、国务院的统一安排和部署，中国有色集团定点扶贫国家级扶贫开发工作重点县——云南省梁河县。中国有色集团高度重视扶贫开发工作，以构建和谐社会为己任。在“资源报国”的同时加大中央企业承担社会责任的力度，把扶贫项目直接落实到贫困村、贫困户，连续获得云南省委、省政府颁发的“倾情扶贫”奖牌。

二、问题

1. 教育扶贫

梁河县目前共有各类学校 82 所，学生 24190 人，教师 1895 人。由于自然条件较差，经济发展缓慢，农村基础教育处于较低的水平。全县不少山区仍然存在“一师一校”的现象，很多学校校舍简陋，寄宿条件差，安全隐患较多。梁河县政府结合贫困乡村实际，组织实施整村推进、整乡推进、易地扶贫、安居工程等扶贫项目，对全县的中小学特别是农村的一些小学进行撤建合并，在对学校校舍进行扩建、改造的过程中资金严重缺乏。

为了帮助梁河县的学生能够在更好的环境中上课学习，中国有色集团已帮助梁河县新建梁子街完小综合教学楼一栋（投资 126.5 万元）、新建小厂乡勐竜小学校舍（投资 70 万元）、改造九保乡永和小学校舍（投资 30 万元）、资助贫困大学生 38 万元、为学生买床三万元、资助贫困小学生一万元。另外为学生捐赠电脑 10 台，棉被 100 套，等等。截至目前，中国有色集团共捐赠和协调解决用于教育扶贫的资金共计 268.5 万元，赢得了当地政府和人民的高度赞赏，产生了良好的社会效应。

2. 抗旱救灾

长期以来，云南省德宏州梁河县多个贫困乡村一直面临人畜饮水困难，群众饮用水均由附近农田沟里引入，由于水质大多被农药、化肥污染，饮水安全得不到保障，雨季时取水设施经常被冲毁，枯水季节时水量又很小，特别是 2009 年入秋以来，受西南地区特大旱灾的影响，饮水问题更加突出，给当地人民群众身心健康造成极大影响。

为了彻底解决梁河县部分最贫困村寨人畜饮水困难和饮水安全问题，为村民带来切实利益，经我公司与当地政府多次沟通协商，通过对饮水工程方案认真研究后决定：

将我公司总部和 19 家出资企业员工抗旱救灾捐款 68.5 万元捐赠给梁河县，用于解决该县饮水最困难、受灾最严重的勐竜村、杏来村、芒林新寨三个贫困村的人畜饮水问题。其中，杏来村 7.5 万元，芒林新寨 9.87 万元，勐竜村 51.1 万元。由于集团公司援建的勐竜小学就在勐竜村，此次捐款也一并解决了勐竜小学师生的饮水困难和饮水安全问题。除此之外，2010 年 4 月 7 日至 12 日，由我集团公司总会计师武翔带队一行四人，赴当地进行抗旱救灾情况、扶贫工作、教育办学等情况考察和调研期间，代表集团公司总部向梁河县政府又捐赠了 50 万元的抗旱救灾扶贫款。

三、基本模式和创新做法

1. 基本模式

在扶贫工作的开展中，中国有色集团一直在积极寻找恰当的着力点深度切入扶贫助困的突破口。从 2001 年至今，中国有色集团主要领导带队组成定点扶贫工作队，先后共组织 20 余人次到梁河县进行实地考察和调研，与当地政府领导以及相关部门人员、基层群众进行了广泛沟通和走访调查。经过多次调研后发现，脱贫又返贫是梁河县贫困的显著特点，教育落后是制约梁河县经济社会发展和广大人民群众脱贫致富的主要瓶颈，而造成这种情况的根源就是基础教育发展严重滞后、人才匮乏。对于梁河县的扶贫县工作，集团公司每年都列支专项扶贫款用于该县的扶贫工作。扶贫资金主要用于改善梁河县落后的教学条件和学生生活条件，资助贫困大学生等“教育扶贫”以及教育培训工作。

2. 创新模式

中国有色集团与梁河县方面建立了扶贫工作定期联系、定期通报制度，加强了与梁河县方面的沟通和联系，为梁河县社会经济的发展提出了诸多富有建设性和针对性的建议和意见。调研过程中，中国有色集团与基层乡镇、贫困户及困难职工广泛接触，深入困难人群中详细了解贫困群众的生产生活现状，做到心中有数，有的放矢。

中国有色集团将“扶贫先扶智、扶智先育人”作为工作突破口，大力支持梁河县发展教育、培养人才。全面开展深入学习实践科学发展观活动，创造性地开展工作，提高定点扶贫效果，并且注意总结以往的扶贫经验。同时，加强扶贫工作的宣传教育力度，鼓励和组织职工捐款捐物、“一对一”捐资助学等活动，为社会和谐进步贡献力量。

四、创新成效与作用

多年来，在集团公司领导班子的高度关注和重视下，集团公司对该县的教育扶贫、资助贫困大学生、校舍改造等方面给予了大力支持和帮助，扶贫工作成效显著，投入的教育扶贫的资金已达 268.5 万元。其中，由集团公司捐建的小厂乡勐竜小学是小厂乡“硬件设施第一，学生规模第一，教学质量第一”的一所小学。梁河县当地的教育教学质量稳步提升，办学水平得到提高，2010 年小学毕业水平测试：全县参加小学毕业水平测试 2329 人（去年 2352 人），语数总平均分为 145.63 分，全科合格率 69.59%；数学平均分 70.5 分、及格率 71.86%，居全州第一名。2010 年中考：全县共有考生 1354 人（去年 1215 人），总平均分 431.83 分（州总平均 379.52 分），居全州第二名，及格率 58.94%（全州及格率 42.93%），居全州第二名。

72 案例

中铝云铜集团迪庆矿业开发有限责任公司

开展“四群”教育 构建和谐藏区

一、背景

中铝云铜集团云南迪庆矿业开发有限责任公司（以下简称迪庆矿业）位于迪庆州德钦县羊拉乡，是中铝云铜集团目前在高原藏区资源开发利用和循环经济构建的最佳典范。迪庆矿业在推进自身发展的同时，不忘积极主动履行社会责任，既服务了矿区新农村建设，又带动了地方经济，建立了良好的地矿关系，营造了迪庆矿业和谐发展的氛围。

二、问题

迪庆矿业地处经济欠发达的藏区，该地区少数民族众多，周边群众的文化、宗教、教育、素质等差异大。公司如何在实现自身发展的同时，更好地维护好企业与当地群众之间关系、实现共生共荣，是公司需要加以长远考虑和认真解决的难题。

三、解决方案

迪庆矿业自成立以来，就坚持将企业发展和村企联建同步规划、同步推进。2012

年，云南省在全省干部中深入开展“四群”教育工作，迪庆矿业以此为契机，立足藏区发展，结合企业实际，着眼创建示范，创新工作方法，丰富活动内容，促进藏区矿地和谐发展。

迪庆矿业党委认真分析企业在藏区发展中所面临的群众工作的形势和特点，认真开展“四群”教育（深入开展群众观点、群众路线、群众利益、群众工作“四群”教育）。教育活动创新性地将“四群”教育、创先争优和扶贫开发联系点“三点合一”，三项活动同时开展，实行挂钩企业基层、联系企业职工；挂钩基层党组织，联系企业党员；挂钩农村扶贫，联系农村群众的“三挂三联”制度，切切实实地解决矿地群众关心的实际问题。

1. 以群众利益为出发点，深入开展“三点合一”活动。

迪庆矿业将创先争优联系点、扶贫开发联系点和“四群”教育联系点“三点合一”，按照以点带面、示范引路的要求，三项工作同时开展，形成“活动内容相互融入、活动方法相互借鉴、活动经验相互交流、活动成果职工群众共享”的格局。在创建“四群”教育示范点工作中，迪庆矿业结合创先争优活动，组织和个人公开承诺扶贫开发和“四群”教育的内容。

2. 坚持群众路线，建立“三挂三联”制度。

实行“三挂三联”，建立干部直接联系群众制度。紧紧围绕“访民情、抓落实、办实事、强组织、谋发展、促和谐”六项任务，建立干部直接联系群众制度，实行挂钩企业基层，联系企业职工；挂钩农村扶贫，联系农村群众；挂钩重点项目，推动企业发展的“三挂三联”制度，并按照“三挂三联”的要求，深入基层一线、深入挂钩扶贫点、深入职工群众家庭调查研究，开展实行领导蹲点联户、部门挂钩联户、干部结对联户、建卡经常联户等直接联系群众制度的各项工作。

3. 处理“六大关系”，做好群众工作。

企业在藏区通过处理好六大关系，即：一是处理好群众工作与企业内外部民族团结的关系；二是处理好群众工作与矿地和谐稳定发展的关系；三是处理好群众工作与统一公司员工信仰及坚定理想信念的关系；四是处理好群众工作与员工宗教信仰自由的关系；五是处理好群众工作与推动迪庆藏区社会主义和谐社会建设的关系；六是处理好群众工作与企业持续稳健发展之间的关系，凝聚各方力量，创建和谐矿区。

四、成效

迪庆矿业通过一系列措施的实施，使长期以畜牧业和山地农耕为主，一直处于贫困线以下的矿区群众生活发生了翻天覆地的变化，推进了新农村建设步伐，实现了矿地和谐发展。

1. 解就业、促民生

矿区农民生活水平得到明显提高。公司每年创造 2500 个就业岗位，积极从里农、路农每户招收一人到公司工作，此举增加了藏区人民的就业率、促进了当地农村的经济发展，提高了农民的家庭收入。里农村和路农村人均年收入从建矿前的 600 元迅速跃升至 2012 年的 1. 95 万元，是 2003 年国家确定的贫困线 2300 元的 8. 5 倍。

2. 强组织、兴教育

公司本着关心、帮扶、促进矿区农村发展的人本理念，创新党建工作思路：一是在企业内部成立了“迪庆矿业、里农村、路农村党员活动中心”，2012 年公司出资五万元为里农村新建了“党员活动中心”，组织里农、路农两村 21 名共产党员进行培训学习，集中培训村民 80 人次，提高农村党员的素质和带领群众致富的能力，逐步实现由被动“输血”向主动“造血”转变。二是投资新建两所希望小学，完善企业学校的教学设备设施，为学生提供相对较好的学习环境，使学生树立“知识改变命运、改变家乡”的观念。三是通过培训和“一对一”的帮学，使里农和路农村在公司就业的 63 名文盲逐步脱盲。

3. 重帮扶、换新貌

一是公司自 2009 年以来先后为当地修路投入资金 1600 多万元，加固拓宽从曲宗桥到羊拉乡 90km 的乡村公路；投资 1000 多万元新修通往里农和路农村的进村公路；2012 年，出资 30 万元新建了 1. 5km 通往喇嘛寺的公路，为地方政府加强宗教管理，维护藏区稳定，促进矿地和谐和藏族群众从事宗教活动提供了基础保障。二是解决矿区藏族村民的医疗问题。公司通过加强职工医院的建设、配备先进的医疗设备、引进优秀的医疗人才等手段，解决了员工和周边藏族群众的“看病难”问题，目前，公司职工医院已成为德钦县县域内较先进的医院。同时，公司采取“对企业周边的藏族群众到职工医院就医，医疗和药品费用比员工低10%”的措施，在保障医疗条件的同时对藏族群众进行医疗扶贫。三是于2012年7月，积极响应中铝云铜集团开展的“干群手拉手抗旱先锋活动”，投资60万元为路农村每户藏民家庭架通自来水，解决了藏族同胞吃水难的问题。四是为村民架设了用电线路，每年免费承担380万元的高压电路变损费用，使祖祖辈辈没有用上电的藏族同胞有了电灯、看上了电视。同时为他们安装了优质太阳能，使藏族群众在雪域高原感受到了中铝云铜发展带来的“温暖”。

五、展望

“四群”教育活动的目标，是构建和谐的矿地关系，下一步，迪庆矿业将继续在提升扶贫开发的能力、深入联系职工群众和发动职工群众的能力等方面努力创新，并注重及时总结成果和经验，将其运用在企业发展和矿地和谐构建活动当中，为企业持续健康发展营造和谐稳定的良好外部环境。

73 案例

中铝华中铜业有限公司

为“千亿元铜产业链”补上重要一环

一、背景

中铝华中铜业有限公司是中国铝业公司同湖北省合作投资21亿元兴建的高新技术企业。公司高精度铜板带项目是我国高精度板带材产品产业化的示范项目，是中国铝业公司“创办一流铜业”的开局性项目和湖北省100项重点项目之一。公司以国内市场急需的高精度电子引线框架铜带、3G通信用超长无氧铜射频电缆带、太阳能光伏铜带、LED用铜带、高精度变压器铜带等为主导产品。以“替代进口，面向出口”为市场定位，产品附加值高。

二、问题

华中铜所在地——黄石是我国第六大铜矿基地和十大铁矿基地之一，硅灰石储量世界第一。它是中华民族青铜文化的发祥地。千年生生不息的矿冶之火，铸造了黄石“矿冶文明之都”的辉煌。但历经50多年的发展，黄石逐渐走到了“矿竭城衰”的边缘。2009年3月，黄石市被批准为全国第二批资源枯竭城市转型试点。

作为典型的资源型城市，黄石产业结构以生产原材料和资源型产品粗加工为主，呈现“三多三少”的特点：资源型企业多，高新技术企业少；初级产品多，终端产品少；关联度低的单体企业多，产业集群配套企业少。一直以来，采矿炼铜是黄石一个重要经济支柱。由于黄石的铜产业层次较低，铜加工企业规模普遍不大，而且基本上以普通产品为主，产品技术含量不高，附加值低，赢利能力不强。延伸铜产业链势在必行。

三、方案

（1）中铝华中铜业有限公司高精度铜板带作为铜产业链条的中游产品，为下游的铜产品提供了原料，就像一个巨大的“磁场”，吸引着投资商。铜板带产品链继续向下游延伸，最大限度促进本地电铜资源的就地转化。公司生产的 IC 电子引线框架铜带，是构成大规模集成电路的关键部件，用于支撑芯片、散热及连接外部线路。其中，0.152、0.127、0.11 产品已在高端客户中广泛大批量使用。处于国内领先水平，市场份额不断攀升，并出口日本、韩国。

（2）公司密切跟踪低碳行业动态，研发太阳能光伏组件。随着低碳时代的来临，节能减排的呼声日高，太阳能光伏发电装置也炙手可热。公司敏锐捕捉到这一商机，熔铸成无氧铜基材，精心轧制加工成高导电率的汇流导线铜带。经过反复试验，攻克了带材退火等技术难关，研制成优质的柔性铜带，畅销市场，成为湖北省此类低碳铜产品的最大生产厂家。

（3）华中铜的发展带动了产业链，公司发展高精度电子引线框架铜带等深加工产品，可实现所在地 PCB 产业配套。目前，黄石市在黄金山地区已兴建国内最大太阳能发电示范区。中铝华中铜业有限公司生产的太阳能光伏铜带等产品将成为该项目进一步发展的有力支撑。

四、成效

华中铜中铝华中铜业有限公司已成为黄石市对外展示的窗口，吸引了沪士电子等知名电子信息技术企业在黄石投资建厂。2011 年，黄石市规模以上工业总产值跃升至 1500 亿元以上，达到 1588.70 亿元，同比增长 38%；工业增加值近 500 亿元，达

481. 54 亿元，同比增长 22. 1%，增加值总量排名由 2010 年湖北省第五位提升至第四位。其中，有色金属产业产值突破 500 亿元大关，达到 503. 3 亿元和 407. 67 亿元。由于为地方经济所做出的贡献突出，中铝华中铜业有限公司荣膺“2011 湖北省企业 100 强”。

五、展望

公司将继续以科技为先导，加快自身发展，带动黄石市的经济、社会发展。按照黄石市“十二五”规划确定的目标，到“十二五”期末，黄石市仅光伏发电集中应用将超过 100 兆瓦、光伏产业产值将超过 100 亿元。

心系灾区　打井抗旱

一、背景

昆明勘察设计研究院勘察公司是中铝云铜集团旗下集工程勘察、矿产地质勘查、工程设计、工程测绘、工程检测、岩土工程施工、地质灾害评估与防治、环境保护治理、规划、土工实验、地热水资源评价开采、咨询、研究为一体的大型综合甲级工程勘察设计研究单位。2012 年昆勘院勘察公司被认定为云南省第二批高新技术企业，荣获国土资源部“全国模范地勘单位”称号，荣获昆明市盘龙区“纳税突出贡献企业”称号。截至 2012 年年底，昆勘院勘查公司拥有国家级勘察大师一人，省部级勘察大师七人，副高级别以上专业技术人员达到 115 人，各类注册师数量达到 126 人。

二、问题

云南省 2009 ~2012 年出现史无前例的连年旱灾，给人民群众的生产生活带来了严重影响，给工农业生产造成了巨大损失。2012 年，旱灾造成了云南省 16 个州市 125 个县 790. 10 万人受灾，237 条中小河流断流，413 座小型水库干涸，320. 34 万人、164. 71 万头大牲畜出现不同程度的饮水困难，农作物受灾 676. 65 千公顷。面对严峻的旱情，需要积极进行抗旱水源地建设，尤其要开发优质探采深井，以确保出水量，长效解决旱灾带来的不利影响。

三、解决方案

2012 年，面对严峻的旱情，昆勘院勘察公司主动承担了云南省国土资源厅 61 口抗旱深井的勘察和施工任务，在中铝公司、云铜集团指导帮助下，积极调动一切力量投入抗旱救灾水源地建设活动，迅速启动了以下五项保障措施：

1. 组织保障

成立抗旱水源地建设指挥部，院长陆增建担任总指挥，先后召开动员会、专家咨询会、五次抗旱救灾应急水源地建设工作推进会，从机构设置到人员配备件件落实，责任到人，保障任务完成。

2. 设备保障

先后调集了 SPJ－300、XY－4、XY－44、YDS－Ⅰ潜孔钻机等多台大型深井设备进行施工，高峰时同时入场设备达到 26 台套，施工人员 286 人，做到设备实际配置与承担任务相匹配。

3. 技术保障

组建以院司总工程师带队的找水技术组，收集、购买区域水文地质资料，分析研究，并聘请专家做技术指导，依靠科学技术做好技术保障。

4. 资金保障

自行筹措资金。每口井以 20 万元资金作为抗旱救灾地下找水专款，先后共筹措资金 1200 多万元用于材料购买、进场准备、人员经费等开支，做到资金有保障。

5. 安全保障

按照质量、环境、职业健康安全三体系管理的要求，突出在交通运输、设备调迁、安装、钻井施工等方面的安全措施保障。

四、成效

1. 创造新的经济增长点

自2010年接到抗旱救灾任务后，昆勘院勘察公司党政班子高度重视，迅速抽调精兵强将成立地下水资源开发公司，在保证完成抗旱任务的同时积极开拓新的专业和领域。虽然抗旱找水任务繁重，但院司采取了强有力的组织保障措施，实现了生产、抗旱两不误。2012年院司签订合同额10亿元，实现收入6.4亿元，其中抗旱完成3323万元，再创历史新高。

2. 科学技术创新创效

为使抗旱找水提高效率，昆勘院勘察公司投入资金购买设备，特别是投入200多万元购买YDS－Ⅰ潜孔锤大型深井设备钻机，大大提高了钻进速度，顺利完成打井任务。与此同时，院司抓住契机，开展总工论坛，以技术为引领和延伸，围绕水文地质、城市水文地质、矿床水文地质等专业项目，提出了院司水文地质专业在技术创新创效的发展方向，通过实践，在区域水文地质、地下水供水、排水问题，工程建设中地下水问题，基坑工程中地下水问题，矿山工程开采等地下水问题方面有着较深入的研究并取得成果。

3. 人才队伍得到培养

新成立的地下水资源开发公司在抗旱找水过程中得到了长足发展，锻炼了一支冲锋在前、招之即来、来之能战、战之必胜的抗旱找水骨干力量。不管是年长的还是年轻的同志，不计个人得失，敢于担当，接到任务后，不讲任何条件立即奔赴现场踏勘、布孔，积极协调与当地政府的关系，承担和解决各井的技术管理和存在的技术问题，一大批年轻技术人员在抗旱突击行动中得到了锻炼，得到了成长，实现了昆勘院勘察公司水文地质专业的再次飞跃。

4. 提高了企业知名度

在抗旱水源地建设中，昆勘院勘察公司领导多次深入一线、靠前指挥，党委紧急动员，组织开展“共产党员抗旱先锋行动”，工会、团委在参加抗旱找水的突击队中开展“抗旱专项劳动竞赛活动”，充分调动员工的积极性和创新性。院司把抗旱水源地建设同“四群”教育工作有机结合，在难以打出水的情况下，技术专家们按照温家宝同志到打井现场慰问提出的“要依靠科学技术，多打井，为群众排忧解难”的嘱托，克服困难，打出了两口“四群”教育抗旱先锋井，经水质检验，均达到饮用水标准，满足了四个村758人的饮水需要。中国勘察设计协会发出通知，称赞昆勘院是“中国工程勘察设计行业的骄傲”，号召全国工程勘察设计行业向昆勘院学习。由于成绩突出，单位和89名抗旱找水突击队员分别获得国土资源部、云南省委、中国铝业公司、中国勘察设计协会、云南省国资委和云铜集团等授予的先进集体、先进个人称号，并受到表彰。

5. 展示了国企新形象

昆勘院勘察公司抗旱水源地工作取得了良好的社会效应和影响。出水时，村民送上一面面锦旗，当地村民的纯朴之举深深打动了我们。2012年1月10日，云南省抗旱救灾地下找水曲靖市百口深井启动仪式在院司承担的曲靖市马龙县车章新村举行；2月1日，中国地调局援助云南省抗旱救灾物探找水工作开工仪式在院司承担的文山州丘北县双龙营镇大麦冲村抗旱井施工现场举行；2月17日，国土资源部胡存智副部长一行来到曲靖市马过河镇车章新村抗旱井点调研，对院司在云南省抗旱救灾地下找水工作中做出的努力给予了充分肯定；中央电视台科技频道《走进科学》栏目组来到院司抗旱救灾水源地建设工作现场，全面记录抗旱打井工作实况的《云南抗旱记》在中央电视台2012年3月21日播出。“找水抗旱救灾，责任重于泰山”，昆勘院勘察公司在为抗旱救灾做出应有贡献的同时，以高度的政治责任感践行使命义务、履行社会责任，为云铜集团和中铝公司在履行国企责任和展示新形象方面交上了一份满意的答卷。

五、展望

2013年，云南旱情更加严重。接到云南省国土资源厅2013年抗旱减灾地下找水工作的任务，昆勘院勘察公司现承担丽江、临沧、楚雄等地29口井的抗旱水源地建设任务。3月26日晚7点召开动员会，紧急部署找水工作。动员会后，抗旱水源地建设总指挥、院长、总经理陆增建立即带队奔赴各地进行实地踏勘、定井位、开钻。作为专业的勘察设计队伍，我们是抗击各种自然灾害的重要力量，作为中铝、云铜集团的一支国家综合甲级勘察设计单位，我们有不忘回报社会和践行国企社会责任的义务。责任缔造伟业，奉献大爱无疆。云铜集团将继续发扬“特别能吃苦，特别能战斗，特别负责任，特别能奉献”的抗旱救灾精神，为云南省 2013 年抗旱救灾做贡献，再次展示云铜和中铝履行国企责任的新形象。

75 案例
中国五矿集团公司

MMG 与联合国儿童基金会合作关心儿童健康

一、背景

MMG 正在与全球最大的国际援助与发展组织之一联合国儿童基金会（UNICEF）开展合作，旨在通过建立合作伙伴关系促进儿童健康事业的发展。

通过在线募捐、MMG 大使计划以及关注经营所在社区和儿童健康需求的“关爱社区”举措，MMG 与 UNICEF 正在共同致力于为下一代带来最珍贵的礼物——更加健康。

二、项目

该合作伙伴关系根植于国际锌协会（IZA）发起的“锌救儿童”计划，MMG 首席执行官 Andrew Michelmore 是 IZA 现任全球主席，MMG 公司也是该计划的主要支持者之一。锌是人体健康发育不可或缺的重要微量元素，它能促使细胞繁殖，对大脑发育和成长具有重要促进作用。根据 UNICEF 的统计，面临缺锌风险的人群在总人口中所占比例惊人，高达三分之一。每年约有 45 万名五岁以下儿童死于锌缺乏症以及腹泻等相关疾病。

MMG 公司于欢乐家庭日向 UNICEF 组织捐款

迄今为止，该合作计划已经通过 MMG 员工募捐、公司捐款和配捐等形式筹得多项款项，在圣诞节期间 UNICEF Inspired Gifts 活动也得到 MMG 全力支持，在圣诞节前后短短八周时间里，MMG 赞助了大量袋装锌微量元素，相当于可以为 26 万多名儿童提供一天所需的微量营养素摄入量。2012 年，MMG 将继续支持“锌救儿童”计划，即 UNICEF Inspired Gifts（澳大利亚分部）每售出一份微量营养素礼物，MMG 即捐出同等金额的款项。

而在 MMG 老挝矿区，MMG 将通过 UNICEF 资助一项在老挝开展的儿童健康计划，该计划重点关注矿山周边的当地社区中锌及其他矿物质缺乏症的高发生率。根据该合作计划，MMG 将出资并且协助 UNICEF 在老挝的四个主要省份实施微量营养素计划，其中包括 MMG 旗下 Sepon 矿山的所在地——沙湾拿吉省（Savannakhet）。该计划的目标是降低老挝阿速坡（Attapeu）、沙拉万（Salavan）、色空（Sekong）和沙湾拿吉（Savannakhet）四省中 6～59 个月儿童的微量营养素缺乏症发病率以及由此导致的死亡率，同时通过一个可持续营销解决方案实现微量营养素粉剂的广泛分发，培养母亲以及儿童护理机构对于微量营养素的认知和需求。

三、UNICEF 展望

联合国儿童基金会“锌救儿童”计划的 LOGO

联合国儿童基金会（UNICEF）是一家足迹遍布 150 多个国家的联合国机构。它是世界上最大的发展机构，致力于改善儿童权利。在诸如澳大利亚等工业化国家中，UNICEF 作为一家倡导组织开展筹款以及提升全社会儿童权利意识的工作，其首要工作是应对突发事件和冲突，同时积极倡导儿童在生存、教育、艾滋病、人身保护和紧急情况等五大优先领域内的权利。

同时，作为发展中国家疫苗的全球最大来源，UNICEF 为世界上 56% 的儿童提供疫苗，帮助他们预防多种疾病。

（特洛·休伊、瑞贝卡·黄）

76 案例
中国五矿集团公司企划部

爱心奉献“太阳村”

一、背景

为响应中国五矿集团公司工会关于开展2011年回馈社会“好活动”的号召，集团公司企划部以关注儿童心灵成长、构建和谐稳定社会为切入点，积极联系北京顺义区“太阳村儿童教育咨询中心”，组织开展了给“太阳村”的孩子们送温暖的爱心传递活动，激发了员工的企业社会责任意识。

二、发起倡议

“太阳村儿童教育咨询中心”，这是一家无偿救助服刑人员无人照顾未成年子女的慈善机构。这里为无人照顾的服刑人员未成年子女提供特殊的教育、心理辅导、权益保护以及职业培训等服务。中心首家机构在陕西西安成立，十多年来，从陕西西安逐步发展到包括陕西陇县、北京、河南、江西、青海等六个地区的六家太阳村分支机构，救助的孩子超过了2000名，引起了社会的关注并产生了很好的社会效益。

为什么我们要选择这样一个特殊的人群施以爱心呢？因为“太阳村”的这些孩子是一个社会边缘群体的后代，在遭受了失去父母关爱、生活没有保障、冷漠、歧视和伤害后，这些孩子们心灵上受到的创伤在他们成长的道路上已经形成了一个难以逾越的暗沟。冷漠、暴力伤害甚至报复社会逐渐成为很多这类孩子自认为是保护自己的唯一手段。

改革开放几十年来，我国经济一直呈现出高速发展的态势，人民的生活水平也有了很大的提高。与此同时，党中央也在大力倡导要构建和谐社会，就是要最大限度地体现社会的公平和全民对改革开放成果的共享。“太阳村”的这些孩子，虽然他们的父母对社会有罪，但孩子们是无辜的，他们不应当受到任何的影响或者牵连，他们应该享有正常孩子们应有的权利，他们也应该健康的成长，以便将来成为对社会有用的人。为此，企划部领导班子决定开展一次企业社会公益活动，组织员工慰问“太阳村”的孩子。部领导向企划部的全体员工发出了倡议，希望大家募集物品，奉献爱心，以我们力所能及的方式，给“太阳村”的孩子们关爱，让他们也能够感受到社会的温暖，健康地成长；同时也促使他们的父母更好地接受改造，早日回归社会，以推动我们这个国家的社会和谐与进步。

三、组织员工开展善捐

在部领导的精心组织下，由企划部党支部、团支部和工会小组联合组成的爱心奉献活动小组很快就成立起来。党支部书记徐忠芬同志亲自带头捐出物品，企划部有一个共同的心愿，就是通过这些转送到孩子们手中的物品，表达我们五矿企划员工的一片爱心和真诚祝福。

通过全体员工的共同参与，此次募捐到了包括衣服、鞋子、床上用品、学习用品、玩具等大批孩子们适用的物品；此外，根据我们了解到的“太阳村”的需求请全体员工积极响应，募集到的生活用品、学习用品和玩具等不断汇集增加。活动小组又统一购买了一批生活用品，包括牙膏、牙刷、洗发水、沐浴露、洗手液、女性护理用品等，以解决孩子们的一些日常需求。

四、开赴“太阳村”

2011 年 5 月 24 日，这是一个令人难忘的日子。由企划部梁建波副总经理带队，并邀请了集团公司工会张珍荣副主席等一行八人组成的慰问团，代表着中国五矿企划部全体员工的一片心意前往顺义“太阳村”。

进入“太阳村”，这里干净整洁的环境让大家眼前一亮。梁建波副总经理首先代表中国五矿企划部全体员工把爱心物品交到了“太阳村儿童教育咨询中心”负责人刘老师手里。刘老师代表“太阳村”的所有孩子和工作人员向慰问团表示衷心的感谢。随后她介绍了“太阳村”的发展历史、意义和肩负的使命。

目前在北京顺义“太阳村”里一共生活着 90 多个孩子。“太阳村”是一个大家庭，按照不同的年龄划分，每 14 个孩子组成一个小家庭。每个小家庭居住在一个 110m^2 的大宿舍里，宿舍里有卧室、客厅和卫生间。每个小家庭都有爱心妈妈负责照顾孩子们的生活，指导他们的学习，培养孩子们的自信心、自立能力和自强意识。

在刘老师的安排下，慰问团的成员还与孩子们进行了互动。这些小朋友都很懂礼貌，看见我们来了，非常高兴地热情邀请我们和他们一起玩耍。

有一些小朋友，可能是前期缺少关爱，心灵受到过伤害，表现出强烈的爱的渴求，一看见我们过来就张开双臂，用稚嫩的还不完整的语言要求我们抱一抱。一个简单得不能再简单的动作，一个简单得不能再简单的微笑，对他们来说却是奢侈的期盼。

“太阳村”的宗旨就是要尽力保护这些无人呵护的孩子，避免他们像父母那样走上犯罪道路。培养他们自食其力的精神，是“太阳村”救助这些孩子的主要目标。

在与孩子们相处的过程中，他们天真无邪的笑容深深感动了慰问团的每一个成员。大家意识到，我们的力量虽然微薄，但是涓涓细流可以汇聚成爱的海洋。我们的爱心奉献，为那些无人照看的服刑人员未成年子女带来更多的快乐和希望！我们的爱心奉献，也真正体现了作为央企员工承担社会责任的赤子之心。

77 案例
中国铝业公司

叩响无声世界　播撒无限希望

一、背景

在北京西郊的一个普通的院落里，有这样一个充满欢声笑语却又十分寂静的角落，这里是北京市海淀区莎利文聋儿康复中心，一个专门为听障儿童进行康复教育的民办非营利组织。在这里，有50多名来自祖国各地贫困家庭的孩子们，正在付出着比正常孩子多几十倍的努力，去捕捉这个世界中所有的和声细语。聋儿们的生活里没有声响，没有旋律，孩子们只能通过简单的音符和手势来表达他们的喜怒哀乐，比画对生活的无限向往。

2009年，五矿发展带着关爱与温暖来到了这里，关注到了这些急需社会关怀的孩子们，关注到了这个急需社会帮助的大家庭。四年来，公司和全体员工们持续捐款捐物，资助莎利文康复中心和在这里接受治疗的孩子们，而且还通过节日慰问、联谊活动等形式，给孩子们带去了无数的欢乐与希望。

二、多方考察、深入了解，确定持续资助对象

作为央企上市公司，五矿发展自成立以来，一直肩负着履行社会责任的使命。多年以来，公司进行的各次捐款活动主要是对突发自然灾害的捐助，很少有持续的有针对性的公益捐赠活动。2009 年，以向新中国成立 60 周年献礼为契机，五矿发展决定开展一次持续性的定点捐助活动。为了保证向员工募集到的善款能够真正帮助那些有困难的人，也为了保证公司能够与捐助对象方便地联系，公司在开展活动之前进行了大量的调查工作。公司联系了多家慈善机构，其中包括中国红十字会、北京福利院、各区县的残疾人员救助中心、孤儿院、希望小学等机构，发现许多机构只接受捐款，不接受捐物，而且多数机构都没有让捐赠者与受赠者保持联系的条件。最后，经过深入的调查与对比，公司的慈善捐助对象最终选定为莎利文聋儿康复中心。

为了确保此次捐赠活动能够长期持续进行下去，也为了使广大员工能够发自内心地捐款捐物，公司组建了代表团事先到莎利文聋儿康复中心进行了多次实地考察。莎利文康复中心地方尽管不大，但是环境很好、很整洁，这里的每一位工作人员都在用心、用情、用力做着关爱聋儿的每一件事。这里大到一张桌子、小到一张白纸，都是来自社会各界的捐助。无数爱心的支持，才使得这里的一个个听障小生命能够健康快乐地成长。

在考察中，有一个场面给代表团很大触动。在看望2~3岁的聋儿时，当时代表团刚走到他们的休息室，十几个孩子马上把他们围住，几个孩子紧紧抱住他们的腿，好像见到了久别的亲人，后来老师解释说，因为这些多是外地贫困家的孩子，他们被家长送来后，很长时间也见不到家人，他们太渴望亲情了。有些孩子由于家庭困难，付不起费用，而中断了康复，错过了康复的最佳时期，从而影响孩子的一生。

在考察完康复中心的实际情况后，公司立即召开了工会、党员、团员代表会议，并起草了《爱心捐助倡议书》，张贴在五矿发展下属各公司的办公楼层。《倡议书》一经发出，即刻得到各公司领导和同事们的积极响应，各下属公司以不同的方式广泛宣传，广大职工踊跃参与，这一捐助活动迅速得到了全体员工的支持。

三、聚焦聋儿、传递亲情，持续跟踪聋儿康复

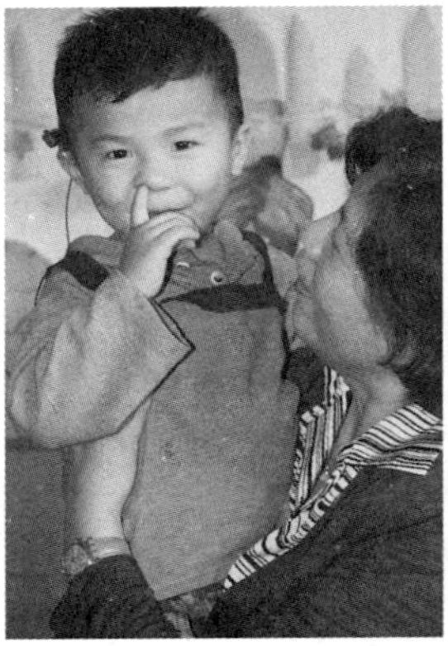

慈善是一束光，她照亮世界上昏暗的角落，但只有通过聚焦，才能点燃希望之火。秉承着这样一个理念，公司决定，将每年募集到的捐款集中使用，用来支付康复中心里的几个家庭特别困难、即将面临退学的孩子们一年的康复费用。五矿发展的捐赠，可让部分急需治疗但在治疗费用上十分紧张的孩子们早日打破听障。四年来，公司已经为十四个孩子支付了康复费用，这些孩子中有的已经基本康复，进入了普通的小学学习，有的还在继续治疗。

在资助孩子们康复费用的同时，公司工会、团委还经常在六一、中秋等节日组织普通员工组成慰问团来到康复中心，为这里的孩子们带来一份亲情与关爱，也进一步了解受资助孩子们的学习与生活状况。慰问团给孩子们带了些非常普通的小零食，老师说，有些孩子从来都没有吃过。

在慰问团来到康复中心的时候，温馨、欢快、感人的场景一幕幕出现。大部分员工在第一次来到康复中心，看到孩子们那天真无邪但又渴望亲情、渴望关怀的眼神时，看到孩子们的一件件饱含着对未来向往的手工作品时，都流下了感动的泪水。有

的提出捐款，有员工提出回公司后要发挥网络优势呼吁更多有识之士关心和帮助孩子们，等等。

每次代表团来到这里，康复中心的孩子们就会为代表团表演精彩的节目以表达感激之情。当听到和看到这里的孩子们用生硬的发音大方的朗读儿歌、挥动稚嫩的双手快乐地伴着音乐起舞时，在场的代表团成员无不对老师们的辛勤耕耘表示钦佩、对孩子们不懈的努力表示欣慰、对五矿人的爱心捐献感到自豪。

四、全员参与、持续捐助，每年增加资助对象

从2009年起至今，五矿发展对莎利文康复中心的捐赠已经持续了四年。在这四年里，公司已集体募集捐款37万余元，文具、衣物、书籍两千余件。2009年，在活动发起后不到一周的时间里，全体员工共捐赠现金123000元、各类文具281件、衣物320件、书籍651本。这些捐款解决了五名来自特别贫困家庭的孩子们一年的康复费用，这些文具、衣物与书籍为康复中心解决了燃眉之急。2010年，公司全体员工共捐赠现金125000元，新资助了五名孩子；有几位员工以个人名义资助了几名孩子一年甚至全部的康复费用；2010年春节，公司有六位员工还以个人名义捐助了十几个来自偏远地区的孩子们回家的路费，其中有几个孩子已经几年没有回过家。2011年，公司集体捐赠现金125000元，新资助了四名孩子；向康复中心捐赠了一台价值一万多元的钢琴，让孩子们平时能够听到来自五矿的温暖琴声；有员工发动亲朋好友参与到这一捐助活动中来，以个人名义资助听障孩子的耳蜗手术。今年的捐助活动还在策划中，预计7月份将在全公司范围内开始募捐。

公司在内部募集到资金后，会迅速来到康复中心，确定新的捐助对象。捐助对象确定后，公司会与孩子家长、康复中心一起签订三方协议，把公司捐助孩子康复所需费用的决定落在纸面上，让孩子和家长放心，也让员工们的善款最终落到实处。而康复中心也每两个月把公司资助的孩子的录像送到公司，展示孩子们的康复成果。看到孩子们快乐地生活，努力地成长，公司全体员工都感到自己所做的捐助活动是那么的有意义。

企业在为社会创造经济效益的同时，也肩负着造福社会的责任。履行企业社会责任不是空谈，这一公益活动正是将五矿员工点滴的关爱汇集起来，点燃希望之火。公司员工捐赠的每一元钱、每一件物品都蕴含着无限的爱。这一活动将五矿人点滴的付出汇聚成一首首动听的旋律，荡漾在聋儿的心中，帮助他们走出无声的世界，感受身边的鸟语虫鸣、欢声笑语，让孩子们的生命从此丰富多彩！

78 案例
中国五矿集团公司（金融中心）

五矿金融“爱心助学基金”

一、背景

“十年树木，百年树人”，大学生是国家和民族的希望，是推动历史前进、经济发展、社会进步的重要力量和积极因素。但是，由于地域差异、家庭条件差异等原因，还有相当一部分品学兼优的学生受到经济条件困扰，面临失学的境地。

为了资助贫困老区和灾区高考上线、却因家庭贫穷而面临求学困境的准大学新生接受良好的高等教育，达到培养优秀人才、回报社会的目的，践行五矿金融业务中心“履行社会责任、追求社会和谐”的发展理念，2009 年 11 月成立了“五矿金融爱心助学基金”。截至 2011 年年底，共筹资 29. 6 万元，帮助 84 名贫困大学新生圆梦大学。

基金的资金来源主要由集团公司工会每年发放的“好活动”经费和员工募捐两部分组成。金融中心工会、党委负责资金的筹集、基金的管理、发放和相关活动的组织。员工募捐采取自愿原则，不论次数、不计多少、不分时限，都将在基金记录存档，但不对外公开。

基金成立后，五矿金融委派专人主动联系、积极运作，最终确定了四川省达州市作为“爱心助学基金”首批资助地区。经过沟通，把五矿金融爱心助学活动与达州团市委开展的“爱心圆梦、希望永恒——贫困大学新生捐助行动”相结合。达州团市委每年7月提供80名左右当年贫困大学新生名单和情况简介，五矿金融在此基础上，综合考虑学生考取的大学情况和家庭困难情况，选取约40名学生作为基金的捐助对象。对于考取了四川省外大学的贫困学生，资助标准是每人4000元；考取了四川省内大学的，每人3000元。

为了做好爱心助学基金的发放工作，中心党委、工会、团委每年8月挑选员工代表，成立专门的基金发放工作小组，由党委领导带队，亲赴四川达州进行爱心助学基金的现场发放工作，举行发放仪式，保证每一笔爱心助学金发放到贫困学生手中。同时，走访贫困学生家庭，为他们送去慰问品。

2010年，五矿金融资助达州市44名贫困大学新生，2011年再次资助40名新生。达州市先后赠送了“爱心助学，情暖达州”锦旗和“心系老区学子，情暖红色达州”爱心捐助牌。两次赴达州助学活动都十分圆满顺利，新华网四川频道、达州电视台和《达州晚报》等公共主流媒体对活动进行了专题报道，获得了当地政府、媒体、学生和学生家长等各方高度认可和一致好评，当地群众反响热烈。

为进一步做好爱心助学基金活动，让广大员工更多地了解和监督爱心助学基金的运作情况，参与和支持基金的各项活动，五矿金融于2010年9月召开了“爱心助学基金”成立一周年总结大会。通过总结，领导和员工对捐资助学活动更加理解和支持，对爱心助学基金的管理和运作能力也更加的认可，又掀起了一股捐资助学的热潮。

二、主要做法

金融中心党委、工会主要从四个方面加大工作力度。

一是加强领导，重视到位。“爱心助学”是五矿金融的品牌活动，充分体现了五矿金融的社会责任感。中心党委书记、总经理任珠峰高度重视，每次募捐都带头捐款，且捐资数额也是第一的。每次募捐，中心都要下发《倡议书》和《活动通知》，在每个党支部、工会小组成立工作组。中心也专门成立工作组，在达州团市委三级审核、四道把关的基础上，再对每位贫困大学新生进行严格筛选。

二是精心组织，宣传到位。中心在《五矿金融》月刊开辟宣传专栏，张贴活动展板，及时报道活动进展及典型事迹；在达州期间，请达州媒体协助录制纪录片，在中心为全体员工播放。

三是拓宽渠道，资金到位。除集团工会下拨资金外，中心积极整合各种内部资源，号召更多的员工参与到活动中来，一些新成立的公司，如五矿信托公司、安信基金公司的员工也都参与进来；有的员工还通过中心与个别贫困学生建立长期联系，目前已有员工与学生“一对一”的长期助学模式。

四是规范运作，管理到位。健全了基金管理办法，优化了助学流程，并落实到人。加强与达州团市委、受助学子之间的沟通和交流，严格选择资助对象，进行手递手的直接资助，并要求团市委及时将资助情况在达州共青团网站进行公示，确保资助资金全额发放到受助学子手中。

三、深层意义

因为五矿金融人都有一颗感恩的心，愿意用自己的实际行动来回报社会；因为五矿金融人秉持一个信念，我们的点滴付出，将改变贫寒学子们的一生！

五矿金融组织的爱心助学基金，以及中心员工们的点滴付出，饱含着五矿金融人对贫困学子的大爱真情和勇于担当的社会责任感，给予了孩子们无穷的动力和信心。2010年受助学生王凤同学和今年受助新生刘昱彤同学先后上台发言，向金融中心的全体员工们致以衷心感谢，表示要常怀感恩之心，到大学后努力学习，做有责任心、事业心的人，将来报效祖国，她们的发言感人肺腑。

人间真情唯有爱，天地动容只为情。社会各界热心人士的热情关注和无私奉献，是教育事业发展的重要推动力量。五矿金融中心在做大、做强事业的同时，继承和发扬中华民族扶贫济困的传统美德，情系革命老区，连续两年资助84名大学新生，用现实行动真心回报社会，为革命老区的人才发展献爱心、做实事，更是一种企业对社会的反哺，一种高度社会责任感的体现。在这一活动的带动下，将会有更多的爱心企业和有识之士关注贫困大学新生、帮助贫困大学新生。

艰难困苦，玉汝于成。受到捐助的同学们在五矿金融爱心援助的精神鼓舞下，大力发扬“自尊自信、自强自立”的精神，常怀感恩之心，不忘国家的培养、家庭的厚望和社会的关爱，倍加珍惜来之不易的学习机会，以乐观向上的精神状态，刻苦学习，奋发向上，以优异的成绩报答关心他们的人。

79 案例
湖南柿竹园有色金属有限公司

加强社区管理　实现和谐发展

一、背景

我们柿竹园公司，是隶属中国五矿旗下湖南有色的国有大型企业，是我国最大的钨精矿和高纯铋生产基地、国家矿产资源综合利用示范基地、国家高新技术企业。

公司区域内有东波、柿竹园两个生活区，两区相距 9km。公司现有在册职工 2800 人（含固定期限合同工 153 人），离退休职工 1800 多人，常住及非常住人口超过 20000 人。近三年来，公司未发生一起恶性案件，没有出现新增吸毒人员，矿区治安秩序良好，职工家属安居乐业；公司生产、工作、生活秩序井然，职工队伍稳定，职工心态良好；职工法制与稳定意识进一步增强，职工综合素质不断提高，为企业加快科学发展提供了稳定的环境，成为湖南省首个千亿企业——五矿有色股份成员企业的盈利龙头企业。

在全面履行企业社会职责方面，我们的主要做法是：以维护社区和谐稳定为目标，以解决问题为立足点，以全面建立“四个机制”为抓手，卓有成效地加强企业所在社区的管理。

二、建立工作机制

重点加强"四个体系建设"。一是加强领导组织体系建设。按照上级有关要求，结合实际，成立了维稳工作领导小组，并制订了一系列维稳工作制度和规范性文件。公司进一步完善了《信访工作管理办法》《领导信访接待日办法》，建立了领导批阅群众来信、领导专门接待日、领导包案、矛盾纠纷排查等工作流程。二是加强内外协调体系建设。为保证及时有效地排查、化解社区不稳定问题，公司提出建立"指挥统一、配合有力、处置到位、良性运转"工作机制和目标，对内指定公司办公室、武装保卫部负责维稳工作日常事务性接待和处理；对外积极加强与郴州市及苏仙区政法委、维稳办、信访局、派出所等部门和单位联系，及时通报信息，借助外力，想方设法地化解矛盾和问题。历届特防期内，市政法委联系白露塘片区维稳组的同志多次到我公司深入了解情况、指导工作、协调关系，一旦有事态苗头，能在第一时间深入现场有效开展工作。维护了正常的生产生活秩序。三是加强工作队伍体系建设。公司坚持将维稳工作队伍建设作为做好社区管理工作的基础来抓好抓实。一方面不断根据实际情况及时进行充实调整；另一方面坚持加强对维稳工作人员进行教育培训，不断提高他们的工作能力。公司逐年从复转退军人中挑选作风过硬、素质较高的同志充实到公司护卫队，公司现有护卫队员 40 余名，公司内部形成了以公司保卫部、信访办为龙头、基层单位维稳小组为基础、退休老工人为辅助的三位一体的社会治安群防群治网络。四是加强社区党组织建设。我们向社区党支部委派了专职支部书记，确保驻矿单位的党员在组织上有一个温暖的家。同时，我们从人力财力上给社区居委会大力支持，确保社区党支部充分发挥作用，并取得良好成绩。

三、建立长效管理机制

在日常工作中，公司注意将突击性、短期性的社区管理工作措施制度化、规范化，努力保持做好社区工作的连续性和持久性。

一是加强两型矿山社区建设。企业决策者把"企业增效、职工增收""既要黄金万两，也要碧水青山”作为两型发展的高远目标，全面改进实施企业发展方式创新，特别是把放大资源、技术和人才优势，实行深加工、综合利用作为转变发展方式、提升发展质量的主攻方向；把节能减排、安全环保、标准化生产、技术创新、深化改革、科学管理、生态文明，作为“两型”矿山企业建设的重要举措加以落实。成立了湖南省首家“院士工作站”，围绕生产的难点和重点，广泛进行技术攻关，一批批科技创新成果快速诞生，并不断转化为生产力，科技创新在企业发展中的贡献率不断提升。公司在多金属连续开采、井下中深孔爆破、钨钼铋复杂多金属选矿、铋矿浆湿法冶炼等方面的技术已经处于国际和国内领先地位，因而被评为“高新技术企业”，“全国矿产资源综合利用示范单位”。

二是切实做好治安预警和排查工作。公司定期召开党政联席会议，专题研究部署社区管理工作。建立了对不稳定因素滚动排查机制，公司每季度排查一次，基层单位每月排查一次，不断完善突发事件处置预案，提高应急处置能力。搞好矿业秩序整治，是矿山企业综治工作的重中之重，近五年，共封堵非法矿口200余个，为防止乱采滥挖死灰复燃，公司协同地方政府建立了《柿竹园公司矿业秩序长效机制》，争取成立了苏仙区矿山联合稽查大队，长年驻矿工作。这一做法还受到国务院的认可。

三是切实做好重大节日和重要活动期间的维稳工作。元旦、春节、五一、十一等重大节日和各级“两会”及其他全局性重要活动期间，公司都要下发《关于做好维护稳定工作的通知》，要求各基层单位切实加大社区维稳工作力度，确保不发生重大影响社会正常秩序的事件，实行“零报告”制度，全力做好值班工作，今年年初以来公司建立了每天一名公司领导与基层领导、共同值班制度，值班人员通信工具保持畅通，并对维稳情况做好记录。

四是切实做好重点人员掌控工作。首先是加强对流动人口的管理，对来矿区务工经商的人员逐一登记造册。其次，进一步加强对刑满释放、解除劳教人员的安置、帮教工作。重点做好有可能重新违法犯罪人员的防范工作。同时加强吸毒人员、帮教转化工作。

五是切实做好信访接待工作。公司坚持将信访接待作为收集信息、化解矛盾、凝聚人心的有效途径，严格按照《信访条例》要求，不断完善公司领导、公司规范信访接待行为，帮助来访人员解决实际困难。坚持做到热心接待、诚心帮人、耐心解释。2011年，仅公司领导与信访办就接待来访680余人次，收到群众来信108封，办理市区国资委来信（转访）一封，未出现越级上访和集体性上访事件。

六是切实做好矛盾化解工作。近年来，公司坚持将化解矛盾作为维护稳定的根本抓实抓好，解决了一批重点难点和历史问题。

七是切实做好企地共建工作。为搞好企地关系，公司党委还以创建第二批“郴资桂党建示范长廊”为契机，与周边有关乡镇党支部以“四个一”（共同开展一次村情调查、共同过一次组织生活、共同走访慰问一次困难党员群众、共同办一件实事）为主要内容和抓手，与苏仙区大奎上乡凉伞坪村党支部开展了“城乡党支部大对接活动”。同时公司还秉承工业反哺农业的理念，从人力、财力、技术、资金等方面，大力支持周边毗邻的乡镇，开展社会主义新农村建设，取得令人瞩目的成效，先后帮助周边乡镇老百姓修建了多条乡村道路，开挖了多口水井和鱼塘，帮助多位周边乡镇的寒门学子完成了大学学业。柿竹园公司在全面履行国有企业的社会责任的过程中，使当地社区的人民群众获得了实惠，受到当地老百姓的交口称赞。公司还与大奎上乡建立了“结对帮扶乡”关系，协同有关部门把该乡有关特色景点，纳入柿竹园国家矿山公园建设整体规划，为地方经济转型和发展提供契机。近五年来，公司为支持周边乡镇新农村建设共支出了500多万元支农资金，开展了多次技术协作，妥善调解了100多起周边工农关系纠纷。

四、建立帮扶机制

困难群体是社会的弱势群众，我们积极开展“三项帮扶”活动。一是开展政策帮扶。在前些年，公司遭遇严峻的金融危机的情况下，兑现了“不让员工丢饭碗、不对员工减工资”的承诺；我们为职工全面落实各项社保政策；为所有女职工办理了“两癌”保险；还积极支持社区居委会为100多户困难居民申报了低保待遇；为退伍军人、军转干部、离退休人员落实各项政策；加强矿区环境治理和道路建设；开通了矿区至城区的公交车；为680户棚户区职工争取到了工矿棚户房指标并积极筹建。二是开展岗位帮扶。近几年来，安置职工子女及周边居民到公司本部及参股控股公司就业达400多人，并要求柿竹园社区居委会，积极为居民提供矿区周边（郴州有色工业园）及市区的就业信息，帮助特困职工子女解决就业问题。2011 年，帮助200 名子弟到郴州有色产业园实现了再就业。三是开展资金帮扶。公司设立困难帮扶中心，建立公司班子成员结对帮扶制度，当职工遭遇重大疾病或遇到经济困难时，我们都会及时把关怀和温暖送到困难职工手里；每年都要开展金秋助学活动。

五、建立考核机制

公司每年初都要与基层单位签订维稳工作责任书，将维稳工作纳入基层单位年度经营管理考核指标，在评优评先工作中，实行“一票否定”制，并将考核结果与中层领导绩效奖及任免挂钩，严格落实责任追究制度。

经过公司上下的共同努力，近年来，没有发生政治事件、恶性案件和非正常上诉上访案件，社区管理工作取得了“三个减少，一个好转”的工作成效。“三个减少”，即：信访总量在减少、重大不稳定因素在减少、历史遗留问题在减少。“一个好转”，即信访秩序逐步好转，绝大多数来访人员能够自觉地规范自己的信访行为，无序群访、越级上访等事件基本消除。

回顾公司近年来，柿竹园公司在履行社会职责，加强社区管理工作，促进和谐发展等方面进行了大胆探索，取得满意的成效，并积累了宝贵经验，那就是，企业领导人员必须具有强烈的社会公民意识，能自觉地履行社会职责，高度重视社区管理工作；企业做好社区管理工作必须发挥内部基层单位的作用；企业做好社区管理工作必须建立一支精干高效的队伍；企业做好社区管理工作必须创新工作方法。我们一定正视成绩，认识不足，当前公司全面履行社会职责的能力和水平还有待提升，特别是社区管理工作任务依然繁重，我们将一如既往地进一步增强政治意识、大局意识、忧患意识和责任意识，我们高举科学发展、和谐发展的旗帜，把社区管理和建设，全面纳入公司十二五规划、纳入创建“湖南省文明标兵单位”的战略部署之中，我们将忠诚履行好央企的社会职责，全心全意为企业所在的社区群众服务，更有效地提升居民安全感、社区和谐度、职工群众满意度。为建设“和谐矿山”“幸福五矿”作出应有的贡献。

手牵手　心连心　共建“最美乡村”

一、背景

中国铝业贵州分公司（以下简称贵州分公司）是遵循国家关于股份制改造的重大决策，按照中国铝业公司总部重组改制部署，集中原贵州铝厂的优良资产，于2002年2月成立的大型铝联合企业。自企业改制上市以来，贵州分公司产品产量大幅提升，经营业绩逐年递增。在努力创造社会财富的同时，贵州分公司积极履行社会责任，取得良好效果。

二、问题

清镇市犁倭乡位于贵州省中部，辖区内白朗坝村、打鼓村、芒俫坝村三个村和流长乡的羊场村距省会城市贵阳约64km。典型的喀斯特地貌使得该地区每到冬季或夏季村民就缺少生活和灌溉用水，需要人们通过人挑、马驼到1km以外水源点来获取。养殖业、种植业因没有稳定水源发展受阻，影响村民经济收入，人均纯收入只有2500元/（年，人），远低于清镇市农民的纯收入3500元/（年，人）。

贵州分公司在铝矿项目建设的同时解决白朗坝村、打鼓村、芒俫坝等700户约2900

人的人畜饮水问题，提高了当地居民的生活水平，促进了当地经济发展。

三、解决方案

1. 矿山建设与惠民工程同步进行

中铝贵州分公司在建设矿山工程时，考虑到当地村民饮水难的问题，将矿山引水与当地居民用水相结合，在猫场矿建设项目中统一规划部署，在矿区建设的同时解决当地居民的生活和灌溉用水问题，并承担主要管路的安装费用。

2. 合理设计饮水工程整体方案

中铝贵州分公司委托中铝国际贵州猫场矿总承包项目部对饮水工程进行整体设计及施工。项目部首先设计了水源取水及输送系统，1130m 排水进风平硐口流出的水经集水池收集后，自流到取水泵站吸水池，通过泵站加压扬送到工业场地生产高位水池；然后从生产高位水池引水，经自动净水装置处理、再经二氧化氯消毒达到生活用水水质标准后，流入清水池，用生活给水加压泵扬送到生活高位水池，通过生活给水管网供给各用水点使用。

3. 有限免费 超标收费 鼓励村民节约用水

贵州分公司对村民用水实行有限免费、超标收费的政策。按照猫场铝矿饮水工程投用时每户的人数确定每户每月免费量。免费标准为每人每月两吨，超量使用部分实行计量收费。收费标准比照犁倭乡当地居民用水收费标准。

四、成效

中铝贵州分公司出资 330 万元进行饮水工程，解决了白朗坝村、打鼓村、芒俫坝等 700 户约 2900 人的人畜饮水问题，地方政府每年可节省十几万元的资金。

通过村民饮水工程的实施，有效缓解了企业在采矿过程中与村民之间产生的社会矛盾，解决了村民长期依靠山水或地下水进行生产、生活的问题，避免了企业在矿山建设、生产过程中因水位下降，造成村民无饮用水进行挡工堵路问题，拉近了和矿区村民之间的距离，加深了和矿区村民之间的感情，增进了和矿区村民之间的友谊，为矿区的生产建设营造了一个和谐、稳定的发展环境。

五、展望

饮水工程实施后，将水源引到村民家中，不仅有助于村民积极发展生猪养殖、家禽养殖，还可利用养殖业产生的肥料用于农田，促进种植业的发展。有了水源，村民可以在山坡上连片种植经果林等，在提高村民收入的同时起到水土保持和环境治理的作用。

第八章

综合类案例

本章是企业履行社会责任的实践案例，以及企业社会责任系列内容的总结，供有关单位交流与参考。

81 | 案例
中国恩菲工程技术有限公司

不断探索氧气底吹熔炼技术　节能减排成果显著

一、背景

中国有色工程有限公司暨中国恩菲工程技术有限公司（以下简称中国恩菲），成立于1953年2月，为中国冶金科工股份有限公司的全资子公司。

中国恩菲是集技术研发、工程一体化、产业投资为一体的技术型企业，拥有工程设计综合甲级资质。主营业务包括矿山、有色冶金、环境及市政公用等领域的技术咨询、工程设计、工程总承包、设备研制及供货、设备采购及成套项目管理和工程监理，同时公司还进行以多晶硅及半导体材料和光伏发电为主的新材料及新能源产业投资，以城市污水处理和城市生活垃圾处理为主的特许经营投资，以及矿产资源开发投资。经过60年的技术积淀，中国恩菲在采矿、选矿、重有色冶炼、稀贵金属、多晶硅及半导体、市政环境等领域形成了国内领先、国际先进的核心专长技术体系。作为我国第一家有色金属行业专业设计机构，中国恩菲始终肩负着有色行业排头兵的重任，以独占鳌头的核心技术、持续不断的创新能力、无可替代的全产业链整合优势，承担着引领行业向更高水平发展的责任。

过去，国内有色冶金行业几乎全部现代强化冶炼技术都依靠国外引进，甚至有"世界冶炼技术的展览馆”之称。为扭转这一被动局面，发挥自主创新能力，实现低碳环保的绿色冶炼，中国恩菲的冶炼专家聚焦低碳、环保、高效的有色冶金新工艺及装备研究，自 20 世纪 80 年代起，伴随氧气底吹熔池熔炼技术的基础研究、探索性试验和扩大试验、半工业试验相继获得成功，中国恩菲品牌的氧气底吹熔炼技术的行业影响逐步扩大。

二、责任行动与成效

1. 聚焦低碳、环保、高效，形成三代氧气底吹炼铅工艺

20 世纪，我国炼铅工业存在整体工艺装备水平落后、生产集中度低、环境污染严重等问题。当时，中国铅冶炼企业大多采用传统的烧结－鼓风炉工艺。大型铅冶炼厂烧结过程采用的设备为烧结机，而数量众多的中小型铅厂采用的是更为简陋的烧结锅。由于烧结过程产出的烟气含 SO_2 仅 2% ~3%，难以制酸而直接排入大气。同时由于烧结工艺的需要，大量返粉（含铅物料）的破碎造成了铅尘的飞扬，引起了操作岗位及周边环境铅尘严重超过国家卫生标准，导致职业病铅中毒频频发生。在有色冶金工业中，铅冶炼的污染一直难以解决，它不但危及从事铅冶炼的操作工人的健康，也对环境造成了严重的危害。1995 年，原国家计委、国家经贸委、科技部批准，将铅冶炼烟气治理课题列入了“九五”计划重点攻关项目。

中国恩菲积极响应国家号召，成立技术攻关项目组，开始了艰苦卓绝的研发工作。历经多年发展，形成了“氧气底吹熔炼－鼓风炉还原法”“氧气底吹熔炼－侧吹熔融还原法”“氧气底吹熔炼－底吹电热熔融还原法”3 套生产工艺。

氧气底吹熔炼－鼓风炉还原炼铅法采用氧气底吹熔炼技术取代传统烧结机炼铅工艺，能耗较传统烧结机大幅度下降。根据工厂实际生产数据，粗铅冶炼综合能耗为 300kgce/t－Pb，而传统工艺粗铅冶炼综合能耗为 450kgce/t－Pb。该工艺取消了烧结机及返粉破碎系统，解决了传统工艺存在的烟气和铅尘的逸散污染问题；实现了炼铅厂烟气双接触法制酸、尾气达标排放的目标，克服了世界上其他炼铅工艺普遍存在的烟尘率高、返尘量大的缺点。

氧气底吹熔炼－鼓风炉还原炼铅工艺相对于传统的烧结工艺取得了突破性的进步，但仍需进一步改进提升。底吹炉产出的高铅渣需要用铸渣机冷却铸块，再送入鼓风炉中用焦炭还原。这样，一方面损失了高铅渣的物理热（约占鼓风炉能耗的15%），另外鼓风炉送风要白白燃烧掉部分焦炭，致使鼓风炉焦率达13%～17%。且铸渣机和鼓风炉备料系统及炉顶，均存在粉尘的逸散源，需要完备的卫生除尘系统。

为了解决这些问题，熔融还原技术的研究成为需要攻坚的新的堡垒。中国恩菲的工程师们又相继开发出底吹熔炼－液态高铅渣侧吹还原炼铅工艺、底吹熔炼－液态高铅渣底吹电热还原炼铅工艺。“氧气底吹熔炼－侧吹熔融还原法”“氧气底吹熔炼－底吹电热熔融还原法”都是液态渣还原技术，具有综合能耗低、综合回收率高、操作简单、自动化水平高、设备投资省等特点，技术性能指标达到国际领先水平。

“氧气底吹熔炼－侧吹熔融还原法”采用侧吹熔融还原炉代替鼓风炉，底吹炉产出的熔融铅氧化渣通过溜槽直接流入还原炉，热利用好，节能效果显著。2010年该技术获得了中国有色金属工业科学技术一等奖。

“氧气底吹熔炼－底吹电热熔融还原法”采用底吹电热熔融还原炉代替鼓风炉，底吹炉产出的熔融铅氧化渣通过溜槽直接流入还原炉，采用电热方式提高炉温，热效率高，烟气量少，烟尘率低，节能效果显著。

根据项目成果推广应用情况来看，“氧气底吹熔炼－侧吹熔融还原法”和“氧气底吹熔炼－底吹电热熔融还原法”粗铅冶炼回收率达到98.5%，综合能耗降到200kgce/t－Pb以下，总硫利用率为96.5%，硫捕集率为99.5%，水循环利用率达到98%以上，实现了废水零排放。按照10万吨/a粗铅规模计算，“氧气底吹熔炼－侧吹熔融还原法”和“氧气底吹熔炼－底吹电热熔融还原法”较传统烧结工艺每年可节约3.6万吨标准煤，折合CO_2减排9.4万吨，较氧气底吹熔炼－鼓风炉还原炼铅工艺每年可节约1.8万吨标准煤，折合CO_2减排4.7万吨。

凭借着能耗低、环保好、投资省、生产成本低、对原料适应性强、操作控制简单等优点，中国恩菲将氧气底吹炼铅技术进行广泛推广，在国内外铅冶炼市场中均有较好表现。

“氧气底吹熔炼－鼓风炉还原法”目前国内已有20余家生产企业采用。由于这项技术的先进性，该技术已成功推广应用到印度等国家。由中国恩菲设计的印度德里巴 10 万吨/a 铅厂已于 2011 年成功投产。“氧气底吹熔炼 – 侧吹熔融还原法”目前国内已有 3 家生产企业应用该技术，设计产能累计 24 万吨/a。“氧气底吹熔炼 – 底吹电热熔融还原法”目前国内已有 6 家生产企业应用该技术，设计产能累计 56 万吨/a。

图为中国恩菲设计的印度德里巴 10 万吨/a 铅厂（“氧气底吹熔炼 – 鼓风炉还原法”）

2. 发明氧气底吹连续炼铜技术，解决世界铜冶炼难题

氧气底吹炼铅技术的成功研发和推广，成为中国恩菲助力有色冶炼绿色发展的一面旗帜，以此为方向，恩菲又将氧气底吹的低碳之路，延伸向铜冶炼领域。1992 年，中国恩菲获得“底吹熔池炼铜法及其装置”专利授权；此后不断研发提升，2006 年获得“氧气底吹熔炼炉”“氧气底吹熔炼炉氧枪装置”专利授权。2008 年，中国恩菲设计的越南生权铜采选冶联合项目和山东东营方圆有色金属有限公司氧气底吹造锍捕金示范工程项目相继顺利投产，标志着中国恩菲凭借氧气底吹炼铜技术真正实现了大规模工业化应用，继国外广为人知的顶吹、侧吹、闪速熔炼之后，再次改写了世界铜金冶炼技术格局。随后，氧气底吹熔炼技术在多个新建或改造项目中得到推广与提升，以其优越的经济效益和社会效益受到多国青睐，在铜金冶炼行业产生很大影响。

发展低碳经济和循环经济不是一蹴而就的，它是一场旷日持久的攻坚战。氧气底吹连续炼铜技术，又为中国铜冶炼指明了新的方向。

当今世界85%以上铜的吹炼都是采用PS转炉，间断作业，熔炼产出的铜锍需用铜锍包在车间内进行倒运，造成SO_2烟气低空逸散，加上转炉加料、排料及吹炼过程烟气难以完全密封，存在不同程度的逸散现象，使PS转炉吹炼作业的操作环境很差，低空污染严重。与此同时，PS转炉吹炼的周期性导致一条生产线需配套多台转炉，吹炼过程漏风率大，送往烟气余热回收、除尘和制酸系统的烟气量大、SO_2浓度低且不稳定，需要配套比较庞大的烟气处理系统，烟气处理系统投资大、运行费用高；炉龄短，耐材消耗高。PS转炉吹炼存在的问题是当今铜冶炼面临的一道世界性难题，其缺点已无法满足当今冶炼行业对环保和生产操作自动化水平等方面的要求。

为此，中国恩菲持续研发氧气底吹连续吹炼技术，该技术将底吹熔炼炉产出的熔融铜锍通过溜槽直接送入底吹炼炉进行连续吹炼，彻底取消周期性工作的PS转炉，从而避免PS转炉带来的种种问题。氧气底吹连续吹炼和传统的PS转炉吹炼技术相比，拥有诸多优势：富氧空气直接吹入粗铜层，容易得到含硫低的粗铜；可采用较高氧浓，热强度高，可用于处理残极和废杂铜，降低生产成本；操作和控制得当，可以获得远高于PS转炉的炉寿命，降低耐火材料单耗；炉子密封好，解决PS转炉吹炼的低空污染问题，环保效果突出；连续吹炼烟气稳定，烟气量小，有利于降低制酸成本；用一台连续吹炼炉代替三台转炉，系统简单，投资省。

从生产运营成本来讲，建设一座年处理60万吨铜精矿的冶炼厂，需建设一台4.5m×18m的氧气底吹连续吹炼或三台4m×11m的PS转炉吹炼；由于氧气底吹连续吹炼运行设备少，投资省，电耗、人员和折旧费用低，所以每吨生产成本可相对降低15%左右。

氧气底吹连续吹炼技术还具有显著的节能效益。氧气底吹工艺炼铜全过程能够百分之百实现自热平衡，无须添加任何燃料，单位能耗降低明显；在吹炼工段，熔炼炉和吹炼炉之间采用流槽连接，热料直接流入，消除了二氧化硫烟气低空污染，硫的捕集率将达99.8%以上，极大地改善了生产环境。以投产示范线为例，相比采用氧气底吹熔炼+PS

转炉吹炼工艺，项目每年可减排 SO_2 1600t，硫酸增收达 2450t；冶炼、化工过程中产生的余热全部用于余热锅炉蒸发，不仅降低了烟气温度，还能产生大量饱和蒸汽和低压蒸汽，用于发电和直接加热电解液、干燥亚硫酸钠产品；对污酸污水进行合理处理，进行循环利用，实现废水零排放。

2012 年，氧气底吹连续吹炼技术先后完成了在河南豫光、山东东营开展的扩大试验和半工业试验，初步验证了该技术的可行性，试验指标表明该技术已达到世界连续炼铜领先水平。该技术为豫光金铅 5 万吨铜冶炼项目和东营二期年处理 100 万吨矿项目的"双底吹"连续炼铜工艺及中国黄金三门峡搬迁铜金项目的工业化设计提供了有力的技术支撑。

2014 年 3 月 20 日，中国恩菲开发的世界上首条氧气底吹连续炼铜工业化示范生产线全线拉通，产出第一批合格的阳极板。中国恩菲发明的氧气底吹连续炼铜技术，自此将在世界范围内迈开产业化推广应用的脚步。

三、展望

从氧气底吹熔炼炼铅，到氧气底吹电热还原法炼铅，从氧气底吹炼铜，到氧气底吹连续炼铜，"恩菲品牌"的氧气底吹技术凭借其环保效益和经济效益改写了世界铅冶炼、铜冶炼的历史，被誉为"世界冶金技术史上的奇迹"，其原料适应性强、节能环保、经济效益显著等优势，还被英国著名《金属导报》评价为"技术指明了金属冶炼行业乃至多个领域未来十年、数十年，乃至上百年的发展方向"。以此为起点，中国恩菲将持续提升技术实力，拓展研发领域，推广应用科技成果，促进有色冶炼领域的清洁生产。

82 案例
中国恩菲工程技术有限公司

填补国内技术空白　倾力打造光伏行业翘楚

一、背景

光伏产业，是我国具国际竞争优势的战略性新兴产业。发展光伏产业对调整能源结构、推进能源生产和消费方式变革、促进生态文明建设具有重要作用。

身为推动我国光伏产业发展的重要实践者，中国恩菲早在20世纪就将目光投向作为光伏产业重要原料的多晶硅领域，面对国际垄断与封锁局面，中国恩菲走出了一条自主创新、产业发展、优化提升的循环促进道路。随着中国恩菲的子公司洛阳中硅高科技有限公司（以下简称"中硅高科"）国内首条产业化多晶硅生产线的投产，打破了西方国家对多晶硅技术与生产的封锁和垄断，填补了国内高纯硅材料的产业化空白，改变了我国高纯硅产品长期依赖进口的被动局面。十年来，中硅高科技术、产能不断提高，已跻身成为最具竞争力和影响力的多晶硅生产企业，在提高自身竞争力的同时，也为中国恩菲迈向光伏全产业链提供了巨大助力。

在拓展光伏市场方面，作为中国光伏产业联盟的主席单位之一的中国恩菲着眼于技术发展与市场开发，延续公司以研发带动产业投资的产业发展特有模式，针对光伏农业大棚、光电建筑一体化等方面开展了一系列技术研发，多项研究成果已申报专利。中国恩菲所掌握的光伏应用核心技术，可大幅减少大型并网光伏电站的投资建设成本，提升发电量，增加运营收益。

二、责任行动与成效

1. 立足多晶硅领域，实现零的突破

（1）以试验示范线为起点，奠定技术基础。

作为一种超高纯材料，多晶硅不仅是制造集成电路等半导体器件的关键基础材料，也是当今光伏发电产业快速发展的核心材料，更是国家鼓励优先发展的战略材料，关乎全球化解能源危机的成败。

多年来，我国由于缺乏先进的多晶硅生产技术，同时受制于发达国家的技术封锁和市场垄断，难以对自身丰富的硅矿资源进行充分开发利用，国内在产的多晶硅企业还因生产水平低、规模小、成本和单耗高、副产物难循环等问题而备受诟病。

阻力重重，更加激发了中国恩菲硅材料研究团队发展多晶硅、振兴多晶硅的斗志和决心。自 20 世纪 90 年代起，中国恩菲便将目光投向多晶硅产业：

1997 年，中国恩菲以 100t 多晶硅试验示范线为起点，探索改良西门子法的相关技术，为深入研究多晶硅生产技术积累经验；

2000 年，中国恩菲率先在国内开展了多晶硅高效节能环保生产技术与装备研究，获得国家发明专利“四氯化硅氢化制备三氯氢硅方法”授权；

2002 年，完成“年产 2000t 三氯氢硅新技术产业化项目”，使自主研发的“合成产物加压冷凝技术、加压提纯技术和尾气干法回收技术”得以成功应用，并在节能环保方面取得显著成效，为今后建设万吨级生产线奠定了坚实的技术基础；

2003 年，中硅高科成立，以中硅高科为载体，通过“研 - 产 - 电 - 硅”强强联合，中国恩菲迈开在多晶硅规模化生产道路上行进的脚步，为寻找安全、高纯、环保、低成本、大规模多晶硅生产工艺而执着追求，不懈努力。

（2）以科研项目为依托，改变行业格局。

2003 年 6 月，中硅高科年产 300t 多晶硅项目开工建设。当时国内还没有人实地见过如此规模的多晶硅生产线，一切几乎都是从零开始。中国恩菲多晶硅团队克服行业景气度低、融资困难等问题带来的重重压力，经过艰苦努力，在 2004 年研制成功国内首套 12 对棒还原炉，并于次年 10 月，迎来我国首条完全依靠自主研发技术，全部采用国产化设备建设的多晶硅生产线的顺利投产。

以年产 300t 多晶硅项目为开篇之作，在国家部委和地方省市两级政府的大力支持下，中国恩菲和中硅高科承担完成了国家科技部“863 计划”——“24 对棒节能型多晶硅还原炉成套装置研究”，该项目于 2007 年研制成功，单炉产量提高 5 倍，能耗接近国际先进水平；在此基础上，完成国家“十一五”科技支撑计划——“24 对棒加压还原炉”项目，成功研发第三代还原炉，单炉产量达到 6t 以上，能耗指标达到国际先进水平；此后，又先后完成第四代、第五代还原炉的研发与产业化，成为国际单炉产量最高、单位能耗最低的装备，解决了多晶硅生产高能耗问题。技术推广后，使我国多晶硅规模提高了千倍，单炉产量提高 10 倍，能耗降低了 66%，市场需求自给率达到 50%。

与此同时，紧紧围绕世界主流工艺的发展，中国恩菲与中硅高科多晶硅研发团队开展了一系列科技攻关项目，共承担 16 项国家级科研与产业化项目。例如，国家信息产业部“太阳能电池用多晶硅材料研发及产业化项目”，国家科技部“十一五”科技支撑计划项目“多晶硅材料产业关键技术开发”中“大型三氯氢硅合成、提纯工艺技术与关键装置研究”“高效加压还原炉系统研究”“大型低温加压四氯化硅氢化技术与装置研究”等三项重大课题，国家科技部“863”重点科技攻关项目“多晶硅副产物利用关键技术研究”。通过“高性能气相二氧化硅制备工艺技术研究”和“气相二氧化硅表面处理及尾气循环利用技术研究”两个课题，实现利用多晶硅生产副产物四氯化硅生产高品质气相二氧化硅的关键技术突破，成功建成年产 2000t 生产线，在进一步延伸产业链的同时实现大规模多晶硅生产线中物料的完全闭路循环。此项技术不但能降低多晶硅生产的物料消耗，也从根本上实现了副产物的综合利用，真正实现多晶硅产业的节能减排和清洁生产。

历经十多年攻关，解决了一系列困扰行业多年的难题，中国恩菲在多晶硅高效节能环保生产的关键技术、装备与理论研究方面取得重大突破，最终形成了具有国际竞争力的技术和产品，消除了制约我国信息化产业和新能源产业的瓶颈。

（3）以国家工程实验室为平台，引领行业发展。

2008 年，国家发改委批准在中硅高科设立“多晶硅材料制备技术国家工程实验室”，这是国家多晶硅材料制备技术领域的唯一一家国家级重点工程实验室。该实验室依托中国恩菲和中硅高科，联合清华大学等高等院校和国内多晶硅生产企业，共同研究突破技术瓶颈，培养、凝聚研发人才。针对制约我国多晶硅生产现状和需求，实验室开发研究大规模、低单耗、高品质的高纯多晶硅清洁生产工艺，形成了具有国际先进水平的千吨级以上规模多晶硅生产技术体系，提升了产业核心竞争力。此外，以该实验室平台为基础，中硅高科建设了国家多晶硅检测中心，通过了 CMA 计量认证，可对外提供检测服务，涵盖多晶硅生产的原料、中间物、产品、环保类等 58 个大项检测，服务全行业。

依托国家工程实验室，研发团队紧紧围绕“多晶硅高效节能环保生产新技术、装备与产业化”专题，共申请专利 97 项，其中 16 项国家发明专利、21 项实用新型专利获得授权和 152 项技术诀窍，完成 5 项成果鉴定，有效实现了多晶硅技术的创新与专利保护同步发展。

自主创新引领技术进步的过程中，研发团队还主编了我国《多晶硅企业能源消耗限额》《太阳能级多晶硅》《多晶硅工厂设计规范》三项国家标准，建立了能耗和质量控制要素、技术指标和评定方法，提高了我国多晶硅行业标准化水平，进一步完善了行业标准体系，为多晶硅产品升级、安全生产和节能减排提供了技术支撑，为民族多晶硅产业发展做出了突出贡献，带动了太阳能光伏和相关制造业的发展，实现了显著的经济、社会和环境效益。

（4）以绿色环保为目标，为多晶硅正名。

多晶硅还原尾气主要含有氢气、氯化氢、三氯氢硅、四氯化硅等成分。由于过去通常采用湿法回收还原尾气，工艺消耗大、收率低、生产成本高，一段时间以来，多晶硅行业一直被冠以“高排放、高污染”的“罪名”。多晶硅生产中是否会造成污染，与生产技术和工艺密切相关。

中国恩菲及中硅高科研发团队开发了大型还原尾气干法回收系统技术，充分利用尾气中各组分物理化学性质的差异，首创具有自主知识产权的“加压鼓泡淋洗－吸收－脱吸－活性炭吸附”的多晶硅尾气分离回收利用新工艺；成功研发具有自主知识产权的吸收塔、脱吸塔、活性炭吸附器等特殊结构的大型装置，实现单条还原尾气处理能力满足年产 5000t 及以上规模多晶硅建设项目配套需求。

目前，国内首套大型还原尾气干法回收装置已经成功应用于中硅高科各条生产线，从运行结果看，氯硅烷、氢气、氯化氢气体利用率分别达到 98.5%、99%、99% 以上，使多晶硅生产过程中纯氢消耗从传统西门子工艺的近 $35m^3/kg$ 降至 $1m^3/kg$ 以下，且系统能够适应多晶硅生产能力的变化，从根本上控制“三废”排放，减少多晶硅原料消耗 30%，降低多晶硅成本，实现了清洁、无害化生产。

（5）以降本增效为导向，突破技术瓶颈。

据统计，每生产 1t 多晶硅产品将产生副产物四氯化硅 10 余吨，对其的回收利用直接影响环境、安全及企业效益。当前主流处理工艺是将其氢化转变为三氯氢硅，成为多晶硅原料，返回系统使用。

通过小型、半工业试验，中国恩菲从工艺上实现了将多晶硅生产过程中产生的四氯化硅向三氯氢硅的转化，少量不能氢化返回的低品质四氯化硅经提纯后用于气相白炭黑生产，副产物循环利用率 99% 以上，多晶硅生产成本降低 35%，通过物料的闭式循环利用，有效解决了多晶硅企业规模化生产的瓶颈问题。

中国恩菲将创新技术集成后，在中硅高科实施产业化。运行结果表明，首创的低温加压氢化生产工艺、创新研制大型低温加压氢化装置和活化、氢化氢气回收技术，在反应条件、处理能力、一次转化率和单位产品电耗方面都显著优于当时国外氢化技术，达到国际领先水平。该工艺通过加压、吸附、净化系统，将活化、氢化的尾气中氢气全部回收，使其返回系统后循环使用，利用氢化高温反应产物能量加热进入反应器的反应物料技术，降低能耗水平达 30%。

近几年来，中硅高科除了应用低温氢化技术处理自身副产物之外，还处理了来自国内多家多晶硅生产企业的副产四氯化硅，为行业协同发展做出了重要贡献。目前，多晶硅行业形势艰难，国内一些企业停产技改，纷纷采用低温氢化技术，期望通过此举能够有效降低生产成本，提高我国多晶硅产品的竞争优势。以全国10万吨/年的多晶硅产量计算，若实现副产的100万吨至200万吨四氯化硅的全部氢化，将产生40～80亿元的经济效益，推广前景非常广阔。

另一方面，多晶硅纯度是衡量产品品质的关键因素。中国恩菲从提高原料三氯氢硅的纯度入手，聚焦于产品质量的提升。

中国恩菲发明了三氯氢硅合成、高效筛板与填料组合的加压精馏提纯技术，单套高纯三氯氢硅分离能力为当时国内先进水平的10倍，提纯后三氯氢硅指标优于国内先进水平2倍以上，且能够满足电子级多晶硅纯度要求；发明大型高效、加压、高温三氯氢硅提纯工艺，减少蒸汽消耗和塔顶循环水消耗，降低能耗45%；创新研制大型三氯氢硅加压合成装置，单套系统年产能高出国内最好水平2倍以上，合成产物中三氯氢硅含量、氯化氢综合利用率和硅粉利用率，分别高出国内最好水平10%、9.1%和18.6%，达到国内领先水平；创新研制了合成产物加压分离和尾气全回收工艺，回收的氢气和氯化氢气体返回生产系统，从根本上解决环境污染问题，显著降低成本。

（6）以产业化成果为助推，彰显行业责任。

2005年，中硅高科年产300t多晶硅生产线正式投产，标志着多晶硅规模化生产技术体系形成，打破了国外多年的技术封锁和市场垄断。2006年中国多晶硅产量达到286t，同比增加257%，国外的单项技术和设备开始进入中国。

此后，中硅高科以中国恩菲雄厚的技术实力为依托，在2006年至2011年之间，创造了在国内率先实现千吨级多晶硅生产规模、建成投产国内最大的单条多晶硅生产线的骄人纪录。目前，中硅高科已形成具有中国特色的“物料闭路循环、热量综合利用”多晶硅清洁生产工艺路线，拥有万吨级多晶硅生产规模，位居世界前十位，技术水平和生产成本、产品盈利能力达到国际先进水平。2011年，我国多晶硅产量8.3万吨，首次超过欧美，成为世界多晶硅生产大国，改变了世界多晶硅格局。

2. 投建光伏电站，拓展光伏市场

在拓展下游光伏市场方面，作为中国光伏产业联盟的主席单位之一的中国恩菲秉承以研发带动支持产业投资的发展模式，一方面以技术储备作为产业持续健康发展的基本保证，另一方面，通过建设推广光伏电站，加大示范项目的建设力度，勇担开启国内光伏应用市场的重任。

为把握市场发展机遇，进一步提升技术水平和创新能力以开拓光伏市场，中国恩菲在涵盖了中国太阳能资源一、二、三类具备典型代表意义的10个地区设立实验基站，搭建光资源评估分析系统平台。通过收集各地气象资料的实际数据模拟电池产品等关键设备的运行效果，为后续光伏电站的投资建设积累了宝贵的工程技术资料，提供了重要依据。

2011年12月22日，迄今为止全世界装机规模最大的太阳能全跟踪光伏电站——宁夏中卫天景山30MW光伏电站成功并网发电。该项目全部采用中国恩菲自主研发的智能联动跟踪系统。该系统具有精确追日、发电指标平稳等特点。与传统光伏电站相比，发电量可提升约25%。替代火电发电，可实现年均减排二氧化碳当量5.15万吨，若按25年使用寿命计算，累计可减排二氧化碳当量130万吨。此外，该项目选择8°倾角单轴跟踪方式，使组件与地面空出的距离达3m，提高了土地资源利用率，实现了清洁能源发电与绿色有机农业发展相结合的模式，为光伏农业以及光伏生态大棚等新型新能源利用起到示范作用。

图为宁夏中卫天景山 30MW 一期光伏电站

2013 年 2 月，宁夏中卫二期 30MW 光伏电站并网发电。2013 年，中卫天景山光伏电站年累计发电 9346 万 kW · h，相当于减少火电用煤 29884t（按 320 克/kW · h 计算），减少二氧化碳排放量 88279t，二氧化硫排放 338.5t，氮氧化物 344.4t，烟尘 410.1t。

中国恩菲宁夏中卫天景山并网光伏发电项目，是中国恩菲响应国家大力发展战略性新兴产业，提高土地利用率，实现转型跨越发展的太阳能生态立体综合产业项目。项目的建设，可实现工业治理土壤、遮阳保墒、延缓沙化、利于种植、保护环境的效能，并能局部改善生态环境，实现人与自然的和谐发展。同时，项目将引领当地光伏应用技术走向世界前沿发挥重要作用，对优化能源结构、促进节能减排，构建低碳发展模式，带动当地经济发展具有重要意义。

三、展望

太阳能资源丰富，分布广泛，是最具发展潜力的可再生能源。随着全球经济开始转暖，光伏产业也将迎来新的春天。光伏产业是国家新能源战略布署的重要组成部分，近几年来，国家已就光伏产业发展的行业标准、补贴标准、财税政策等方面出台了一系列政策。中国恩菲将乘借着政策的东风，把握住市场机会，以坚定的信心发展光伏产业，为中国光伏产业的蓬勃发展贡献自己的力量。

履行企业社会责任职能　为铝加工企业提供人才支撑

一、背景

西南铝业（集团）有限责任公司（简称西南铝）是中国铝业公司直属企业，是中国生产规模最大、技术装备最先进、品种规格最齐全的综合性特大型加工企业，是我国航空航天国防军工材料研发基地，中国高精铝研发生产基地，中国出口铝材加工基地，是国民经济建设和国家重点工程所需关键性铝合金材料自主研发保障的主力军。西南铝同时肩负着有色金属行业科技人才的培养和输送任务，也是中央企业履行社会责任实践人才培训重要基地。

二、机构简介

西南铝培训中心是西南铝专业培训机构。由重庆冶金成人学院、技工学校、党校、国家职业技能鉴定所、有色金属行业特有工种职业技能鉴定站、重庆市特种作业培训单位组成，可开展本、专科学历教育、中等职业教育；可开展铝加工各类工种的职业技能培训和职业技能鉴定，是一所多层次、多学科、多形式的教育培训机构。2011 年 9 月，国家财政部、安监总局财企［2011］239 号文批准西南铝培训中心为国家安全生产应急救援培训演练基地；2012 年 6 月中国铝业公司中铝人字［2012］243 号文，将西南铝培训中心确定为中国铝业公司铝（铜）加工培训中心；今年初，被重庆市九龙坡区人民政府确定为重点打造的铝加工就业培训基地。连续八年荣获“有色行业职工培训先进单位”、多次荣获“重庆市技工教育先进集体”；2009 年荣获“全国职工教育职业培训先进单位”；2010 年荣获“重庆市十佳职业技能鉴定所”；2012 年荣获“重庆市文明单位”；2013 年荣获“重庆市安全培训工作先进集体”；2014 年荣获“重庆市安全培训优秀机构”（10 家）。

职业技能大赛现场

三、解决方案

西南铝培训中心教学硬件设施完备，师资力量雄厚，有一支 424 人来自产、学研一线的高素质专（兼）职师资队伍，主要由铝加工技术专家、专业教师、学者、高技能人才、专业技术人员、中高级管理人员等组成。中心建立了完整的教学组织管理制度和教学质量评估体系，就培训教学的标准化流程进行了规范，每次培训都制订有详细的教学计划、项目方案、实施标准、质量评估、跟踪服务、总结建档。中心教学设施完备，占地 47.8 亩，建有 2.3 万余平方米的教学及配套用房，配备设备先进的多媒体标准教室、标准化运动场、公寓式学生宿舍楼。依托西南铝可开展电工、焊工、钳工、熔铸工、金属轧制工、挤压工、精整工等40多个工种的高级技师、技师、高级工、中级工、初级工的职业技能培训及鉴定；可开展电工作业、焊工作业、危化品作业、登高作业、起重机械作业、场（厂）内机动车辆驾驶等专业的安全生产技术培训、考证、复审换证。依托西南铝完备的铝加工生产线、先进的生产技术和现代化的设备，能为学员提供良好的实作实训场地，可开展专业对口的现场教学和生产实习，学员可分派到各所属企业实习，由相关单位选聘教师和培训中心的专业教师共同承担指导任务。

图为高级研修班现场

四、责任成效

1. 为企业培养了大批技能型人才

多年来，西南铝培训中心为中铝铝（铜）加工企业培养中级工5531人、高级工2916人、技师1336人、高级技师284人。学员中获中华技能大奖一人；获政府津贴高级技师两人；全国技术能手12人；2011~2013年组织中铝铝（铜）加工企业培训站开展技能培训和岗位练兵人数90455人次、94876人次、98766人次，开展职业资格等级培训人数 3276 人次、3453 人次、3886 人次。组织承办了“中国铝业杯”第二届全国有色金属行业职业技能竞赛决赛，包揽了铝合金熔炼与铸造前四名。

2. 为国家培训急需的高科技研发型人才

连续三年承办国家人社部、中铝公司高新材料技术研修班，为航空、航天、交通运输等材料领域技术人员搭建了交流提升的平台，推动了有色金属行业科技进步。

3. 建立企业阶梯型科技人才队伍。合理配置企业人才结构是企业稳定发展的基础，也是培训中心的基本任务之一。

五、展望

积极为有色金属行业服务，为广西南南铝业、青海平安铝业、云南铝业、福建南平铝业、重庆南涪铝业、河南中孚铝业、广西银海铝业等铝加工企业定向培养人才 1200 余人；为重庆市西彭铝产业区企业培养人才 5600 余人；满足了铝加工企业人才急需，解决了社会青年就业，实现了西南铝培训中心“立足企业、服务社会”的培训理念，认真履行了中央企业的社会责任。

积极参与重庆市九龙坡区就业培训项目农民工技能提升培训招标，2012 年中标 700 人，培训 759 人；2013 年中标 1100 人，培训 1503 人；2014 年积极投标 2100 人。极大地提升了农民工素质，解决了九龙坡区所属企业人才短缺，完成了区政府下达任务。2014 年年初，被九龙坡区人民政府确定为重点打造的铝加工就业培训基地。

西南铝培训中心立足本企业，同时为其他有色金属企业提供多层次的培训服务，培训质量受到同行的广泛赞誉。为劳动者提供就业技能，使他们能够获得体面的生活；为国家和企业培训高科技研发人才，使有色金属行业发展赶超世界先进水平；为员工制定职业生涯发展规划，增强企业凝聚力；为早日实现中华民族强国梦贡献力量是西南铝培训中心的宗旨。

84 案例
中国有色矿业集团有限公司

传承友好　与时俱进发展中赞关系

一、背景

回顾2004年，适逢中华人民共和国成立55周年华诞。11月16日，相距中国万里之遥的非洲大陆腹地，赞比亚谦比希湿法冶炼项目正式开工建设。盛大的开工典礼上，吴邦国委员长亲自为项目开工奠基，欣然题词：“励精图治，大展宏图”。作为为新中国成立55周年和中赞两国建交40周年献上的一份厚礼，湿法项目从建设伊始，就背负着资源报国的崇高使命，是赞比亚与中国传统友谊从历史照进现实的真实写照。

谦比希湿法冶炼有限公司（英文名称SINO－METALS LEACH（ZAMBIA）LIMITED）由中国有色矿业集团有限公司和海南中非矿业投资有限公司共同出资设立，中国有色矿业集团有限公司持有公司55%的股份，海南中非矿业投资有限公司持有公司30%的股份，中色非洲矿业公司持有公司15%的股份。2004年11月6日开工建设，2006年6月竣工投产，历时一年零七个月。2006年7月1日生产出第一批电积铜。2006年9月8日，时任赞比亚总统姆瓦纳瓦萨为项目竣工投产剪彩。

一直以来，湿法公司用责任的眼光，主动投身“传承友好，与时俱进发展中赞关系”的时代洪流中，实干求强，务实创新。在这里，人们透过湿法公司这个窗口，看到了中国有色集团在赞企业履行社会责任的生动实践，看到了湿法公司、中国有色集团、乃至整个在赞国有企业清晰的社会责任“路线图”。

二、谦比希湿法冶炼有限公司——技术改造的践行者

我们来看这样一组数据：2013 年，湿法公司 1～12 月阴极铜平均电耗为 2993Kwh/t，比计划 3300Kwh/t 降低了 307Kwh/t，吨铜用电单耗同比降低了 274°，单位阴极铜成本降低了 33 美元/吨。电耗的降低，得益于公司本部今年 1 月完成的电解槽更新换代改造工程，不仅解决了安全问题，而且解决了电解系统中的电流损失。

这些数据究竟意味什么呢？根据生产部门统计的数字，截至今年 11 月底，湿法公司本部共生产阴极铜 3357t。也就是说，截至 11 月底，仅阴极铜动力电单耗一项，就为公司节省了超过 11 万美金的成本。这样的数字，在铜价价格持续下跌，本部资源枯竭的企业经营困境面前，尤其显得难能可贵，令人振奋。“越是困难，我们越是要坚定信心、迎难而上，在逆境面前不低头，继续发扬忠诚谦善、创新实干的‘小黄牛’精神，全面开展‘两提一降’活动，保证生产经营和工程建设齐头并进”，湿法公司总经理谢开寿在 2013 年年终工作总结中对公司坚持技术改造的原因作了如是解读。

翻阅湿法公司 2013 年生产技术报告，类似的技术改造与工艺流程改造的例子俯拾皆是。

2013 年六七月份，湿法公司在尾矿库里新建了四个环保脱水库，进一步优化了脱水流程，脱水效率能够达到 70% 左右，比原来浓密机脱水提高了 20 多个百分点，达到每天少进入系统 1300～1500m^3 水的效果，从而大幅度减少了环保尾矿库的水膨胀的压力，且降低了酸、石灰的消耗，减少了铜金属损失，从而降低了生产成本。

建设 15－A 环保型尾矿库，总体工程在 10 月 17 日全面完成，铺设 HDPE 板达到 70000m^2，形成 40 万立方米的库容，该工程的顺利完工，为 2013 年雨季到来提前做好了准备，也为明年的生产做好了准备。

尾矿一号碎磨系统的设备更新改造安装工程 ，改造后扩大了设备能力，增加了外购矿石的处理量；解决了运输到选矿厂处理带来的运输成本及金属流失问题，同时在尾

矿车间单独处理外购矿，也便于对收矿品位进行监督和考核。

设计安装了萃余液排放设施，规范了操作流程，实现有必要排放的时候能达标排放。理顺1000t选厂雨季堵料导致生产流程不畅问题。中色华鑫湿法购买安装了柴油发电机组，缓解了刚果电网频繁停、限电对生产造成的影响，保证了产量任务的完成。

增产降耗、挖潜增效，这八个字对湿法公司来说，永远都不会过时。打开湿法公司2013～2015年发展规划，我们可以看到，“改造”“优化”等字眼不时映入眼帘。更令人可喜的是，这些肩负着为公司提高效益、降低成本重任的举措，如今正活生生地跃出纸面，日渐成熟的技术改造机制和管理规范为湿法公司克服时艰、保护当地人员就业、实现环境保护与追求经济效益的双赢等方面提供了强大的支撑。

三、谦比希湿法冶炼有限公司——关爱员工的示范者

在湿法公司，无论你问哪一位管理者：“你的企业最重要的资源是什么？”所有人都会不假思索地回答：“人——员工是我们最宝贵的资源。”湿法公司如是说，也如是做。

企业，无人则止。对于海外项目而言，“人和”的力量是最为重要的根基。湿法公司的经营活动中，始终渗透了“以人为本”“和谐共进”“共同发展”的先进理念。

长期以来，湿法公司一直高度关注员工与企业的共同发展，高度重视、关心员工的工作、生活环境，通过积极构筑和谐劳动关系，打造让员工信赖的雇主品牌，增强员工对企业的忠诚度、归属感和荣誉感，为创建和谐企业，实现企业可持续发展奠定坚实基础。

非洲大陆远离祖国，条件艰苦，员工业余生活单调，因此，做好中方员工思想政治工作对于稳定员工情绪、保障海外事业顺利开展具有极其重要的意义。湿法公司管理层时刻把员工的“衣、食、住、行、乐”等方面的需求记在心上，在能力所及的范围内，努力为员工打造温馨舒适的生活环境，使员工有“家”的感觉。在生活基地，公司陆续建立了篮球场、乒乓球室、台球室、唱歌房，开通了无线网络，每栋宿舍都配备了电视机，让员工在离家万里之外的陌生国度也能看上国内的电视节目。健全的生活设置，

丰富和方便了员工的生活。每逢重大节假日，公司还组织篮球、乒乓球、扑克牌比赛，开展游艺活动；休息日，有序地组织员工上街购物等。

在对当地员工的管理方面，湿法公司也时刻本着“以人为本”的原则，实行规范化、本地化、人性化管理。制定相关制度规定，使其做事有守则，管理有规章。通过为赞方员工庆贺生日，发圣诞奖金、圣诞礼品（玉米面、食糖等），向有困难员工提供财务借款及预付工资等一系列的举措，真正体现公司关心员工、爱护员工、尊重员工、以人为本的理念。与工会的关系，湿法公司本着“相互尊重、相互信任”的思路，与工会之间建立及时沟通的机制，与工会的关系定位成“水和鱼”的关系，工作原则是沟通、支持、规范、防范。理解工会、尊重工会，支持工会依法按律工作，履行其正当的工会责任，在协调劳资关系中公司也坚持原则，树立规范意识和防范意识，从而稳定了内部环境，确保了公司劳资关系和谐发展。

四、社区参与的倡导者

英国 LONELY PLANET 出版公司编纂的《非洲》，一本有 1116 页的旅行指南，在提及赞比亚时，用这样的字眼描述了这个文明、美丽与贫穷并存的国度：“假如你想体验真正的非洲，那么赞比亚就是那颗未经加工的钻石。”在这个国家，有着最壮丽的风景，却也有着最卑微的生存。作为世界上经济最不发达的国家之一，这里的贫困人口到 2008 年仍然占据 64%，总数约为 760 万。更令人震惊的是，和城市中 46% 的人口生活在贫困线以下相比，农村的数据是 88%。

湿法公司所在的谦比希村，和这个国家的大多数村落一样，交通闭塞，基础设施匮乏，很多农民每天都在贫困中煎熬。湿法公司从建厂伊始，就一直秉承互利共赢合作的理念，高度重视与利益相关方的互利合作，关注民生发展，支持社区建设。公司主持外联工作的副总经理林曲坚用一句话道出了湿法公司在真诚参与当地社区建设背后的公益情怀：“我们努力帮扶当地人迈出的一小步，在不断的累积中，会成为他们将来向美好世界进发的一大步。”

2012 年 2 月，湿法公司捐赠 199793. 22 美元，为卡鲁鲁西市谦比希修缮并拓宽了从主公路到谦比希的道路。还免费为谦比希市政提供污水排放系统的修缮和疏通。改善了谦比希道路和市政建设状况，使社区有一个良好的生活环境。项目竣工的那天，谦比希村的男女老少涌上街头，兴奋地跳起当地舞蹈，用土著语言唱起古时庆祝丰收的歌曲。他们浑身上下洋溢的幸福，感染了在场的每一个人。一位六十几岁的农民紧紧地握着湿法公司领导的手，用不流利的英语激动地说："谢谢你们！现在我们终于可以搭车去市里看病了，你们是上帝的使者！愿主永远保佑你们！"

相似的故事在不断延续。湿法公司总经理兼党委书记谢开寿说："履行社会责任是成本，更是资源，是实现综合价值最大化的途径。"其实，这也是湿法公司每一位员工对责任的一种理解。

我们深知，只有成为一个负责任的企业，才能拥有经济全球化背景下企业跨国配置资源和生产要素、拓展发展空间的通行证；我们相信，企业社会责任在湿法公司发展脉搏中的律动将愈加有力。

85 案例
中国有色金属建设股份有限公司

打造中蒙合作的典范工程　实现互利共赢

一、背景

1998年，中国有色金属建设股份有限公司（以下简称中色股份）在蒙古控股成立蒙古鑫都矿业有限公司。2005年，中色股份用“工程换资源”的模式投资建设了蒙古国图木尔廷敖包锌矿，建立起了中色股份在境外的第一个资源基地。在“走出去”的过程中，如何成功实现共同发展、互利共赢，如何融入国外不同的政治、经济、文化和社会环境，如何科学发展，正确处理和各利益相关方的关系，打造中蒙合作的典范工程，树立负责任的中国企业形象，是摆在中色股份面前的重大问题。

二、敖包精神成就典范工程创建奇迹

敖包锌矿当年建成、当年投产、当年盈利，成为中国建矿历史上奇迹的力量源自敖包精神。敖包精神是中色股份提炼出来的敖包锌矿的建设者们知难而进、永不言败的拼搏精神；艰苦奋斗、以苦为乐的奉献精神；报效祖国、齐心协力的团队精神；超越自我、追求卓越的创新精神。

2000年，敖包锌矿工程项目奠基后，在一望无际的戈壁滩上找到矿山用水源迫在眉睫。敖包锌矿的建设者们凭借非凡的智慧、胆略和辛劳，打破了多国30年找不到水的魔咒，宣告了图木尔廷敖包锌矿工程建设正式开始。

在找水的期间，胡锦涛主席殷切嘱托“一定要把图木尔廷敖包锌矿建设成为中蒙合作的典范工程”，给敖包锌矿的建设者们带来了莫大的鼓舞和振奋。这份来自主席的嘱托，很快被标铸成为一块蓝色金属标语牌，巍然竖立在蒙古草原的施工现场，化作一面无声的旗帜，激励着每个建设者：一定要把图木尔廷敖包锌矿建设成为中蒙合作的典范工程！

2005年8月28日，图木尔廷敖包锌矿正式竣工投产。蒙古总统恩赫巴亚尔率二十多位重要内阁成员出席了竣工典礼，面对崭新的厂房车间和高高飘扬的中蒙两国国旗，恩赫巴亚尔总统兴奋地表示：“三年前我来过矿山，当时这里是一片荒地。今天看到锌矿在这么短的时间内建成投产，我心里非常高兴。这是两国经济合作领域新的一页，也是中蒙两国友谊的具体体现。”

试生产期原本计划是半年，但中方员工发扬敖包精神，连班加点进行生产设备调试和技术革新，仅用三个月便使各项生产和技术指标达到或超过了设计要求，仅用一年的时间就收回了全部固定资产投资和流动资金，实现了当年投产、当年达产、当年盈利。

三、互利共赢结出典范工程累累硕果

中色股份在敖包锌矿的发展运营中，秉承“互利合作、奉献社会”的宗旨，树立并践行全球责任观念，追求人与人的和谐，项目实施与所在国家社会环境的和谐，企业同外部社会的和谐，形成健康和谐的企业品格，树立负责任的企业形象。

摆正位置，积极融入当地社会。在锌矿建设和生产经营过程中，中色股份始终坚持遵纪守法、依法经营的原则。以环境保护为例，敖包锌矿始终把环境保护作为公司的一项重要议题，正确认识环境保护与企业的生产经营环境、企业的长治久安的内在联系，严格遵守蒙古国在环境方面的法律法规，高标准，严要求，切实履行矿山开采对环境保护的责任。公司每年投入一定数量的资金保护和改善环境，在厂区、水源地和西乌尔特市区植树绿化，将敖包锌矿建成花园式的矿区；采矿过程中先将采区和废石堆区的地表

土剥离再将废石堆场覆垦，大大减轻和缓解了矿山开采对环境的压力；还聘请乌兰巴托的专家对水源地的情况进行了评估，消除百姓的疑虑，得到了当地政府和百姓的高度认可，树立了中国企业的良好形象。

属地化管理，以人为本。中色股份在敖包锌矿所属的蒙古鑫都矿业，注重以人为本，进行属地化管理。将当地牧民培养成合格员工，尽量多地为当地解决就业，目前敖包锌矿共聘用当地员工600多名，本地员工比例已达到87%，其中，30%以上的中层岗位已由本地员工担任，并且有两名蒙方股东进入公司高级管理层。鑫都矿业成为当地就业人数最多的单位。在中国文化与异域文化的差异中，中色股份在蒙古成功培养出一支由中蒙员工共同组成的高素质队伍，为企业的长远发展奠定了基础。

努力改善员工的工作和生活条件。为解决蔬菜供应，让员工吃得上蔬菜，公司在敖包锌矿建设了四个蔬菜温室；为提高员工的职业技能，公司为员工修建职工大学；为改善员工的住宿条件和休闲娱乐设施，公司修建舒适的单身宿舍、家属楼、健身房。这些举措，得到了蒙方员工的认可和总统的称赞。在蒙古，蒙方员工往往以住在公司的宿舍感到荣幸，蒙方员工的家属也都为有亲人在敖包锌矿工作而感到骄傲。

公司还号召中蒙员工互相学习对方的语言，尊重蒙方文化和习俗，逢年过节给员工派发礼物，举行祭拜图木尔廷敖包仪式，为矿山和当地百姓祈福。每逢圣诞、元旦、新年等节日，中色股份主要领导都率代表团到矿山去与中蒙员工一起欢度节日，为员工带来慰问品和衷心问候。

帮助所在社区，多做力所能及的善事。多年来，中色股份与当地政府密切合作，帮助当地解决了一些事关百姓的社会难题，在当地树立了良好的口碑和形象。

2007年2月苏赫巴托省爆发了多年不遇的牲畜传染病，中色股份得知情况后，立即捐助2000万图格里克用于防治疫情，并从中国采购了部分消毒药品和用具，在矿区附近设立消毒预防站，为西乌尔特市的消毒站提供物资和资金支持。公司的善意举动赢得了蒙古政府和人民对敖包锌矿的大力支持和帮助；为了防止疫情进一步扩散，政府进行了交通管制，限制车辆跨区域行驶，但对敖包锌矿予以了特殊关照，即使是交通管制最严厉的时期，敖包锌矿的精矿运输车辆也没有中断，确保了公司的正常生产。

中色股份在蒙古为当地投资修整精矿运输道路，建设政府广场、团结花园，向当地医院捐赠医疗设备、捐赠那达慕，资助大学生上学，兴建幼儿园。

中色股份的这些付出，赢得了当地政府、社区对我们的认同、理解和支持，营造了企业发展的良好外部环境，奠定了企业长远发展的基础，实现了企业与社会发展的共赢。敖包锌矿所属的鑫都矿业有限公司作为蒙古国十强企业，先后获得蒙古政府颁发的50多个奖项，成为推动苏赫巴托省和蒙古国经济发展的重要力量，促进了当地的和平、繁荣与稳定，争得了荣誉。

86 案例
中国有色矿业集团有限公司

履行社会责任　推进和谐发展

一、背景

中国有色集团秉承“开发资源、奉献社会”的使命，紧紧围绕“四个提升、一个打造”的发展思路，充分利用“两个市场、两种资源”，积极探索各出资企业的可持续发展之路，认真履行中央企业社会责任，有效推进了集团公司与社会的和谐发展。在集团公司的正确领导和大力支持下，中色奥博特铜铝业有限公司（以下简称中色奥博特）始终把“与客户共发展，与员工共成长，与社会共和谐”作为自己的企业使命，并坚持“尊重生命，防范为先”的安全理念和“珍视地球，重视责任”的环保理念，以先进的企业文化凝聚力量、激发活力，夯实和谐企业的思想基础，提供跨越发展的不竭动力，积极承担企业社会责任，促进所在地区经济、社会的共同发展，追求经济效益与社会效益的全面提升。加入集团公司以来，共招聘各类人才699人，有效缓解了临清市及周边地区的就业压力；2009年7月至2012年年底实现利税共10.64亿元，其中2012年实现利税4.17亿元，较2011年、2010年同比增长45%、65%，强有力地推动了社会经济的平稳增长。

二、责任实践

（一）增加就业岗位、关心职工群众，为社会繁荣和人民的安居乐业尽责

公司积极承担社会责任，充分彰显央企情怀。在人才引进方面，一方面通过省市各种人才招聘会议、网络招聘、电视广告等传统方式进行招聘，另一方面人事工作人员不惧严寒酷暑、不怕路途奔波，先后深入百余个乡镇、高校、职业学院进行招聘工作，仅2013年就为临清市及周边地区提供就业岗位200多个。

1. 维护职工合法权益

一是认真贯彻执行劳动法，建立平等和谐的劳动关系。建立了多层次的社会保障体系，依法为职工缴纳基本养老、医疗、工伤、失业、生育保险等社会保险和住房公积金。二是保障职工身心健康，切实做好职工职业健康监护、劳动保护用品配备等工作。按照不同工种、不同劳动条件，给员工发放了劳动保护用品共10余个品种，在高温作业场所配置、安装空调，给作业人员发放防暑降温药品和清凉饮料，为员工在生产过程中的健康和安全提供了有效保护。三是不断提升住宿条件，先后建设两幢条件优越的公寓楼及五幢每套两室一厅一卫的住宅楼。四是进一步完善民主建设，及时听取、解决职工的意见建议。

2. 促进职工职业发展

一是坚持“送出去、请进来”外部交流培训，聘请国内铜加工行业及协会资深专家学者来公司指导、讲课，促进技术人员的业务知识不断更新升级；开启校企联合培训模式，与山东工程技师学院联合举办了第一期“有色金属加工班”，36人获得高级工技能等级，第二期大专班的准备工作正在进行中。二是完善体系，充分发挥人才作用。按照“多劳多得、效率优先、兼顾公平”的原则，将绩效考核与薪酬挂钩，制定了各项工资、考核方案，绩效决定升迁奖罚；通过绩效考核、动态激励、民主评议等使人力资源管理机制不断完善。

3. 加强企业文化建设

积极推进企业文化建设，以活动促发展。一方面开展多彩的文化活动，丰富职工日

常生活。通过知识竞赛、篮球赛等一系列文体活动，丰富职工业余文化生活；近年来，为110多名考取大学的职工子女发放助学金六万余元。

（二）依法纳税缴费、全力支持地方建设，为促进地方经济和社会发展尽责

1. 诚信规范经营，做和谐社会的构建者

公司始终坚持“诚信发展、争创一流”的核心理念，规范运作、依法纳税，创新产品、依法守信。加入集团公司以来，中色奥博特在行业内外的知名度和影响力显著提升，获得了越来越多来自市场的认可，连年被评为“山东省诚信企业”。

2. 响应政府号召，做经济平稳增长的促进者

公司实现的利润和创造的利税逐年增高，2010年到2012年实现利润总额分别为：1.36亿元、1.70亿元、1.74亿元，创造利税分别为：2.53亿元、2.93亿元、4.17亿元，有效地推动了临清市经济的稳步增长。

（三）关注环保和公益事业，为社会的安定与高尚风气的培育尽责

1. 牢固树立绿色企业理念

坚持从科学发展观的要求出发，积极倡导绿色企业理念，不断创新，不断提升产品质量；努力提高资源综合利用效率，持续推进节能减排体系建设，举办节能减排管理专项培训，增强全员降本增效意识，并通过创先争优、创新创效、征集合理化建议等活动，扎实有效地推进了“两提一降”在公司的开展，为公司降本增效起到了积极的作用。

2. 履行对社会公益事业的责任

公司始终把投身社会公益和慈善事业作为企业文化建设的重要内容，积极参与社会公益事业献爱心，近年来，公司共为灾区捐款60余万元，捐物2000余件，特别是在临清市饮水工程捐助中一次性捐款500万元，占我市总捐助金额的1/6，居全部捐助单位捐助金额之首，充分展示了中央企业的优秀形象。

三、履责效果

加入中国有色集团以来，中色奥博特实现了超常规、跨越式发展，公司整体面貌发

生了历史性变化，现已发展成为山东省最大、国内前两位高精度铜及铜合金加工基地。今年7月份压延铜箔项目的开工，是我公司在推进精深加工、提升核心竞争力方面又迈出的坚实一步，成为我市推进跨越赶超又一新的经济支撑点。临清市委市政府、聊城市委市政府及集团公司都表示将在政策、技术、资金等方面全力支持中色奥博特的发展。近年来，公司及职工先后获得市级以上政治荣誉135项，其中，公司党委被山东省委授予“山东省先进基层党组织”荣誉称号，公司荣获临清市优秀工会工作十佳单位、厂务公开民主管理先进单位及“全市劳动用工先进单位”。

优秀社会责任实践综合案例

一、背景

中色奥博特铜铝业有限公司（以下简称中色奥博特）是集科研、开发、生产、销售于一体的大型铜加工企业，是山东省最大、国内重要的高精度空调制冷铜管生产企业和高性能、高精度铜合金板带生产基地。公司在生产运营过程中始终把“与客户共发展，与员工共成长，与社会共和谐”作为企业的使命，积极履行社会责任，在安全生产、节能环保、维护职工合法权益和社会公益等方面做出了突出的成绩，为企业的可持续发展提供不竭的动力。

二、安全生产

安全是企业永恒的主题。安全工作关系全局，重于泰山。没有安全，员工的根本利益就没有保障；没有安全，我们的企业就不可能兴旺发达。中色奥博特高度重视安全工作，不断开创安全生产工作的新局面，为科学发展营造了和谐、平安的良好氛围。

1. 开展“零事故”目标管理宣教活动

中色奥博特组织发动全体干部职工，从企业决策、中层管理到车间、班组，一直到每个生产岗位，采取寓教于乐、喜闻乐见、易于参与等形式，开展反违章操作、反违章指挥、反违反劳动纪律的宣教活动，普及安全生产法律法规知识，增强安全意识和法制观念，集中排查和消除一批安全盲区、死角和隐患，实现“零事故”月。

2. ISO 18000 职业健康体系建设

为了保障员工的健康和安全，提高公司的管理水平，提升企业形象，构建和谐奥博特，中色奥博特在“十二五”期间计划启动 ISO 18000 职业健康安全管理体系建设，并通过体系认证。职业健康安全管理体系是在全球职业健康安全状况明显呈恶化趋势的大背景下，国际劳工组织（ILO）呼吁：经济竞争的加剧和全球化的发展，不能以牺牲劳动者的职业健康安全利益为代价，要维护劳动者人权，对生命质量提出更高要求。即职业健康安全管理就是以系统安全的思想为基础，从组织整体出发，实行全员、全过程、全方位的健康安全管理，使组织达到最佳职业健康安全状态。它通过系统化的预防管理机制，消除各种事故和疾病隐患，严格控制各种职业健康安全风险，最大限度地减少生产事故和劳动疾病的发生。为了能使体系顺利建立并实施运行，中色奥博特计划成立职业健康安全管理体系领导小组和工作小组，聘请专业咨询公司为中色奥博特进行ISO 18000 体系的认证咨询和培训，并提供全程的策划和咨询培训。举办 ISO 18000 标准和基础知识培训，详细讲解环境和健康安全管理的概况、法律法规、ISO 18000 标准、管理体系的建立、实施和保持、环境因素和危险源辨识和评价等内容。编写职业健康安全手册以及程序文件，发布实施和试运行后，各部门组织学习管理体系文件并贯彻实施，试运行一段时间后成立内审小组，对体系实施内部审核，内审结束后针对内审中发现的不符合项，制定纠正措施并验证其有效性，改进管理体系，并申请认证中心进行考核认证。

三、节能环保

面对当前能源、资源日益紧张的现状，公司多措并举，确保能耗水平逐年下降，实现减污增效，消除公共的隐忧。

1. 开展清洁生产审核

中色奥博特自2008年6月起至2008年11月在省经济和信息化委员会的要求下开展了清洁生产审核，共选定清洁生产方案21个（其中中/高费方案三个、无/低费方案18个）。共投入资金17.9万元，无/低费方案实施率100%、中/高费方案实施率33.3%，年节电46.2万千瓦时，可获经济效益61.09万元。通过调整废水处理工艺降低了废水悬浮物和COD，达到了清洁生产的相关要求，2010年4月10日通过了省清洁生产中心组织专家进行的清洁生产审核验收。中色奥博特为使清洁生产工作持续进行，更好地做好节能减排工作，2011年3月决定新上污水深度处理资源化项目，该工程完成后中色奥博特产生的污水经处理后有90%以上可进行回用，届时中色奥博特的清洁生产工作将取得更好的成绩。

2. 新上油烟回收装置

没上油烟回收装置前的在线退火机组排放出的油烟直接排放到空气中，不仅给车间员工身体健康带来了危害，而且对大气造成严重的污染。新上油烟回收装置后，实现了资源再利用，不仅消除了对员工身体健康的危害，也减少了对大气的污染。

3. 改变加工工艺

传统的内螺纹加工工艺是：对母管加工——再经精整工序——运至退火炉进行退火——再运至内螺纹成型机进行加工，劳动强度大，生产效率低，而且能耗较高。采用内螺纹母管在线退火工艺后，其母管不用精整缠绕成小盘，直接经在线退火进入成型加工，实现筐对筐的在线加工，减轻了劳动强度，提高生产效率5%左右，实现节能20%左右。

4. 新上移动式收油机

以往机台上泄漏的轧制油与污水混合后一起进行处理，上半年铜管、板带公司新上移动式收油机6台，利用收油机先把油回收再利用，不仅减少了水处理药品的消耗，同时提高了水处理的能力。

四、维护职工合法权益和社会公益

公司始终坚持把建立规范有序，公正、合理、互利共赢、和谐稳定的劳动关系作为企业发展的重要内容，有效地维护职工合法权益，促进企业在深化改革中和谐健康快速发展。

1. 认真贯彻执行劳动法，建立平等和谐的劳动关系

公司认真贯彻执行《劳动法》《工会法》等法律法规，依法维护职工的经济利益和民主权利，保障职工办好事、办实事，以《工会法》《劳动法》为指导调整好劳动关系。一是按期签订劳动合同确立劳动关系，以保障双方的利益。二是建立完善平等协商集体合同制度，公司坚持每年召开职工代表大会制度，定期组织职工代表与总经理进行协商对话，就企业劳动安全工资报酬等事项，行政与工会在平等的基础上进行商谈。三是依法按时足额缴纳养老、医疗、工伤等保险。公司领导并明确规定任何人、任何情况下，不得挪用、克扣职工保险费，从未出现拖缴、欠缴现象，多次被聊城社会保障局评为社会保障先进单位。

2. 保障职工知情权、监督权，抓好厂务公开民主管理

一是高度重视，健全组织机构。成立厂务公开领导小组，一把手任组长，建立三级监督监察网络体系。二是狠抓落实，丰富组织形式。建立了每 1 ~ 3 个月一次的三级民主议事会制度、每季一次的党政工联席会制度、工会职代会主席团及团长联席会制度、工会与行政对等代表参加的集体合同平等协商制度等多项制度，并设立董事长意见箱、总经理举报电话。三是注重实效，完善公开内容。结合中色奥博特实际情况，把职工关心的焦点热点问题，作为厂务公开的重点内容，本着实事求是、循序渐进的原则，确定公司三级公开的内容。

3. 建立科学、高效、规范的教育培训机制，培养一支高素质的职工队伍

一是“送出去、请进来”外部交流培训。聘请国内铜加工行业及协会资深专家学者来公司指导、讲课，促进技术人员的业务知识不断更新升级；到行业内先进企业进行学习交流，积极“对标”先进。二是“公司级、车间级、班组级”内部三级培训。一级抓一级，层层抓落实，长期、系统提高职工技能水平和综合素质。三是组织班组长以上人员参加“卓越管理”“远程教育”等多项培训，切实提高领导岗位人员的综合管理水平。四是开启校企联合培训新模式。与山东工程技师学院联合举办“有色金属加工

班”，选拔员工进行专业培训，工作、学习“两不误、两促进”。

4. 大力推进道德经营和社会公益支持

公司始终坚持“诚信发展”的核心理念，与原材料供应商和各金融机构建立了良好的合作往来关系，连年被客户评为“优秀供应商”，荣获山东省银行业最佳诚信客户，2009 年被评为“山东省诚信企业”。公司自成立以来，为临清市解决了 2000 余名再就业岗位，起到了振兴地方经济，稳定社会秩序的作用。每年重大节日，公司都积极组织丰富多彩的文体活动，提高了员工的工作热情，丰富了职工的业余生活。近年来，公司共为灾区捐款 60 余万元，捐物 2000 余件。

赞比亚中国经济贸易合作区优秀社会责任实践综合案例

一、背景

中国有色矿业集团有限公司（以下简称中国有色集团）为发展中赞两国的友好关系、扩大两国在各个领域的合作，为赞比亚经济发展开辟崭新模式，在赞建立了赞比亚中国经济贸易合作区。该合作区是我国在非洲建立的第一个经济贸易合作区，也是赞比亚政府宣布建立的第一个多功能经济区。

二、环境保护

1. 开发尾矿中的宝藏

矿山开采形成的大量尾矿对赞比亚环境造成沉重负担，而尾矿中含有的较为丰富的矿产资源仍有很大的开发和利用价值。

中国有色集团从当地环境保护和经济发展出发，从长远发展出发，开发利用赞比亚丰富的尾矿资源和露天开采时遗留下的氧化铜矿石。2004 年 9 月，中国有色集团和海南中非矿业公司组建了谦比希湿法冶炼有限公司，采用湿法冶金工艺生产电积铜。

2004 年 11 月 6 日，谦比希湿法冶炼项目开工奠基，2006 年 9 月 8 日，项目竣工投产。谦比希湿法冶炼有限公司2010年生产电积铜7100吨，拥有员工近300名，创造了良好的经济、环境和社会效益。

为更加环保、高效地利用尾矿资源，中国有色集团加强开发当今世界上最为先进的生物冶金技术，2010年11月27日，“中国有色集团—中南大学生物冶金赞比亚试验示范基地”揭牌，生物冶金技术正式在赞比亚开始投入试生产。

2. 发展循环经济

中色非洲矿业有限公司对废旧产品实施回收再利用，减少废物对环境的污染。2010年，公司与多家供应商合作，回收罐笼用铜衬板、水泵等废旧备件，经处理后生产出新的衬板，实现铜资源的循环利用；还向当地企业引进国内轮胎处理方法，对现有120多辆车旧轮胎进行回收，将废旧轮胎变废为宝。回收处理后的轮胎广泛用于体育馆内场地铺设及室外铺路，最大限度保护环境。

三、安全生产

1. 开展“安全生产月”活动

2010年，在“安全生产月”活动中，中色非洲矿业有限公司举办“典型事故案例研讨会”，深刻剖析了近年来发生的典型事故的部位、环节、原因、特点及规律，深入探讨了预防和控制事故的对策和措施。公司组织了“安全生产知识竞赛”决赛，将“安全生产月”活动推向高潮。赞比亚矿山安全局局长以及铜带省政府有关部门高级官员参加了活动。

2. 参加、举办急救演练训练

矿山急救队成立以来，每月进行常规性演练和训练，检查救护装备，随时处于战备状态，同时，急救队积极参加赞比亚矿业协会每年组织的全国“矿山急救竞赛”活动。非洲矿业公司承办了2009年度的比赛活动，交流了救护技能，提高了应急急救技能。

四、节能减排

赞比亚的绿色冶炼厂——谦比希铜冶炼公司在设计之初，即周密制定了环境保护设计工程，力争达到废气、废水、废渣的零排放。建成投产后，以其先进的技术理念、工艺流程，良好的环保设施及循环经济运用，被当地环保官员评价为“赞比亚的绿色冶炼厂”。2010 年公司实现粗铜标煤单耗达到 190kg - BM/t - Cu，领先于国际水平。

污染源	采用技术	取得效果	获得收益
烟气中的二氧化硫	铜酸协作、调控烟气成分和改造硫酸净化、干吸系统，采用两转两吸制酸工艺	烟气二氧化硫捕集率达到 90% 以上，硫酸二系列投入生产，烟气二氧化硫吸收率达 99.96%	稳定产出 98% 规格硫酸，硫酸产品洁净清亮如矿泉水，被誉为“赞比亚最好品质的冶炼烟气硫酸”
烟气热量	建设了赞比亚第一套冶炼烟气余热发电装置，利用冶金炉窑产出烟气热量，生产出中压饱和蒸汽，送余热发电机组发电	熔炼、吹炼、冶炼烟气实现 100% 余热回收	年余热发电量达 31000MW · h，占全厂用电量的 18%
污酸水	大部分供给湿法公司。剩余部分在污酸水处理站采用两段中和污酸处理工艺	满足最严格的环境保护政策要求	中和后产出的石膏渣全部低价出售给当地的水泥厂作为生产原料
烟尘	冶炼烟尘铋回收工艺		回收金属铋
炉渣	还原贫化炉和湿法基础车间，铜钴回收工艺	提高铜钴回收率	获得更多金属铜与金属钴

由于铜冶炼公司采用先进的富氧顶吹浸没熔池熔炼技术，因此建设制氧站以提供氧气。公司采用真空变压吸附法制氧工艺，利用分子筛对氧、氮组分吸附能力不同，加压吸附、降压解析的过程达到氧、氮的分离，降低能耗和二氧化碳排放，具有经济、节能、安全的特点。

五、维护员工合法权益

中国有色集团在赞企业通过集体协议，结合行业和企业实际，建立起高于当地法律法规标准的薪酬福利体系。我们为赞比亚员工提供包括基本工资、住房补助、玉米面补助、教育津贴、加班工资、年休假、医疗补助、交通补助、丧葬补助等30多项组成的薪酬福利，保证按时足额发放工资，还为员工按月发放劳保用品、伙食补贴，为员工提供餐厅、工会活动费以及免费班车。我们遵循“效率优先、兼顾公平”的原则，建立起科学、完整的员工绩效激励与考核机制，薪酬与员工发展、个人绩效、组织绩效密切相关。

在赞企业为员工缴纳各种社会基本保险，参保率和按规定缴费率达到100%。公司除为员工足额缴纳各项法定社会保险以及员工按劳动合同规定可享受的当地法定休假日、带薪年休假等外，还为员工提供商业意外保险、海外员工年休假及配偶出国探亲假、海外优秀骨干员工家属陪同政策等，解除员工后顾之忧，提高员工生活质量。

公司注重从当地员工中选拔、培养、任用管理人员和高级专业技术人才，并为其提供高级进修、学历教育的机会和资助。

尼尔森·基洛瓦是在中色非洲矿业有限公司工作的赞比亚员工，2001年他作为一名保安员进入公司。2006年，公司资助他赴位于卢萨卡的“国家行政管理学院”进修，在其完成学业后，提拔其为对外事务部经理。基洛瓦说：“中国公司跟其他国家的公司不一样，他们尊重不同国家间的文化差异，理解我们、尊重我们，给我们接受更高教育的机会，甚至派赞比亚同事到中国进修，我也很期待能到中国学习，看看中国的发展。中国同事工作努力，非常友好，就像朋友一样，中国公司就是我们自己的公司，中国企业已经成为了赞比亚的一部分，必将有更长久的发展。”

六、社会公益

1. 中赞友谊医院

中国有色集团为提升赞比亚社区健康水平和医疗卫生条件，通过援建多家矿区医院、购置先进的医疗设备、引入精湛的医疗技术、宣传疾病预防知识等方式，改善当地医疗软硬件条件，形成了区域性、现代化的医疗网络。

中国有色集团经营中赞友谊医院等多家医疗机构，提升医疗技术水平和卫生服务水平，加强医疗设施配置，为医院添置 X－RAY 光机、CT、核磁共振等先进的医疗设备，提高当地的医疗保障水平。

中赞友谊医院由中国有色集团投资兴建改造，是赞比亚第二大医院，拥有 100 张床位，中方员工七人，当地员工 98 人，拥有赞比亚唯一的 CT、核磁共振等先进的医疗设备，以其良好的医疗条件和精湛的医术，为赞中员工提供了优良的医疗服务，吸引了四面八方的社会民众前来就医，为赞比亚民众的健康事业做出了贡献。2010 年，中色非洲矿业有限责任公司对医院投入资金 30 万美元，用于房舍修缮和医疗设备购置。

2. “光明行”活动

由中国人民对外友好协会、中国有色集团主办，赞比亚中国经济贸易合作区承办的“光明行”活动中，中国有色集团怀揣中国人民真诚的爱心和中国医生高超的技艺，投入 110 万元，为赞比亚带来了国际领先的医疗设备，带来了优良的晶体，也带来了代表中国眼科最高水平的同仁医院医疗队。

109 位贫困白内障患者从赞比亚各地汇聚到这里，接受免费复明手术。复明手术很顺利，成功率 100%。每一双眼睛背后都是一个充满期盼的家庭，中国有色集团用责任与担当为 109 位赞比亚白内障患者点亮了人生的光明，为 109 个赞比亚家庭带去了久违的欢乐。

89 案例
中国铝业公司

根植社区发展　探索海外履责“中铝模式”

一、背景

中铝公司秉持“负责任的矿业开发”理念，以“善待资源、善待资源所在国、善待矿区居民”为宗旨，与原住民荣辱与共、和谐发展。在秘鲁特罗莫克铜矿项目建设中，探索和实践出了履行国际公民责任的“中铝模式”，为国际矿业开发树立了样板。

全球经济一体化时代，没有哪个企业能在封闭的环境中成长壮大。21 世纪初，党中央、国务院制定了“走出去”战略，推动有实力的企业充分利用全球资源、国际市场，做大做强，实现可持续发展。“十一五”以来，中铝公司积极贯彻落实国家“走出去”战略，以获取资源能源、保障国家战略资源为重点，扩大对外合作，加快对外贸易，增强发展实力。秘鲁特罗莫克铜矿项目就是其中的典型代表。2007 年，中铝公司收购了加拿大公司控股的秘鲁铜业公司，获得了秘鲁特罗莫克铜矿的开采权。特罗莫克铜矿位于安第斯山区，这里的矿产开采活动已有几百年的历史，但当地经济和居民没有多大改善。社区关系问题成为国际企业在秘鲁进行矿业开发的首要问题。

二、问题

1. 环境

特罗莫克铜矿项目位于秘鲁胡宁大区瑶栗省。其所在的莫洛科查镇是传统矿区，自20世纪初，多家矿业公司就在该地区开展采矿活动，采矿废水通过一条修建于1934年的金斯米尔（kingsmill）隧道直接排入亚乌利河，造成水质污染。该隧道排放污水已有近80年的历史，直接对亚乌利河及曼塔罗河构成污染。曼塔罗盆地超过90万居民的日常生活及农牧业生产常年受到污水影响，治理金斯米尔隧道已经成为当地居民多年以来的迫切期望。

2. 社区

特罗莫克铜矿所在的莫洛科查镇是传统矿区，居民主要是周边矿山的工人和家属，具有脏乱差的典型老矿区特征。莫罗科哈镇的多数市民目前都是租房居住。长期居住在围绕着矿区混乱搭建起来的棚户，破败拥挤不堪。加之当地海拔较高，生活条件恶劣，交通状况落后，饮用水供给困难，居民生存环境相当差。矿区居民生存安居的妥善解决，成为长期以来一直困扰当地政府和开发企业的难题。

3. 政府

特罗莫克矿区恶劣的自然环境和污染加剧了当地的贫困化程度，矿业成为主要经济支柱，各级政府对于矿业企业的期望较高，甚至会向企业施压。很多本应政府负责的基础设施项目，现在需要由企业来承担。

三、责任行动

2007年起，中铝公司在特罗莫克铜矿区参与社区公益，为社区居民提供就业、医疗、教育和培训等服务，全方位支持社区发展。

1. 治理污染，保护环境

中铝公司在特罗莫克铜矿尚未开工建设之前，就投资5000多万美元修建污水处理厂，聘请了世界顶级的工程咨询机构AMEC进行工程设计，秘鲁知名建筑承包商COSA-

PI 进行施工，并由一流工程公司 GMI 对工程进行监理。金斯米尔水处理厂于 2008 年开工修建，2010 年竣工投运，彻底解决了金斯米尔隧道排水的污染问题，困扰当地近百万居民长达近 80 年的水质污染问题得到了根本性的解决。

2. 建设居民新城

中铝公司修建了一座现代化城镇，为矿区高原居民提供 1050 套住房。新城占地面积为 1.8km^2，是一座极具现代特色的城市。新城与老城有天壤之别，它几乎拥有所有现代城市的功能，有医院、教堂、体育馆、市场、小学、托儿所、警察局、市政厅，还有 12 个专供儿童嬉戏的游乐园。各公园均设有残障通道，还整齐地摆放着垃圾桶，有专人负责街道卫生。尊重当地人生活习惯和宗教信仰，新城内建有 7 座教堂。能容纳 5000 人的多功能体育馆，自 2012 年建成以来，已经举办了多场流行音乐会。

3. 项目建设，依法履责

秉承共同发展的理念，公司将秘鲁特罗莫克铜矿项目建设融入到当地社会发展中，与秘鲁政府、国会、社会各界以及各个利益相关方建立良好的互动和沟通，广听民意，依法履责。

项目从开发到投产，共需拿到 270 个许可证。其中最为关键、耗时最长的是环评许可。中铝特罗莫克铜矿项目“环境与社会影响评价”历时 13 个月，最终完成的环评报告正文和附录总计超过了一万页。环评报告提交后，根据法定程序，公司先后在项目所在地的大区、省市和社区举办了三场专题说明会和一次公众听证会，详细说明项目对环境和社会的影响，现场解答利益相关方的疑问。之后又完成了秘鲁政府相关部门对环评报告提出的书面质询。2013 年，秘鲁特罗莫克铜矿项目顺利获取了秘鲁政府授予的包括“环境与社会评价”在内的 270 项许可。

4. 本土化经营，推动地区经济发展

中铝秘鲁矿业公司 99% 的员工为原住民，管理队伍是由多国人才组成的国际化团队，中方人员只有五人。除直接为社区创造就业机会外，中铝秘鲁矿业公司还将本土化政策贯穿于经营管理等各个方面：制定人才培训规划，对原住民进行业务和技术培训；与当地政府、社团合作，组建咨询团队，负责推进“大型项目的社会关系”；设立社区日常办事机构，帮助指导当地居民从事商业活动，并给予小额资助；吸收居民参与社区管理，新城住房分配成立了由社区8名居民和一名公司管理人员组成的委员会，商讨和实施分配方案。

四、履责成效

截至2013年年底，特罗莫克矿区835户搬迁居民中，92%已搬迁完毕，预期98%旧镇居民将于2014年年底前搬入新镇，全部搬迁工作将在2015年完成；矿区1200余员工中，只有5名是中国籍，本地员工比例超过99%。

特罗莫克矿区生活及生产用水水质的改善，极大地推动当地居民生活的改善和生产的发展，促进当地经济的繁荣，许多以前由于深受污水影响而不得不迁往外地的居民开始回迁；新城镇搬迁安居工程相当程度上避免了秘鲁其他地方矿产开发中屡见不鲜的当地居民的抵制，有效化解了原住居民和矿采企业之间的利益纠纷和矛盾，进一步促进了中国和秘鲁两国之间的经贸合作，树立了良好的中国企业形象。特罗莫克铜矿为当地提供了2400余个就业岗位，未来30年可为当地创造15亿美元的收益。秘鲁政府于2013年将新城设为当地州府所在地。

五、结语

欲获采矿许可，先获社会许可；欲建矿山，先建矿城——中铝公司负责任的矿业开发理念，在秘鲁铜矿建设中得到生动体现。作为一个走出去的中国央企，中铝公司将始终铭记积极承担社会责任，做合格的国际企业公民。用自觉自愿、实实在在履行社会责任的行为诠释“点石成金、造福人类”的公司社会责任价值观，努力赢得国际社会和项目所在国民众的一致尊重和赞誉，树立良好的中国企业形象。

有色金属资源型进出口生产企业原料国际化采购风险控制对策探讨

一、引言

改革开放初期，在加快市场经济发展的背景下，“两头在外”加工型生产企业，成为外贸企业的一种经营类型，对推动我国企业走出国门，扩大进出口贸易，学习国外先进的管理、技术、经验，了解和认识国际市场规律，促进“两个市场”的一体化，起到了十分重要的作用。随着我国的现代化经济能力的增强，社会经济技术水平的空前提高，特别是对能源、环境等要求的进步，国家限制或禁止“三高、两低”类型进出口加工生产企业的开展。在国家政策的引导下，个别特殊性行业转变了经营模式，由原来的“来料加工”转向直接从国际市场采购生产原料，生产（加工）成成品或半成品，投向国内外市场。

目前，有色金属冶炼（加工）行业采用这种生产经营模式，特别是国内资源或缺的少数稀有金属冶炼行业，显得尤为突出。例如：对原料来源进口依附性特别强的两头在外类型的从化钽铌冶炼冶炼厂就是如此。由于钽铌冶炼产品在高科技领域应用极为广泛，对社会科技进步的原材料支撑有不可替代的重要作用，决定了该产业存在的前提是必须在国际市场直接购买钽铌矿原料，且这一局面在较长的时间内难以改变。因此，钽铌生产冶炼企业，有效地在国际化采购中控制进口钽铌矿原料采购的风险，显得十分重要。

二、国际化采购钽铌矿原料风险的现状

1. 对企业采购风险控制的理解

从一般意义上理解，企业采购风险是指企业正常的生产经营活动面临众多的风险中，影响资产运营以采购作为进入市场完整过程为前题，实现预期目标的不利因素。

企业采购风险的控制，就是要合理利用企业的有效资源，采用正确的方法和措施，预防和控制影响物料供给过程的不利因素，保证正常生产经营活动的要求，最终实现资产运营的预期目标。

2. 采购进口钽铌矿原料存在风险的现状

目前存在的风险主要有两个方面：一是在采购业务实施中的风险。首先是供应商行为风险。有的供应商没有履约能力或随意延缓到货期；有的供应商诚信度差，履约期间，当市场价格发生变化时，无故中止合同或要求调价，保护自身利益牟取利润，制造了企业采购风险；在运输过程中出现以次充好、“调包”或被盗窃等供应商自身和他人的违法诈骗行为，近年来均时有发生，形成了国际化采购钽铌矿过程中的纠纷，造成巨大损失，使企业需要的原料无法保证供应而影响正常生产经营。如：香港某公司是知名度较高的矿产品经营贸易公司，2012 年在非洲购买了大批的钽铌矿原料，销售到中国及俄罗斯，在某国港口分别发运，货物首先到达我国某地，清关时发现被换货冒充。后查明该公司在运输过程有四货柜的钽铌矿被盗窃，货值 3000 多万元（人民币）。又如，我国某企业在国外购买一货柜钽原料，在香港转关验货后被盗窃换货，损失千万元人民币以上。

其次是自然意外风险，由于进口钽铌矿原料的采购地大多数是非洲等矿产品资源丰富地区，货物运输必须漂洋过海，在运输过程中受自然灾害或意外变化带来的风险系数高。

再次是政策风险，由于钽铌矿原料供应地所在国及国家、地方的经济政策变化对采

购进口资源原料带来风险。如：非洲等经济落后国家，过去把开采销售当地矿产资源当作主要的经济来源，鼓励开采出口销售。目前，提高了资源保护意识后，对资源性矿产原料的出口制定了限制条件；由于环保及其他原因的要求，我国对在进口矿产原料中的一些物质元素含量控制要求提高，而产地的生产技术条件落后，无法对采购进口的矿产品原料矿物元素作预验控制，进关检测超规时导致退货，造成损失。

最后是因合同约定的付款方式及其他条款不当，如采用预付款方式采购，当采购过程不能顺利实现时，可能造成的风险。

二是实现经营效益预期目标的风险。企业一切生产经营活动的最终目的是实现经济效益。原材料采购是企业资产运营进入市场，实现增值的前提。原材料采购的计划、价格、品种、质量、数量都直接影响到企业效益的实现。钽铌产业链的产品应用领域主要以电子、现代能源、航天航空等高科技产业为主，其供需关系具有别于一般市场规律的明显特点。由于原料来源及产品销售两头在外，原料和产品市场的不确定状态都将对企业经营效益产生直接影响。企业必须对原材料供应市场和产品需求状况、预期走势同时做出判断，以此为前提制定对钽铌原料采购数量、品种、质量、价格、供应周期计划的决策，才能规避市场波动造成的经营风险。通常情况下，企业一般都采用先确定订单后，再组织采购钽铌矿原料的做法。

20 世纪末，全球钽铌原料和产品在虚拟经济发展的影响下，对发展趋势期望过高，推动价格一直上行，达到了历史以来最高位的几倍。但是，由于没有消费市场的支撑，高潮泡沫很快穿破，短期内价格返回到原位以下。由于原料和库存产品大量过剩，成本奇高，重创了几乎全球钽铌行业内所有企业，导致钽铌市场连续数年来萎靡不振。

2013 年上半年，全球钽铌行业发展延续了上阶段连续几年的稳步上升，钽市场独领风潮，达到了近年以来的最好业绩。转入下半年后，受国际经济不稳定因素增多、美国政府债务危机与全球经济环境影响，三季度末，原料和产品价格一泻千里，下降至数年以来的最低点，又一次把库存和消费套牢，两种市场（原料、产品）静默至 2014 年一季度末。

以上的实例足以证明，全球钽铌行业的发展、经济效益的实现必须紧密地与社会经济健康发展及科学技术的创新进步相结合。企业站在微观经济的角度也必须感知宏观，对生产经营作出正确的决策。然而，原材料采购中，上述诸多环节的风险仍然是起主导作用，甚至是决定作用的。

三、国际化采购钽铌矿原料风险控制的措施

据了解，现代管理学对采购风险控制管理学术研究仍处在待提高阶段，暂时没有形成成熟的学科模式工具可以在实际工作中直接推广运用。企业更多的是依靠从事物资供应和采购的人员经验和管理制度的建立来评估、管控在采购过程中存在的风险。国际化采购钽铌矿原料是特殊资源类国际化采购行为，风险的控制必须全面考虑对国内外、企业内外诸多因素的有效管理，才能实现较好的效果。笔者根据在企业实际工作的经验体会到，必须谨慎每一步的操作和决策，主要从三方面采取有效措施：一是正确判断市场，制定采购钽铌原料的正确决策。二是做好采购过程每一个环节的控制，有效降低风险。三是建立企业内控制度和确保执行落实。具体分述如下：

1. 建立信息保障体系，对采购原料决策风险进行管控

正确有效的决策必然建立在充分的信息来源基础之上。企业必须了解世界钽铌产业现状，掌握关联产业的发展方向和动态。钽铌材料应用领域的创新变化，近期内原料和产品市场消费状况。遵循消费决定需求的规律，用量化分析等方法。评估掌握信息的来源、特点、实用性和时效状态，找准相互关联的内在关系，形成应对市场和发展趋势的正确决策；对应市场变化的快速反应，实现原材料采购决策风险的管控。

2. 建立相对稳定的采购供应渠道，与供应商保持良好的合作关系

由于钽铌原料及其产品市场价格起伏波动幅度及频率较大，钽铌原料国际化采购难以实现大批量、长期稳定供应。规模较大的公司采用订长单方式锁定原料长期供货的价格和数量。同样经常受到市场变化风险的困扰。因此，与供应商建立保持良好的关系，双方沟通一致，可采用定量不定价，价格随行就市的方法来协调供需双方利益的矛盾，形成相对稳定的供应渠道。对于非经常性供应商，在正式确定贸易关系前，应对其进行全面调查考察。对其经营能力、规模、诚信、信誉、主要业绩、近期业务状态等作出整

体评估，并对货物的合法性，质量、价格、运送、交货地点、结算方式、适应货币、责任划分等相关事项明确界定。避免陷入困境，出现授柄于人的不利局面。

3. 了解和遵守不同供应商所在国的经济和贸易法律，遵守全球产业联盟对原料、产品贸易的规定

作为重要资源类进出口贸易物品，钽铌资源的开发利用越来越引起全球资源开发的关注。因此，企业在进行国际采购时，必须了解输出国对钽铌等矿产品的出口管制政策，敦促供应商共同遵守有关国家的法律法规。对在国际采购中凡有国际惯例、国际贸易法规、国际公约规定的都不能越线操作。国际 TIC 组织（国际钽铌研究中心）对钽铌矿原料采购和相关产品的销售明确要求，必须通过 EICC（电子行业公民联盟）组织对原料来源合法性的审核。因此，在国际采购约定时，首先必须要求供应商提供规定的合法文件、商标条码，通过审核查证确认后，才能办理其他采购流程。一旦失误或违法规定，企业将被列入以上组织的黑名单，其生产的产品将会被禁止在国际市场销售，从而给企业带来不可估量的损失。

4. 选择相对安全可靠的贸易方式和货代运输公司

钽铌矿原料因价值高，国际采购环节繁多，确定相对安全可靠的贸易方式和货代是避免采购风险的主要环节。通常情况下，应采用 CIF 贸易方式，以规避约定货物到达指定交货地点前的风险。货代的选择，如有条件最好是选择输出国或与供应商关系密切的公司。如果有我国船运公司能承担相关业务，是最理想的。

5. 要加强国际采购业务相关电子信息和合同的管理

在采购业务正式确定以前，供需双方的协商交流，一般都采取电子邮件互换的方式，交换内容和所形成的贸易一致意见，都将成为正式合同约定的条款。企业经办人员必须妥善保存相关电子文档，并防止泄露涉及企业商业秘密的内容。合同内容必须对主要事项明确界定，宁繁勿简，必要时还可以建立特别约定条款，切忌合同订立违法现象。有关电子信息和约定文件都是供应商管理的有价值资料。合同贸易完成后，应将这些资料归类集中保管，以备核查。

6. 要切实把好货物清关验收关

货物到岸前，企业经办人员要经常与供应商、货代联系沟通，了解货物运输途中情况，敦促货代、供应商及时传递接收货物报关文件，避免货到文件滞后产生滞报带来的损失。在清关时，企业应积极配合海关、商检的有关工作，参与验货。防止出现夹带、货不对板等违规违法情况。一旦发生意外，必须第一时间向海关全面介绍情况，有利于有关部门实事求是地处理问题，避免给企业带来不必要的损失。

7. 严格把好货物质量风险

钽铌矿原料的质量主要体现在货物的主要元素的含量和杂质元素的含量、粒度、重量等。由于主要元素含量的高低是确定原料采购价格的前提，而颗粒度对采取样品的代表性反映了对检测结果准确性的影响程度。在基本确定钽铌矿原料采购时，必须要求供应商提供该批货物样品或用电子传送货物和包装照片作为识别参考，提供有权威机构或代表性较强的质量检测机构的检测报告单。明确要求必检元素或按通常惯例所列元素含量的检测结果。

委托全球权威的第三方检测机构进行质量验收的最终检测，是避免采、供双方纠纷，公正维护双方利益的最佳方法。委托“AHK”等国际检测公正机构，是采、供双方都可接受的选择。但是，必须坚持最终验货地点选择在货物到达企业以后的企业内部，或在海关等外部环境稳定、有保障的地点。当第三方检测结果以自检或供应商提供的检测结果差距较大时，应向“第三方委托”提出重检。如第三方的重检结果超出允许偏差，应要求重新采取样品。总之，在不违反国际化采购诚信、规定、约定的前提下，争取企业的应得利益，最大限度地防范企业采购的风险。

8. 建立完善的企业内部管理制度，提高国际化采购风险控制能力

建立与完善企业内部管理制度，是从企业本质上增强管控国际化采购风险能力的有效措施。企业对国际化采购的内部管控，应以决策、计划、价格、质量检验、资金支付、职能分工与责任监督检查等内容为核心，细化各个环节的操作流程。要与生产、技术工作合作一致，形成全覆盖的完整体系。做到每个阶段有分工负责，每个步骤有具体措施。比如，采购决策实行办公会议制度；定价由采购执行部门提出，联会审议，领导

批准；各部门对采购业务评审提出明确意见；资金支付必须实行联签制度，严格禁止预付货款等。此外，还要定期对内控制度和流程执行的情况进行检查监督，对违规操作行为不论是否造成后果都必须处罚，以维护内控制度的权威性，保证制度得到严格贯彻执行，不留漏洞。

企业建立完善的国际化采购内控制度，做到企业在国际化采购行为中，自己不制造风险，层层落实管控风险措施，最后实现控制风险的目的。

四、展望

风险的存在是必然的，构成风险的条件和因素是可变的。控制风险就是防止多元因素组合从量变到质变，产生风险造成后果。企业国际化采购风险的控制，从本质上讲，就是要保证企业投入的安全性，实现保值增值，获得综合效益最大化。所有问题都从这里开始，一切工作措施都是围绕这个最终目的而展开。

关于国际化采购风险的表现及企业对风险控制的措施与做法，只能称作皮毛之见，仍有很多需要探讨的问题和做法，有待在今后的实践中不断研究。

（曾国忠　曾婕妮）

金川集团公司实施职工健康工程的探索与实践*

一、公司简介

金川集团股份有限公司（以下简称金川公司、公司）是以有色金属生产为核心的大型企业集团，是中国镍钴生产基地、铂族金属提炼中心，主要生产镍、铜、钴、铂族贵金属、有色金属压延加工产品。被誉为中国的“镍都”。目前公司已形成镍产品20万吨、铜产品60万吨、钴产品一万吨、化工产品280万吨、有色金属及加工材产能达123万吨的生产能力。钴产量居世界第二位，镍产量居世界第四位，铂族金属产量居国内第一位，铜产量居国内第三位。公司先后荣获全国模范劳动关系和谐企业和全国文明单位称号等国家级荣誉。公司位列2013年中国企业500强，中国100大跨国公司。

二、项目实施的背景

健康管理最早起源于美国，美国实践数据显示：在健康管理方面投入一元钱，相当于3~6元医疗费用的开支。如果再加上由此产生的劳动生产率提高的回报，实际效益

* 本案例获得2014年有色金属行业企业优秀管理成果一等奖。

达到投入的八倍。美国健康管理20多年的研究显示：90%的个人和企业通过健康管理后，医疗费用降到原来的10%，可见，健康管理是一项低投入、高回报的工作。

当前，越来越多的国内企业认识到职工健康对于企业的重要性，疾病预防而非治疗获得了企业广泛的关注和认同。企业职工疾病和亚健康状态导致企业职工工作效率下降，无论是企业管理者还是普通员工，提供其必要的健康管理已是企业现代人力资源管理的客观需要。

金川集团公司的核心价值观是：责任、人本、创新、共赢。公司认为职工健康是企业取之不竭的生产力，是职工对幸福、对生活的一种追求，是职工的根本利益所在。公司大力实施的职工健康工程，就是深入贯彻“以人为本”的理念，培育一支身心健康、精力充沛，适应公司国际化经营需要的职工队伍。让职工既能享受健康生活，又能精力旺盛地投入到企业的生产经营工作，从而进一步增强企业凝聚力，为公司可持续发展发挥积极作用。

在六届七次职代会上，公司首次提出全面实施职工健康工程，公司正式成立了职工健康工作委员会，这也是全国国有大企业中率先实施职工健康工程的企业。

在实施过程中，公司探索出了“13495”金川职工健康管理新模式。即：确定了一个目标、覆盖三大人群、四项重点工作、制定了九项措施，做好五个环节工作，确保健康工程的顺利实施。公司实施职工健康工程的一个目标就是全面提高职工的身心素质；三大群体就是在在职职工、离退休人员中做到全面覆盖；四项重点工作就是：开展职工健康体检、普及健康知识、深化健康行动、加强健康研究；九项措施是：一是成立职工健康工作委员会，建立健全各项制度；二是建立体检中心，实施健康干预，加强健康管理；三是建立职工健康管理平台，提升职工健康水平；四是加强健康研究，开展职工职业病研究与防治；五是大力开展健康教育；六是深化健康行动；七是强化医德医风建设和职工食堂合理膳食、营养配餐；八是加强环境治理和生产组织 ，营造良好的生活、工作环境；九是建立职工健康工作监督平台；五个环节工作就是抓好“教育、体检、锻炼、治疗、健康”五个环节。

三、健全组织机构，指导实施职工健康工作

公司职工健康工作委员会，由公司三位领导担任委员会主任；各相关部门和单位为副主任委员单位。委员会组成人员由公司相关部室领导和各二级单位党委（党总支）书记担任。公司职工健康工作委员会分别在公司工会、镍钴工业卫生研究所、职工医院分设工作办公室。在公司职工健康工作委员会的安排部署下，指导车间、科室、班组开展职工健康活动。形成了四级管理网络。

四、项目开展的主要内容

（1）成立职工健康体检中心。由职工医院负责，成立职工健康体检中心，配备必要的体检仪器、设备医疗器械，配备专门的管理和医务人员以及健康管理师。

（2）为每一位职工建立健康档案，每两年对职工进行一次全面的体检，对有疾病职工人群提出建议和方案。

（3）建立职工健康管理信息平台。利用专业的信息平台，职工可以随时查看自己身体的检查结果和评估结果。

（4）开展职工健康教育工作。制订出职工健康教育的计划、目标、任务；定期组织专家为职工进行健康知识讲座；印发健康知识资料；利用报纸、电视、网络等媒体，对职工大力开展健康知识的培训教育。

（5）组织开展各类形式的健康行动。在全体职工中积极倡导健康锻炼，使职工养成良好的锻炼习惯，每人要掌握一项健身的技能；在职工中积极倡导戒烟限酒行动；每年给职工发放健康知识手册。

（6）进行职工职业病研究与防治。根据公司的行业特点、地域特点，一方面发挥公司镍钴工业卫生研究所（原劳动卫生职业病防治研究所）的职能，另一方面组织相关专家，调查公司职业病、多发病的发展趋势，制订保健干预措施，开展有针对性的专项课题研究，进一步提高公司职工职业病防治水平；同时与美国耶鲁大学、兰州大学公共卫生学院开展了《金川公司职工健康评估及健康损害检测研究》为课题的科研项目

合作。

（7）培养职工健康工作管理骨干队伍。组建了一支素质高、业务精、责任心强的，由公司、二级单位人员组成的健康管理骨干队伍。在每年开展“五个100”活动，即全年完成健康讲座100场次，培养健身指导员100人以上，培养职工健身带头人100人以上，培训100名心理咨询师和100名营养师。

（8）提高各类活动场馆的使用效率。进一步加强公司文体活动场馆的管理，优化管理体制，改进管理方式，提高场馆的利用率。

（9）开展职工定期康复疗养。公司每年拿出100万元专项资金，有计划地安排符合疗养条件的职工进行康复疗养。

五、取得的突出成效

1. 开展职工健康体检，加强健康管理工作

一是职工体检扎实有效。2010～2013年12月，先后开展了职业健康体检、职工健康体检、离退休人员体检、招工体检、特种作业体检等多项体检内容，完成体检人数共计83863人次。对职工体检中发现存在的健康风险主要做了以下两点工作：一是在体检总检报告中增加了保健处方，对体检者的饮食和运动进行科学指导；二是加强健康宣教工作。

二是健全健康档案，实施分类管理。对体检人员全部建立了体检档案，为公司健康管理服务系统提供了基础资料。实施分类管理。医院对752人次的健康体检进行了追踪检查，使职工疾病得到了及时的救治。

三是对职工医院开展了医德医风检查。通过走现场、发放问卷调查、现场征求患者意见等形式，对公司医院的医德医风建设情况进行了检查，构建和谐医患关系。

四是开展职工健康工作测评。公司工会以问卷调查的形式在职工中了解掌握基层单位一线职工对健康工作的需求。

五是大力开展职工心理健康咨询和疏导。公司成立了心理咨询协会，在培训中心、退管中心、公司工会、中小学总校、职工医院建立了五个心理咨询室（门诊），各咨询

室健全工作机构，制定了《心理咨询室管理规定》《咨询师岗位职责》《求助者注意事项》《心理咨询工作流程》等制度。

目前，公司心理咨询协会有122名取得国家心理咨询师资质的咨询师，基本能够满足各类人员的各种心理问题咨询和疏导业务。心理咨询协会坚持心理学知识讲座进基层、进现场，先后组织咨询师在基层单位、学校等地方先后进行了27场近5000人参加的心理学知识讲座。组织有关人员编制完成《员工健康心理》手册，使广大职工群众随时随地获得心理学相关知识。

公司职工医院心理咨询门诊建诊以来就诊咨询人数共1395人，其中进行干预治疗的患者900余人次，分类干预500多人次，其他各咨询室成立至今，通过网络、电话和面对面等形式咨询的人数有400多人次，症状严重的得到有效缓解，症状较轻的完全治愈，应急性心理问题全部解决。公司心理咨询协会和公司电视台合作，开辟《视说心语》专栏，策划并成功制作完成了18期，播放后引起了观众的热议，得到了公司领导和广大职工的一致好评。

2. 大力开展健康教育，职工健康意识不断增强

一是开展系列健康讲座，提高职工健康意识。公司先后邀请国内知名的健康管理专家为职工开展了20场次的高端健康知识讲座。基层单位开展了300场次的健康讲座，听取讲座的职工达到6万多人次。进行了现场急救知识和技能培训20余次，现场医疗咨询服务30余次。2013年1月，公司荣获“2012中国企业员工健康行暨中国企业健康管理巡礼”员工健康关爱奖。

二是积极倡导职工培养良好的生活习惯。公司积极倡导在办公场所、会议室、排班室、休息室、厂房等公共场所全面禁烟；引导广大职工在公务活动及社会活动中主动不敬烟，不接受敬烟。从2011年5月开始，公司在公共场所全面实施了禁烟。

公司每季度对所属65个职工食堂进行检查考核，为职工就餐做好合理膳食、营养平衡。在职工中开展了营养知识培训和考证工作。目前，公司职工有120人取得了国家营养师资格证书，并发挥他们指导职工合理膳食方面的作用。

三是在公司报纸、电视台开设专栏，大力宣传健康知识。实施职工健康工程以来，

在报纸、电视播出、刊发的稿件、信息达到3000余篇（条）。编辑下发了四本金川公司职工健康系列读本，共向基层单位放发40000册。同时利用公司健康管理平台和党建网，开设专栏，向职工大力宣传和普及健康知识。

四是开展了“十佳”健康工作先进单位、“十佳”健康工作者和“十佳”健康之星评选表彰活动。每年年底对各单位的职工健康工作开展情况进行检查、考核和评估，各基层单位对公司职工健康工作委员会的工作进行评议和满意度测评。

3. 丰富职工文化体育活动，职工健康工程蓬勃开展

一是大力开展各类全民健身活动。公司成立了26个公司级的各类文体协会和230个基层单位的兴趣小组，会员人数达12000多名；不断引领职工参与各类有益于身心健康的文体活动，带动更多的人投身到健康行动中来，许多单位组织职工通过走出户外，开展各类健身项目比赛等方式，引导职工掌握一项适合自己的健身方式，营造了良好的职工参与健身锻炼的氛围。

二是举办了职工运动会，组队参加省上的运动会。2010年，公司举办了第十五届职工运动会，职工运动会以“实施职工健康工程，推进全民健身行动”为主题，公司所属各单位的28支代表团，4184名运动员参加了11个大项89个小项的比赛，间接参与体育活动的人数达到近2万人。公司共有116名队员组队参加了2010年甘肃省第十二届运动会大众体育组的各项比赛，最终以绝对优势获得大众体育组14个代表团中团体总分第一名和金牌总数第一名的喜人成绩。

三是群众性健身活动掀起热潮。每年公司各单位组织各类健身活动千余次，公司工会、离退休中心分别在在职职工和离退休职工中举办了“炫舞金秋”“金秋之韵”广场健身舞普及展示活动，近万名在职职工和退休职工参与了此项活动，掀起了职工参与各类健身活动的热潮。离退休中心在分析离退休人员整体素质的基础上，举办离退休人员乒、羽、象棋比赛，太极剑表演。据统计，每天参加户外徒步走、健身舞、太极拳（剑）、柔力球、踢毽子等健身活动的退休职工有6000多人。目前退休职工中成立有柔力球、乒乓球、健身操、锅庄舞、钓鱼、自行车远行、抖空竹、健康剪报、编织、健步走等38个兴趣小组，参加人数达4500多人。

四是开展职工疗养。从2010年开始，每年组织300余名职工进行荣誉疗养，共计有近千名符合疗养条件的职工赴外地进行了荣誉疗养；安排公司劳模赴韩国、新加坡、泰国、马来西亚进行旅游，体现了公司对职工的关心。

4. 搭建有效载体，提升职工健康管理水平

按照公司职工健康工作实施计划，2010年4月份，公司与北京中新惠尔健康科技有限公司签订了开发并制作符合公司特点的职工健康管理平台。经过双方多次的沟通，2010年10月，职工健康管理平台制作完毕，目前已投入运行。现在公司职工可以通过局域网和英特网（使职工在家中也可以方便地进行自我健康管理）就可以登录公司职工健康管理平台，用自己的医保号码作为用户名，身份证后六位号作为初始密码进行注册激活，查看自己的体检数据，也可以根据提示输入自己的身体健康信息，进行对自己身体健康状况的评估。

健康平台从2011年2月12日至2013年11月，共有18205人参与评估，其中男性12303人，占总人数的67.6%；女性5902人，占总人数的32.4%，评估率达到67%。通过评估使广大职工了解到危害自身健康的不正确的生活、饮食、行为习惯。

平台于2012年10开始筹备肥胖人群的体重干预工作。据公司职工体检和健康风险评估统计，超重职工达到29.44%，肥胖已达到7.61%，而且90%以上的职工已合并“三高”。公司职工健康工作委员会和北京中新惠尔公司协商制定了肥胖人群的干预方案，并对2012年体检的肥胖职工进行了筛查，将名单反馈给各单位。第一期健康体重管理于2013年6月18日正式启动，10月26日结束，为期四个月。生活习惯观察期4周，健康体重干预期12周。参加队员原95名，因2名怀孕、1名调往防城岗，2名因个人原因不予以配合，共退出队员5名，现参加管理队员共90名（包括3名随队健康管理师）。

本次健康体重管理达到减重目标的60人，减重率67%，完成管理目标（减重3kg）25人，占28%。

血压改善情况：36名高血压或疑似高血压队员，19人血压恢复正常，占53%；50名高风险血压，20人降到正常，占40%。

血脂改善情况：75 名队员血脂不同程度异常，现 4 人无改善，53 人有改善，改善率达到 70.6%，18 人血脂恢复正常，占 24%。

血糖改善情况：15 名队员血糖异常，现 1 人恢复正常，10 人有所改善，恢复率 6.67%，改善率 66.7%。

经过健康体重干预，现每位队员健康情况均有所改善，受益率达 100%。

通过评估发现职工中存在的健康风险：

在参与评估的 18205 人中，缺血性心血管病患者 236 人，肺癌患者 7 人，糖尿病患者 261 人，无可疑糖尿病患者，高血压患者 1301 人，已达到高血压诊断标准的有 4234 人。对于慢性病患病人群，建议进行疾病管理来控制病情、改善预后。

参与评估共有 18205 人，其中缺血性心血管病患者 236 人，肺癌患者 7 人，糖尿病患者 261 人，高血压患者 1301 人；空腹血糖≥7.0mmol/L 的，即无可疑糖尿病患者，已达到高血压诊断标准的 4234 人，他们需要咨询医生进一步确诊；另外 99.1%（18045 人）有一个或多个危险因素，及早发现疾病，评估健康风险；创造提倡健康生活方式的环境低风险的个体要保持低风险；高风险的个体是干预重点；干预措施应在疾病发生之前。

对关键因素进行重点干预；同时还应考虑干预方案可获得性、可执行性以及有明确的效果评价。在所有健康危险因素中，分布最普遍的三个危险因素是：蔬菜水果摄入不足：76.1%；血压高：61.4%；肉类摄入过多：55.9%。

建议重点管理干预措施如下：

（1）减少超重与肥胖，保持健康腰围。

（2）控制“三高”：高血压、高血脂、高血糖。

（3）控制抽烟。

根据本次的评估分析结果，职工健康工作委员会下一步建议进行管理干预的原则包括以下：

（1）开展重点人群健康管理，如体重管理。

（2）有计划地针对不同风险人群开展健康教育。

（3）加强职工医院健康管理师的培训、取证工作。

（4）加强对各单位对高风险人群的生活方式进行提醒，改变不良生活方式。

（5）继续开展营养师培训工作，让更多的人懂得营养、合理膳食。

5. 开展职工职业病研究与防治

公司先后讨论制定了《集团公司员工代谢综合征综合干预》《集团公司员工人均预期寿命指标与分析》《集团员工镍负荷对比分析》等主题工作，为职业健康防护提供决策依据。

同时，公司职工医院还与美国耶鲁大学、兰州大学公共卫生学院开展了《金川公司职工健康评估及健康损害检测研究》为课题的科研项目合作。

6. 强化体育场馆管理，不断提高服务水平

公司工会和二级单位工会组织进一步加强了公司文体活动场馆的管理，提高了服务水平和场馆利用率。经统计，2010 年至 2013 年 10 月份，公司工会和退管中心所管辖的各类体育场馆，活动人数达到 420 多万人次。并向基层单位职工赠送了 6000 张健身卡。

六、成果

通过实施职工健康工程，在全公司形成了一种“关爱生命、健康至上、热爱生活、积极工作”的良好氛围，有效控制和减少了生活方式疾病及危险因素对职工健康的伤害，使职工既能享受健康生活，又能精力旺盛地投入到企业的生产经营工作中，进一步增强了企业凝聚力，提高了职工的企业归属感和工作热情，为公司可持续发展发挥了积极作用。

附：企业社会责任相关国际国内研究机构（网址）简介

［1］国际标准化组织（ISO）【网址：www. iso. org】

国际标准化组织（International Organization for Standardization，ISO），1947 年 2 月 23 日由 25 个国家发起，成立于英国，总部设在瑞士日内瓦，是一个全球最大的非政府性标准化专门机构，ISO 的任务是促进全球范围内的标准化及其有关活动。ISO 从成立至今已经发布各类国际标准 18000 余个，成为许多国家的市场准入条件。目前该组织有成员团体 143 个。ISO 26000《社会责任指南》是在该组织领导下，在全球近 500 名专家学者的共同参与下，历经近 10 年时间完成制定，2010 年 11 月 1 日在瑞士日内瓦正式发布。

［2］全球报告倡议组织以及该组织发布的《可持续发展报告指南》【全球报告倡议组织网站：www. globalreporting. org】

"全球报告倡议组织"（Global Reporting Initiative，GRI）于 2000 年 6 月提出了《可持续发展报告指南》（以下简称《指南》），2002 年 9 月发布了全球修订更新版本，并制定了技术准则和行业补充文件。2006 年形成《指南》G3. 0 版，共计 121 个指标。截至 2011 年年底，已有 3000 多家企业在《指南》的框架下编制了企业可持续发展报告。2014 年 G4. 0 版已经修订颁布。

［3］《跨国公司行为准则》【经济合作与发展组织网站：www. oecd. org】

1976 年，经济合作与发展组织（OECD，简称经合组织）制定了《跨国公司行为准则》（以下简称《准则》），2001 年经合组织对《准则》进行了修订。《准则》共涉及一般政策、信息公布、劳资关系、环境、打击行贿、消费者利益、科学技术、竞争、税收九个方面。《准则》对跨国公司在东道国开展业务和活动提出了明确要求。

［4］《财富》全球 500 强企业社会责任排名【《财富》500 强企业中文网站：www. fortunechina. com】

美国《财富》杂志每年推出全球 500 强企业社会责任排行榜，由英国知名的智库 AccountAbility 和社会责任咨询机构 CSR Network 共同执行，采用由它们合作开发的社会责任排名标准。《财富》全球 500 强排名的 42 个指标指公司战略、治理、利益相关方参与、绩效四个方面。

[5] 全球契约（Global Compact）【联合国全球契约网站：www. unglobalcompact. org】

1995 召开的世界社会发展首脑会议上，联合国秘书长科菲·安南提出“全球契约”（Global Compact）的设想。1999 年 1 月在达沃斯世界经济论坛年会上，联合国秘书长科菲·安南提出“全球契约”计划，并于 2000 年 7 月在联合国总部正式启动。“全球契约”计划号召各公司遵守在人权、劳工标准、环境及反贪污方面的十项基本原则。

[6] 联合国 2010 年千年发展目标报告【联合国网站：www. un. org】

[7] 中瑞企业社会责任合作网【网址：www. csr. gov. cn】

[8] 欧洲企业社会责任协会【网址：www. csreurope. org】

[9] 企业社会责任中国网【网址：www. csr – china. net】

[10] 中国社会科学院经济学部社会责任网【网址：www. cass – csr. org】

[11] WTO 经济导刊【网址：www. wtoguide. net】

[12] 中国铝业公司【网址：www. chalco. com. cn】

[13] 中国五矿集团公司【网址：www. minmetals. com. cn】

[14] 中国有色矿业集团有限公司【网址：www. cnmc. com. cn】

[15] 中国有色金属工业协会【网址：www. chinania. org. cn】

[16] 碳信息披露项目【网址：www. cdproject. net】

[17] 温室气体排放量的检测标准【网址：www. wbcsd. org/work – program/capacity – buiding/ghgprotocol. aspx】

[18] 国际劳工组织核心劳工标准【网址：www. ilo. org/global/standars】

[19] 国际劳工组织职业安全项目【网址：www. ilo. org/safework】

[20] 联合国全球契约十项原则【网址：www. unglobalcompact. org】

[21] 联合反腐倡议【网址：www. weforum. org/issuse/partnering – againstcorrupion – initiative】

[22] OHSAS 18001（职业健康安全管理体系）【网址：www. ohsas – 18001 – occupational – health – and – safety. com/】

[23] ISO 14001（环境管理体系）【网址：www. iso. org/iso/iso14000】

[24] SA 8000（社会责任标准）【网址：www. sa – intl. org/】

[25] EMAS（欧盟生态管理审核体系）【网址：wwwemas. de/meta/English – summary】

[26] 德国可持续发展准则【网址：www. deutscher – nachhaltigkeitskodex. de/en/home. html】

参考文献

[1] 中国标准化研究院. ISO 26000 社会责任指南（中文版）[S]. 北京：中国国家标准化管理委员会，2011.

[2] 李伟阳，肖红军. ISO 26000 的逻辑——社会责任国际标准深层解读 [M]. 北京：经济管理出版社，2011.

[3] 孙继荣. 现代企业社会责任 [M]. 北京：中国经济出版社，2013.